Un Anno a Firenze
두 아이와 피렌체에서의 1년

Un Anno a Firenze

두 아이와 피렌체에서의 1년

이경아 지음

안나푸르나

목차

프롤로그 엄마와 두 아이의 그랜드 투어 8

제1장 피렌체행 그리고 르네상스 도시에서의 생활 시작

- '피렌체에서 살아보기'를 위한 준비 14
- 목적지가 왜 피렌체인가? 15
- 설렘 반 긴장감 반, 피렌체 도착 18
- 피렌체 한인 교회 22
- 아이들이 다닐 학교 23
- 아이들 학교에서 만난 가족 28
- 피렌체를 예술품으로 만드는 건물과 사람들 30
- 한국으로 돌아갈 때까지 체류증이 안 나올 수 있다니? 34
- 1년 동안 살 동네, 시피오네 암미라토 거리 34

제2장 한인 교회와의 소중한 인연과 학교 생활

- 주일 예배는 피렌체 생활의 또 다른 활력소 42
- 피렌체로부터 제대로 환영받다 45

제3장 피렌체의 역사와 예술이 전해준 이야기

- 고대 로마인의 흔적이 있는 곳, 피에솔레 52
- 더 높은 곳에서 피렌체를… 산 미니아토 알 몬테 성당 55
- 혼돈과 새로운 종교의 장이 된 피렌체 61
  - 다반자티 궁전 61
  - 단테 생가 박물관과 단테가 다녔던 성당 62
  - 산타 크로체 성당 66
  - 산타 마리아 노벨라 성당과 약국 69
  - 산토 스피리토 성당 74
  - 산타 마리아 델 카르미네 성당 76
- 새로운 시대가 시작된 피렌체 78
  - 바르젤로 국립 박물관 78
  - 오르산미켈레 성당 81
  - 두오모 성당 82
  - 두오모 오페라 박물관 87
  - 시뇨리아 광장과 베키오 궁전 90
- 예술과 학문 발전의 결정체가 된 피렌체 96
  - 산 마르코 수도원 96
  - 산 로렌초 성당 98
  - 우피치 미술관 103
  - 피렌체 아카데미아 미술관 109
  - 레오나르도 다 빈치 박물관 111
  - 과학 역사 연구소 및 박물관 116
- 신흥 귀족들의 자택 건축 경쟁의 흔적, 메디치 리카르디 궁전과 스트로치 궁전 118
- 메디치 가문의 안방이자 나폴레옹의 궁전, 피티 궁전 121
- 피렌체 역사의 한 페이지를 장식한 스티베르트 박물관 129
- 피렌체와 메디치 가문이 전해준 이야기 132

제4장 피렌체 밖 여행 이야기

- 토스카나의 소도시들 138
    - 시에나에서 우연히 보게 된 카니발 139
    - 탑의 도시 산 지미냐노 147
    - 이탈리아 최대 벼룩 시장이 열리는 아레초 151
    - 푸치니의 고향 루카 154
    - 동물과 사람의 보다 가까운 교감, 피스토이아 근교 동물원 161
- 성스러운 은혜의 도시, 아씨시 163
- 유럽인이 사랑하는 친환경 카니발, 비아레쬬 카니발 167
- 척박한 땅에서 이뤄낸 해상 공화국의 위상, 베네치아 170
    - 첫째 날: 베네치아 공화국 시대의 화려한 번영 170
    - 둘째 날: 그들은 전통을 지키고자 했다 179
    - 셋째 날: 베네치아의 위대한 화가 틴토레토의 작품을 만난 이안 184
    - 넷째 날: 전력 질주로 마무리한 베네치아 여행 189
- 리구리아의 보물 친퀘테레 191
    - 몬테로쏘 알 마레와 베르나차 192
    - 코르닐리아, 마나롤라와 리오마쬬레 197
- 마지막 여행지 라벤나, 페사로와 우르비노 201
    - 초기 기독교 예술의 진수, 라벤나 201
    - 리버티 양식의 건물을 만났던 해변 도시 페사로 209
    - 라파엘로 생가가 있는 또 다른 르네상스 도시 우르비노 213
    - 화나고 기가 찼지만 맛있었던 라자냐 볼로녜제 220

제5장 소소한 경험과 이야기들

- 이탈리아 음식과 친해지기 224
- 어학교 선생님을 발끈하게 한 2002 축구 월드컵 이야기 227
- 한국을 소개하는 프레젠테이션 229
- 어학교에서 보여 준 영화 '이오 논 오 파우라' 231
- 누구에게나 열려 있는 병원 응급실 232
- 북한 김정일에 대해 열변을 토한 이탈리아 남성 234
- 장인 작품 박람회 235
- 아이들 학교의 크리스마스 공연 238
- 시에나 여름 별장에서 열린 이별 파티 239
- 마냥 즐거웠던 꼬마 콜린 241
- 따뜻했던 과일 가게 할머니 243
- 아마추어 소매치기에게 당할 뻔한 초보 피오렌티나 245
- 피오렌티나팀 축구 경기 관람 246

에필로그 마음의 고향이 된 피렌체 250

프롤로그

엄마와 두 아이의 그랜드 투어

어느 해 9월, 집에서 저녁 식사를 하던 중 남편이 한 가지 제안을 했다.
"우린 보통 책이나 미디어로 역사, 문화를 접하잖아? 근데 여기에 더해서, 눈으로 보고 경험할 수 있는 방법을 한번 생각해 보면 어떨까?"
"그럼, 테마를 정해서 애들 방학에 유럽을 다녀와도 좋겠네요. 애들도 다닐 수 있을 만큼 컸고."
"아니, 음… 엄마가 애들 데리고 이탈리아 한 곳에 머물면서 공부하고 생활해 보면 어떨까? 그러면서 여행도 하는 거지."
이탈리아 역사와 문화를 좋아하는 남편과 나 그리고 유럽 역사를 좋아하던 첫째 아이 이안을 위해, 살아보며 여행하기를 해 보면 어떨까라는 아이디어였다. 나는 이 말에 바로 "그거 좋은 아이디어네요!"라는 반응을 하기는 힘들었다. '나도 여행만 해 봤을 뿐, 살아본 적 없는 이탈리아에서 아이들을 데리고 생활한다고?' 실행에 옮기기에는 현실성이 별로 없었다. 남편의 제안에 미지근한 반응을 보인 채로 하루하루가 지나갔다. 그런데 시간이 갈수록 절대로 불가능한 일은 아니라는 생각이 들었다. '그래, 어차피 인생도 여행이지. 그 여정에 과감히 이탈리아를 넣어보자. 그리고 좋아하는 나라에서 평생 갖고 갈 경험을 해 볼 기회라면 용기를 내 볼만하지.'라는 생각이 들기 시작했다.

남편의 아이디어에 내가 이탈리아행을 결심하는 데에는 약 2개월이 걸렸다. 결심을 굳히고 나니 '그럼 이탈리아 어디에 머물 것인가?'라는 결정을 해야 했다. 고민 중이던 우리에게 남편 친구분이 일 관계로 자주 방문했던 피렌체를 추천해 주셨다. 남편과 나는 "그래, 바로 여기야!"라며 입을 모았다. 아이들은 어떻게 생각할지 궁금했다.

"이안, 너 책에서 르네상스 이야기 본 적 있지?"

"네. 왜요?"

"르네상스가 만들어진 피렌체에서 우리가 학교 다니면서 친구도 사귀고 르네상스가 어떻게 만들어졌는지 보면 재미있을 것 같은데, 넌 어떠니?"

"우리 진짜 이탈리아에 가요?"

"그러려구."

"와, 간다니까 기분이 좀 이상해."

"엄마도 그래. 가는 거 준비해봐야겠지만, 우선 피렌체를 목적지로 정하려고 하는데."

"뭐, 전 좋아요."

새로운 환경에 잘 적응하는 아이였던지라 단번에 호응을 해 주었다. 문제는 둘째 아이 콜린이었다. 새로운 환경을 두려워할 때가 있고 적응에 시간이 필요한 아이였다. 콜린의 반응은 역시 이랬다.

"그럼 나 친구들이랑 헤어져야 돼?"

"어차피 한국에 있어도 내년에 초등학교에 가야 되니까, 피렌체에서 초등학교 친구를 사귀면 되지 않을까?"

"음… 알았어."

콜린에게는 내년에 우리가 어디를 가는지는 중요하지 않았다. 유치원 친구들과 헤어지는 게 슬플 뿐이었다.

내게 '이탈리아'는 설렘으로 다가온다. 이 나라의 매력을 한 문장으로 표현하기는 어렵다. 사람마다 이탈리아를 통해 느끼는 매력, 얻고자 하는 바는 다양하다. 우리가 1년 동안 경험해 보고 싶은 나라가 이탈리아였던 이유는, 외적인 아름다움뿐만 아니라 이 나라가 갖고 있는 내적인 매력을 실제 눈으로 찾고 싶어서였다. 이탈리아는 마냥 살기 편한 나라는 아니다. 일의 성패가 속도로 결판나는 우리에게는 더욱이 그러하다. 하지만 조금 느리고 몸을 더 움직여야 하는 불편함을 충분히 감수할 만한 아름다움이 우리를 기다리고 있었다.

1년 동안 생활하게 될 피렌체, 이 도시를 이야기할 때는 미술이나 건축과 관련된 이야기로 꽃을 피우게 된다. 하지만 피렌체행 결정에 있어서 우리에게는 이 도시가 탄생시킨 메디치의 르네상스 이야기가 더 적합한 주제였다. 메디치 가문의 부에서 파생된 저택, 예술에 대한 열정이 낳은 프레스코화와 조각상, 각종 학문의 발자취인 저서들 그리고 그들의 정신적 안식처였던 성당으로 가득한 피렌체. 수많은 이야기가 쏟아져 나올 것 같은 이 도시에서 살아본다는 상상만으로 설렜다. 결과적으로 이탈리아 곳곳의 과거와 현재를 들여다보는 호사를 누리며, 이 나라가 말해 주는 느림의 미학과 그들이 풍기는 따뜻한 분위기로 마음의 위안을 받은 1년이었다.

한국으로 돌아온 후 이탈리아 특히 피렌체에 대한 기억을 정리해서 남겨 두지 않으면 안 될 것 같았다. 그곳에서의 추억이 머리에서 하나둘씩 빠져나가 신기루가 되기 전에, 워드에 짧은 기록이라도 남겨 놓고 싶었다. 다른 이유는 없었다. 1년 동안 그곳에서 가졌던 감성과 기억이 희미해질까봐, 혹은 나중에 아이들이 성인이 되어 함께 나눌 이야기가 더욱 풍부해졌으면 해서였다. 이에 더해 추억을 적은 메모를 모아 후일 아이들에게 선물할 글을 만들어 보고 싶었다.

어느 늦여름 강릉 경포대 횟집에서 친정 아버지께서 살짝 오른 술기운으로 "네 마음 속에 채워지지 않는 게 있다면 너희들의 이탈리아 이야기를 한번 써 봐라."라는 말씀을 해 주셨다. 이를 계기로 메모에 미처 담지 못했던 기억을 재생시키고 덧붙이며, 어느새 키보드를 두드리고 있었다.

평범한 주부인 내가 어렴풋이 들었던 세상을 직접 눈으로 보겠다고 두 아이를 데리고 다니며 본 이야기다. 그래서 모든 면에서 어설프다. 그저 이 글이 가족 여행의 한 예로 소개될 수 있기를 바라는 마음으로, 부족한 글솜씨지만 용기를 내게 되었다.

* 주말에 피렌체를 돌아보며 가끔씩은 토스카나 소도시로 외출을 하곤 했다. 아이들 방학에는 토스카나 밖의 지역까지 탐방했다. 그 중 한국에서 온 가족과 함께 했던 두 번의 로마 여행과 겨울 방학에 아이들과 다녀온 피사 투어 등은 글에 담지 않았다. 가이드의 설명을 통해 알게 된 로마 이야기와 투어 과정을 담기에는 양이 너무 많았다. 그리고 더 인상적이었던 다른 곳을 기록으로 남기는 것이 좋겠다는 생각이 그 이유다.

제 1 장

피렌체행 그리고 르네상스 도시에서의 생활 시작

'피렌체에서 살아보기'를 위한 준비

11월까지 고민하던 끝에 피렌체를 목적지로 선택했다. 이탈리아 어학 비자를 받아 나와 아이들이 모두 공부하며 르네상스 도시에서 1년여의 생활을 하기로 1차적인 결정을 내렸다. 그리고 이탈리아와 피렌체를 공부하기 시작했다. 아이들이 다닐 학교 그리고 내가 공부할 이탈리아 어학교를 알아보느라 바쁜 하루하루를 보냈다. 그 다음해 1월부터 피렌체에서의 정착을 위한 현실적인 문제를 알아보고 이탈리아 어학교를 다니기 위한 준비 과정을 시작했다. 유학생을 위한 서강대 외국어 교육원의 이탈리아어 인텐시브Intensive 과정과 사설 이탈리아 어학원에서의 과정을 합쳐, 총 5개월간의 어학 공부를 마쳤다. 그리고 사설 어학원의 도움을 받아 피렌체 레오나르도 다 빈치 어학교Scuola Leonardo da Vinci 등록을 마쳤다. 아이들은 플로렌스 국제학교International School of Florence: ISF에 입학 신청을 했다. 이안은 middle school 1학년, 콜린은 elementary school 1학년 입학 허가를 받았다. 남편은 아이들 학교 준비를 위해 학교 관계자와의 연락을, 나는 피렌체에서 집을 소개해 줄 부동산 업자와의 연락을 맡아서 진행했다. 나의 이탈리아어 수준으로는 부동산 관련 의사 소통이 어려웠기 때문에, 영어 소통이 가능한 중개소들과 연락을 했다. 도착 날짜와 체류 기간, 그리고 원하는 조건 등을 이메일로 주고 받으며, 볼 집을 미리 준비해 달라는 부탁을 했다.

1년여의 생활을 해야 하지만 필요한 물품은 최대한 현지에서 구매하기로 했다. 필요한 옷 가지, 신발, 위생용품만을 챙겨, 갖고 가는 짐을 최소화했다. 하지만 이탈리아에서는 살 수 없다는 전기 밥솥 그리고 전기 매트는 한국에서 구매해 갔다. 특히 이탈리아는 라디에이터 난방 시스템이라서 겨울에 집 안이 추워, 침대 위에 깔고 잘 전기 매트는 갖고 갈 짐에 넣어야 할 필수용품이었다. 그리고 1년 동안 어떤 일이 일어날지 모르니 가족의 1년 보험도 들었다.

피렌체에 도착한 후, 열흘 동안 집을 보러 다니고 아이들 학교 오리엔테이션

▶ 르네상스가 탄생한 피렌체의 전경.

참석을 통해 선생님과 학부모들을 만나 보는 등, 그곳에서 생활하는 데 가장 중요한 일을 함께 해결한 후 일단 남편은 한국으로 돌아오는 일정이었다.

목적지가 왜 피렌체인가?

대학교 2학년 방학 때 유럽 패키지 여행을 한 적이 있다. 모두 깨끗하고 예쁘고 감동을 주는 곳이었지만 유독 이탈리아와 프랑스가 꼭 다시 오고 싶은 나라였다. 어찌 보면 독일, 영국, 스위스, 네덜란드에 비해 이탈리아가 깔끔한 이미지는 아니었다. 하지만 여행했던 유럽의 여느 나라에 비해, 분위기나 사람들의 성향이 한국과 비슷하다는 점에 친근감이 들었다. 특별히 이탈리아에 끌린 점은 문화재의 방대함과 낭만적인 분위기였다. 방문했던 이탈리아 도시들이 준 감흥은 그 이후에도 사라지지 않았고 꼭 다시 한번 오리라 다짐했다. 특히 피렌체는 역사와 문화 자산이 풍부한 도시임에도 불구하고 여행 기간이 너무 짧아 아쉬웠다.

많은 사람이 여행할 때 얻는 감동은 도시의 건물과 풍경 또는 음식이 아닐까 싶다. 대학생이었던 나도 그랬다. 휴식과 힐링을 위한 여행에서 굳이 머리 아프게 책을 들여다 보며 역사적 교훈을 일일이 공부하는 열정을 강요할 필요는 없다. 하지만 엄마가 아이들과 함께 살며 느껴보기 위한 목적으로 가는 이상, 눈에 보이는 건축물과 예술품에 감동받는 이상의 진지함으로 역사도 들여다 보고 싶었다.

모든 나라와 도시는 자랑스러운 또는 비운의 역사를 간직하고 있다. 이탈리아도 마찬가지다. 이탈리아는 유럽 전역을 통일했던 '로마 제국'이라는 대국에 뿌리를 두고 있고, 그로부터 파생된 역사와 문화가 무궁무진한 나라다. 로마 제국이 서로마 제국과 동로마 제국으로 분리된 후, 476년에 서로마 제국이 게르만족에 의해 멸망하면서 종교의 힘이 많은 것을 관장하는 중세 시대가 도래한다. 하지만 각 지역 교회의 주인이자 정신적 지주였던 주교가 막강한 힘을 갖게 되면서 그로부터 파생되는 부작용이 나타난다.

또한 이 시기에 대학이 발달하고 아랍의 사라센 문화와 같은 외부 영향이 유입되면서 사람들의 생각하는 범위가 넓어진다. 그러면서 고대 그리스와 로마 제국 시대에 거론되었던 '인간'에 대한 고찰이 중세 말기에 재점화되었다. 즉, 중세 시대를 경험하면서 지양하고 보완해야 할 점을 먼 과거인 고대에서 찾고자 한 것이다. 인간에 대한 고찰을 재탄생시킨 것이 르네상스의 시작이었고 피렌체는 르네상스가 태동한 도시다.

메디치 가문의 국부 코시모 데 메디치Cosimo il Vecchio de' Medici: 1389~1464는 자신이 세상을 떠나기 2년 전에, 피렌체 근처 카레지에 있는 자신의 빌라Villa Medicea di Careggi에 인문학을 집대성할 '플라톤 아카데미'를 설립한다. 그리스 철학에 대한 연구

▶ 인문학의 시작을 알린 메디치가의 카레지 빌라.

를 기초로 하여 르네상스의 토대를 만든 곳이다. 또한 그는 은행업으로 엄청난 부를 축적하여 르네상스의 전성기를 구축한 인물이며 르네상스 문화의 꽃을 피운 로렌초 데 메디치Lorenzo de' Medici의 할아버지로, 르네상스 부흥의 경제적인 동력을 제공한 인물이다. 피렌체에서 유래된 '피오리노(fiorino)'라는 금화가 국부 코시모 데 메디치의 조부모 시기인 1200년대 후반부터 이미 유럽 전역에서 통용되고 있던 것만 보아도 당시 피렌체의 경제적 영향력을 가늠할 수 있다.

르네상스 예술의 꽃을 피우던 로렌초 네 메디치 시대가 끝나면서 가문의 세력도 기울어지기 시작했다. 그 무렵 영국, 프랑스나 스페인은 중앙집권 체계를 갖춘 응집력이 강한 국가로 자리를 잡았다. 반면 이탈리아 반도는 여전히 밀라노 공화국, 피렌체 공화국, 교황령, 나폴리, 시칠리아 왕국 등으로 나뉘어, 한 국가로서 힘을 발휘하지 못하는 상태가 유지되어 외세의 침입에 끊임없이 시달려야 했다. 하지만 그런 상황을 겪은 이탈리아, 특히 피렌체는 자신들이 일궈낸 르네상스 역사와 문화로부터 탄생한 수많은 예술 작품을 지킨 곳이다.

그 덕분일까? 프랑스 작가 스탕달의 이름에서 유래된 '스탕달 신드롬'이라는 증후군은 그의 피렌체 여행 중 만들어진 것이다. 스탕달이 1871년 피렌체를 여행하던 중, '베아트리체 첸치의 초상'이라는 작품을 보고 현기증을 일으키면서 명칭이 만들어졌다고 한다. 그 이후로 피렌체를 방문한 다수의 관광객도 수많은 예술품을 보면서 비슷한 증상을 경험했다는 조사 결과가 있다. 예술 작품을 간직하고 있는 밀도감으로 보았을 때, 이 작은 도시가 갖는 예술의 힘은 세계 어느 도시

보다 특별하다. 1년 동안 피렌체와 그 외 지역을 여행하며 성당 내의 작품과 박물관의 예술품 그리고 건축물을 접하면서 나도 스탕달 신드롬과 비슷한 경험을 했다. 정교하고 화려한 작품을 늘상 접하면서 어느 순간에는 약간 어지럽고 울렁거리는 증상을 느꼈기 때문이다. 어지러움증 때문에 순간 시선을 바닥으로 내렸지만, 기분이 나쁘지 않은 희한한 경험이었다.

설렘 반 긴장감 반, 피렌체 도착

무더운 여름 8월 말, 설레면서도 다소 긴장된 마음으로 비행기에 올랐다. 인천공항에서 피렌체행 직항이 없어 독일 프랑크푸르트에서 환승을 했다. 최종 목적지는 피렌체지만 EU국가의 셍겐 조약에 따라 이곳에서 입국 절차를 밟았다. EU에 속한 국가에 갈 경우, 그 소속 국가를 경유할 때는 최초 경유국이 EU의 최초 입국 심사국이 된다. 환승을 위해 프랑크푸르트에서 3~4시간 정도를 기다린 후 프랑크푸르트 항공을 타고 밤이 돼서야 피렌체 아메리고 베스푸치Amerigo Vespucci 공항에 도착했다.

아이 둘을 데리고 1년여의 생활을 할 도시에 드디어 도착했다는 긴장감과 함께 르네상스 여행의 목적지에 왔다는 설렘에 가슴이 벅차 올랐다. 몸이 약간 지친 상태로 택시를 타고 가다 보니 어둠 속에 놀라운 광경이 눈앞에 펼쳐졌다.

시내에 들어온 것 같았는데 갑자기 타임머신을 타고 과거 14, 15세기로 돌아간 느낌이었다. 특히 택시 창밖 바로 앞에 갑자기 환한 빛을 발산하는 거대한 건물이 나타났다. 건물의 벽면이 정교한 조각으로 가득 차 있어 숨이 멎을 뻔했다. 밤 11시가 넘은 어둠 속에 보인 두오모 성당이었다. 그 모습의 경이로움에 놀랐던 순간은 지금도 생생하다. '그래, 이게 역사, 문화 유산의 나라 이탈리아구나.' 싶었다. 두오모를 거쳐 얼마 지나지 않아 아르노 강 바로 앞에 위치한, 우리가 머물 그랜드 호텔 메디테라네오Grand Hotel Mediterraneo에 도착했다. 집을 구할 때까지 열

▶ 한밤의 두오모 성당은 백색 빛이었다.

흘 동안 머물 곳이었다. 호텔 비용이 합리적이고 호텔의 규모도 큰 편이었다. 무엇보다 미켈란젤로 광장으로 가는 언덕 길에 위치한 이안 학교와의 접근성이 좋아 선택했다.

피렌체에 도착해서부터 스케줄은 말 그대로 꽉 차 있었다. 열흘 동안 중학교, 초등학교 오리엔테이션에 참석해야 했고, 시간을 맞춰 집도 보러 다녔다. 덕분에 골목골목을 다니면서 투어를 했다. 자연스럽게 생활이 곧 여행이 된 셈이다.

틈틈이 성당과 광장, 그리고 맛집을 찾아 다니는 시간을 가졌다. 다니면 다닐수록 도시는 말하는 듯했다. '나를 더욱 알아가 보렴. 이곳의 역사와 낭만적인 분위기에 빠지게 될거야.'라고. 사실 하루하루 갈수록 도시의 매력에 빠져들고 있었지만 이런 감성에만 젖어 있을 수는 없었다. 한국에서부터 연락을 취했던 부동산 중개업자를 차례로 만나며 아이들과 1년 동안 지낼 집을 보러 다녔다. 그 중 몇몇

▶ 베키오 다리에서 본 피렌체 아르노 강 풍경.

중개업자는 월세가 비싸고 큰 집부터 보여줬다. 먼저 좋은 집을 보여줘 고객의 눈높이를 높여 놓는 것이다. 덕분에 옛 귀족의 성 같은, 꿈에나 나올 법한 집부터 모던하고 실용적인 집까지 다양한 형태의 집을 보는 것 그 자체가 흥미로웠다. 하지만 일주일 정도 지나면서 집을 보는 것이 지치기 시작했고, 그런 와중에도 꿋꿋이 형편에 맞고 실용적인 집을 찾아 다녔다.

이때 70세 멋쟁이 여성의 부동산 업자분을 만난 것이 기억에 남는다. 찾아간 부동산은 치옴피 광장Piazza dei Ciompi 근처의 2층짜리 고전 빌라였다. 우리가 흔히 생각한 중개업소의 모습이 아니었다. 내부는 각종 명화와 장식품 그리고 화초로 꾸며져 있었다. 중개업소 사장인 금발의 70세 여성분이 반갑다며 인사를 했다. 마치 나이 지긋한 고운 백작 부인 같았다. 그와 동시에 이동할 때 헬멧을 쓰고 모터 사이클을 타며 일하는 그분의 모습이 매우 인상적이었다. 자신이 영국인이라는 이분은 "저는 여행을 왔다가 피렌체와 사랑에 빠져 여지껏 이곳에서 살고 있답니다. 나와 같은 연유로 이곳에서 부동산업이나 여행업에 종사하며 살고 있는 분들이 꽤 있어요."라는 것이다. 집을 돌아보며 일주일 이상을 지내본 결과, 왜 그 사람들이 피렌체와 사랑에 빠져 이 도시에서 생업을 찾았는지 공감할 수 있었다. 도시 자체가 박물관이라 할 만큼의 역사, 예술 문화적 풍요로움은 도착해서 집을 보러 다니는 며칠 동안, 눈으로 보며 피부로 느낄 수 있었다. 그리고 내가 아이들을 데리고 생활하기에 피렌체의 치안은 로마나 밀라노 같은 대도시보다 더 안전하겠다는 생각이 들었고 결과적으로도 그랬다.

▶ 콩 수프와 비스테까를 먹으러 갔던 식당 'Il Latini'.

피렌체 한인 교회

　피렌체 도착 첫 주의 일요일 오후에는 1년 동안 다닐 한인 교회를 방문했다. 그런데 이 작은 도시에 한인 교회가 두 곳이나 있었다. 하나는 산 마르코 광장Piazza San Marco 근처에 있고 또 하나는 시뇨리아 광장 근처인 델라 빈냐 베키아 거리Via della Vigna Vecchia에 있는 우리가 다녔던 한인 교회다. 교회의 목사님은 한국 유학생이 많았던 페루지아와 피렌체를 오가며 이탈리아에서 30년 넘게 목회 활동을 하신 분이다. 전체 교인이 60명 정도 되는 작은 교회다. 그리고 이곳에서 오랜 생활을 한 한인 교민 가족들과 유학생이 교회의 주 구성원이다. 서로가 타지 생활에서 오는 어려움을 교회 생활을 통해 위로 받으며 의지하는 가족적인 분위기의 교회다.

　교회 건물은 작은 편이고 디자인은 절제되어 있었다. 실내는 편안함을 주는 이탈리안 색감과 차분하면서 고전적인 분위기를 풍겼다. 고즈넉한 정원도 품고 있는 교회다. 실내의 대형 창문을 열면 바람에 흔들리는 나뭇잎 소리가 들려왔다. 이 현장에 있는 것만으로 영화의 한 장면 속에 있다는 착각이 들었다. 이탈리아에 있는 내내 어디서나 느꼈던 바이다.

　목사님께 처음 인사 드리면서 "아이들하고 이곳에서 지내면서, 이탈리아 이곳 저곳을 여행하려구요. 교회를 통해 은혜도 받으면서 보람있고 행복한 1년이 되었으면 하는 바람입니다."라며 우리의 계획을 밝혔다. "오, 처음 보는 경우네요."라며 의아해하시면서도 목사님과 교인들은 설교와 사담을 통해 많은 용기를 주셨다. "이렇게 아이들과 장기 여행을 오셨다고 하니, 이탈리아에서 아름답고 행복한 기억 많이 만들어 가시길 바랍니다. 어디에 머물든 1년이라는 시간이 그곳에서의 추억을 아름답게 간직할 최적의 기간이에요. 잘 오셨습니다." 교제 시간에 목사님께서 해 주신 말씀이다. 그때는 그저 '아, 그런가 보다.'라고 생각했다. 목사님 말씀대로 이탈리아에서의 1년은 여전히 아름다운 추억으로 남아 있다. 30년 동안 이곳에서 수많은 교인을 만나 보셨기에 하신 말씀이 아니었을까 싶다.

아이들이 다닐 학교

아이들 학교 캠퍼스는 두 군데로 나뉘어져 있다. 중고등학교 캠퍼스Upper School Campus는 미켈란젤로 광장으로 올라가는 길에, 초등학교 캠퍼스Junior School Campus는 토스카나 끼얀티 지역의 반뇨 아 리폴리Bagno a Ripoli에 있다. 이안이 다닐 중고등학교 건물은 13세기 빌라 건물인 토리 디 가따이아 빌라Villa Torri di Gattaia를 사용하고 있다. 외관은 물론 내부도 최대한 옛 모습 그대로 유지한 건물이다.

학교는 교실과 과학 실험실, 컴퓨터 수업 교실, 도서관 및 미술 화실 등으로 구성되어 있다. 만냐 강당Aula Magna은 고전적인 분위기를 그대로 간직한 채 학생들의 소규모 공연이나 행사가 열리는 장소로 사용된다. 점심을 먹는 학교 카페테리아에서는 탁 트인 전망과 빌라 건물, 푸른 사이프러스 나무와 아름다운 언덕을 볼 수 있다. 이 전경이 자아내는 토스카나 분위기는 평화롭기 그지없다.

학교의 교정은 옛 빌라 정원의 모습을 그대로 보존하고 있다. 교실 문은 두꺼운 나무로 만든 문을 최대한 보전하면서 고풍스러움을 자아낸다. 다만 옛 빌라를 학교로 사용하다 보니 운동장이 교정 안에 없다. 대신 학교 건너편에 있는 아씨 질리오 로쏘ASSI Giglio Rosso라는 명칭의 큰 종합 운동장을 학교 체육 시설로 사용

▶ 이안 학교 뒤편 언덕의 전경.

하고 있었다. 이 시설은 피렌체 시민에게도 열린 공간이다. 이 시설에 있는 타베르나 델리 아씨Taverna degli ASSi라는 식당은 멋진 풍경과 음식의 풍미가 좋은 만큼 일반인들에게 사랑받는 곳이었다. 야외 테이블이 많아 운동장의 탁 트인 전경을 즐기며 편안한 분위기에서 식사를 할 수 있어서 우리도 이안 친구 부모와 이곳에서 가끔 점심 식사를 했다.

콜린이 다닐 초등학교는 시내에서 차로 15~20분 정도 걸리는 카로타 인 반뇨 아 리폴리 거리Via del Carota in Bagno a Ripoli에 위치한다. 전형적인 유럽식 정원을 갖춘 15세기 건물인 레 타베르눌레 빌라Villa le Tavernule를 학교 건물로 사용하고 있다. 안뜰이 있는 직사각형 형태의 학교 건물은 이탈리아를 대표하는 노란 빛을 띤다.

학교 정원에서 보는 확 트인 끼얀티Chianti 전경은 마치 자연이 주는 선물같았다. 미술 수업을 하는 교실이 끼안티가 보이는 정원 옆에 위치해 있다. 이런 곳에서 미술 수업을 하면 제2의 미켈란젤로도 탄생할 수 있겠다는 생각이 들었다.

오리엔테이션 참석 차 두 아이가 다닐 캠퍼스를 돌아보는 것조차 여행을 하는 느낌이었다. 여행 오신 친정 부모님께서 두 아이 학교에 방문하셨을 때, "학교 환경이 참 아름답고 편안하구나. 학교 생활하면서 아이들이 풍부한 감성을 배울 수 있겠다."라는 말씀을 하셨다. 비록 1년의 짧은 시간이지만, 학교와 이탈리아에서의 추억이 손자들에게 잊지 못할 특별한 경험이 되길 바라셨다. 부모님의 말씀대로 그 영향이 있었던 것인지, 피렌체에 온 지 6개월 정도 지났을 때였다. 아이들이 학교에서 돌아온 어느 늦은 오후.

"뭐하니?"

"그림 그려요."

콜린이 부엌 테라스 문을 열고 식탁에 앉아 바깥 풍경을 그리고 있었다. 스스로 문을 열고 마치 자신이 미켈란젤로라도 된 것처럼 그림을 그리는 모습에 나는 살짝 웃음이 나왔다. 아이가 이렇게 그림을 그리게 된 동기 중 하나는 스스로 TV

▶ 가을 공기가 만연했던 중고등학교 캠퍼스 모습.

▶ 초등학교 건물 입구.

를 멀리 하게 되었기 때문이다. 우리는 TV 케이블을 설치하지 않았다. 설치하지 않아도 채널이 충분히 많았다. 그리고 대부분의 유럽 TV 프로그램이 그렇지만 이탈리아에서도 아이들에게 TV가 빠져들 만큼 재미있는 존재는 아니었다. 대부분의 만화는 일본이나 미국의 애니메이션을 더빙해서 내보내고 있었고 그 방영 시간은 제한적이었다. 아이들 학교에서 기본적으로 이탈리아어 수업을 하고 있지만 기초적인 단계의 수업이었으니, 이해가 어려운 이탈리아어로 더빙되는 만화는 재미있을 리가 없다. 그래서 여행할 때를 제외하고, 콜린은 TV보다는 혼자 장난감을 갖고 놀거나 친구들과 집에서 같이 놀며 시간을 보냈다. 그런데 언젠가부터 식탁이나 거실 테이블에 앉아 테라스 밖의 동네 풍경을 그리기 시작했다. 피렌체의 고즈넉한 지붕과 햇살 머금은 파란 하늘의 경계선. 아이 눈에도 스케치북에 담고 싶은 풍경으로 다가온 모양이다. 나에게는 그 모습이 신기하면서도 '환경

▶ 미술 교실이 있는 초등학교 정원의 모습.

이 사람을 만드는구나'라는 생각이 든 순간이었다.

이안은 집에서는 컴퓨터로 숙제나 게임을 하거나 가끔씩 뉴스를 보는 게 주요 일상이었다. 컴퓨터 앞에서 시간을 보내는 청소년의 전형적인 모습이다. 하지만 학교를 다니면서 피렌체와 이탈리아에 있기에 할 수 있는 경험을 해 봤다. 학교 크로스 컨트리 클럽Cross Country Club에서 활동했는데, 이 클럽의 달리기 코스가 피렌체 한복판이라는 점이 아이에게 새롭게 느껴졌던 모양이다. 학교 수업이 끝나고 친구들과 미켈란젤로 광장을 거쳐 시내의 성당, 박물관 및 궁전을 배경으로 달리기를 했다. 달리기를 하고 온 첫 날.

"오늘 미켈란젤로 광장하고 시내 지나면서 뛰었거든. 근데 성당하고 박물관 앞에도 지나갔어."

이안에게 클럽 활동이 평범한 달리기를 특별하게 만들었던 모양이다.

"엄마도 학교 끝나고 시내 다니다 보면 궁전하고 성냥을 보게 되는데, 그럴 땐 가끔씩 꿈 같이 느껴지더라. 우리가 그런 도시에 왔지."

처음엔 현실 같지 않았지만 학교 생활과 다양한 경험을 하며, 조금씩 도시 분위기에 동화되고 있었다. 이안에게는 수학 여행도 잊지 못할 추억이다. 중학교에 입학하니 수학 여행 일정이 있었다. 목적지는 이탈리아 북서쪽 알프스 지역이다. 학교를 얼마 다니지 않고 가는 여행이라 조금 걱정이 되었다. 반면 아이는, "엄마, 지금 알프스를 가도 눈 있을까? 이탈리아에서 보는 알프스는 어떨까?" 등등의 질문을 던졌다. 사진이나 TV에서만 보던 알프스를 직접 본다는 생각에 상기된 모습이었다. 집을 구하러 다닐 때 성당을 다니며 지치지 않고 어른들을 쫓아다니던 아이다. 그런데 수학 여행을 출발하는 날, 학교에서 대절한 관광버스를 타며 친구들과 재잘거리는 모습은 영락없는 어린 아이였다. 사실 목적지만 알프스였지, 여행의 내용은 우리의 수학 여행과 별 다르지 않았다. 자연과 함께 하며 친구들과 추억을 쌓는 여행. 이 학교에서 보통 6학년은 알프스로, 고등학생은 헤이그나 파리 등으로 수학여행을 간다. 그리고 중고등학생은 학교 문화 행사로 피렌체의 박물관이나 미술관을 방문하곤 한다.

아이들 학교에서 만난 가족

이안의 학교 오리엔테이션에서 두 가족을 알게 되었다. 초등학생으로 보이는 금발의 백인 소녀가 학교 카페테리아에서 엄마와 함께 음료를 따르고 있었다. 뒤에서 순서를 기다리던 우리는 그 소녀의 엄마와 인사를 하게 되었다. "안녕하세요, 저희 딸 그리Grey도 1학년이에요. 큰 아들은 이번에 고등학교에 입학하구요." 마침 그 소녀는 콜린과 같은 반이 될 친구였다. 고등학교를 입학할 큰 아들과 초등생 딸을 둔 스웨덴에서 온 가족이었다. 학기 중에 콜린은 그리의 집에서 함께 놀고 생일 파티에도 서로 오가며 친하게 지내는 사이가 되었다.

또 한 가족은 이안과 함께 중학교 1학년으로 입학하게 된 벤Ben의 가족이다. 영국 남부에서 온 네 명의 자녀가 있는 다복한 가족이다. 이 가족과는 학교 오리엔테이션 기간에도 점심 식사를 함께 할 정도로 가까운 사이가 되었고, 벤은 이안과 가장 친한 친구가 되었다. 다만 그 부모의 영국 남부 사투리와 억양이 가끔씩 나에게 의사소통의 어려움을 주었다. 아이들이 서로의 집을 오가기 위해 약속을 할 때 전화에서 들려오는 벤 엄마의 남부 사투리는 나에게 엄청난 집중력을 요했다. 내가 이탈리아어 학교까지 다니다 보니 우습게도 한국어나 영어 단어가 기억나지 않을 때가 있었다. 하루는 아이들이 벤 집에서 시간을 보내고 벤 엄마가 이안을 내려 주기로 했다. 그런데 장소를 내가 잘못 이해해 서로 다른 곳에서 기다리는 해프닝이 있었다. 모국어를 제외한 2개 국어를 병행해서 사용하는 것은 나에게 무리였던 것 같다.

학교가 시작되고 얼마 지나지 않아, 이안을 포함해 같은 학년 6명이 가까운

▶ 피렌체 학교에서 분신 같이 붙어 다녔던 친구들.

친구가 되었다. 인도와 이탈리아 친구 그리고 루이스아빠는 에쿠아도르인, 엄마는 독일인이다, 에릭아빠는 스리랑카 출신의 영국인, 엄마는 독일인이다. 벤 그리고 이안, 이렇게 친해진 그룹이 만들어졌다. 이 친구들은 학교 생활뿐 아니라 서로의 집을 오가며 시간을 같이 보내면서 1년을 함께 했다. 그러다 보니 부모들을 만날 기회가 종종 있었다. 이 중 한 부모와는 이탈리아식 인사인 볼인사Bacio: 바쵸를 하려다가, 서로 같은 방향으로 고개를 돌리거나 볼인사를 하면서 서로 코를 살짝 부딪치는 등 우스꽝스런 장면이 연출됐다. 이탈리아에서는 오른쪽 볼을 먼저 맞대고 왼쪽 볼을 맞대는 순서였는데 처음엔 그 방향을 몰라 이런 상황이 일어났다. 지금 생각해 보면 이런 실수도 나름의 추억이다.

콜린의 학교 오리엔테이션에서는 한 독일인 엄마와 옆자리에 앉게 되어 처음 인사를 나누었다. 대화를 해보니 긍정적이고 부지런히 열심히 사는 엄마였다.

그래서인지 그 엄마의 다소 거친 손이 눈에 띄었다. 나중에 알고 보니 시내 한복판에 있는 큰 빌라의 안주인이자 이안 친구인 에릭의 엄마였다. 자신의 재력이나 신분을 굳이 겉모습으로 나타낼 필요가 없다는 듯 자존감 넘치는 그녀의 모습은 지금까지 기억에 남는다.

피렌체에 있을 때 도움 주신 분이 참 많다. 한인 교회 교인들은 물론이고 우리가 차 없이 생활한다는 것을 알아서인지, 두 아이의 친구 부모들이 엄마, 아빠 할 것 없이 기회가 될 때마다, 학교나 개인적인 행사가 있을 때 아이들을 차로 태워다 주셨다. 하루는 방과 후 중학교 학교 행사가 있던 날이다. 이안은 아침에 학교에 가면서 "엄마 오늘 학교 행사 끝나고 혼자 13번 버스 타고 집에 올게요."라며 등교를 했다. 그런데 행사가 늦어져 저녁이 돼서야 끝난 데다가 폭우까지 내리는 것이다. 이안은 우산도 없었다. 콜린을 데리고 버스를 타고 학교로 가야겠다고 준비를 하던 차에 전화가 왔다. 같은 학년 친구인 알리샤Alicia 아빠의 전화였다. 교정에서 비를 맞으며 버스를 타러 가는 이안을 발견해서, 차로 집까지 바래다 주시겠다고 하는데 어찌나 감사하던지. 그런데 알리샤가 피사Pisa에서 등교하는 학생이라는 말에 조금 놀랐다. 비오는 저녁에 차로 1시간 넘게 걸리는 피사까지 가야 하는 것이다. 도움이 필요할 때 도와주신 몇몇 학부모들의 모습이 머릿속에 주마등처럼 지나간다. 참 고마운 분들이다.

피렌체를 예술품으로 만드는 건물과 사람들

거리를 다니다 보면 이곳이 패션의 나라임을 실감하게 된다. 거리 곳곳에서 보이는 군경찰Carabinieri : 카라비니에리의 복장조차 색감과 디자인이 범상치 않다. 한때는 패션 디자이너 조르지오 아르마니Giorgio Armani가 군경찰 유니폼을 디자인했다. 디자인 강국 이탈리아다운 모습이다. 아름다운 건물과 군경찰 유니폼의 조화조

▶ 거리를 다니다 보면 이곳이 패션의 나라임을 실감하게 된다.

차 하나의 예술품으로 보인다. 어느 날엔 시뇨리아 광장 Piazza della Signoria에서 환경 미화원을 보며 우린 이런 우스갯 소리를 했다. "저 환경 미화원분들은 할리우드 Hollywood에서 배우를 해도 되겠는데?" 이탈리아인의 짙은 인상과 야광 라인이 붙은 초록색 작업복의 조화조차 달리 보였다. 또한 주요 광장에 있는 화가를 빼놓을 수 없다. 자신의 개성과 나름의 해석으로 그려낸 각종 풍경화와 캐리커처를 꿋꿋이 내놓는다. '그림 판매로는 생계 유지가 어렵지 않을까?'라는 생각이 들지만, 그들의 그림과 모습은 이곳에 없어서는 안 될 낭만적 요소다. 가끔씩 베카리아 광장 근처에서 큰 애견을 데리고 거리에 앉아 있는 한 걸인의 모습을 보곤 했다. 그 모습에서조차 애잔함이 묻어 나오고 한 폭의 그림을 연상시킨다. 르네상스 도시에 와 있어서인지 나에게 많은 부분이 예술적인 모습으로 승화되어 보였다.

어느 날 어학교 회화 수업에서 학생들이 서로 묻고 답하는 시간을 가졌다.

▶ 피렌체에서는 거리 공연을 흔히 볼 수 있다.

'자신의 나라에서 중요하다고 생각하며 추구하는 가치가 무엇인가?', 이것이 주제였다. 어학교 선생님이 "이탈리아인에게 가장 중요한 것 중 하나가 아름다움Bellezza: 벨레짜입니다. 물론 그 아름다움은 외적인 아름다움만을 말하는 건 아닙니다. 하지만 눈으로 아름다움을 본다는 건 인간에게 큰 축복이죠."라는 말을 했다. 어찌 보면, 솔직하고 인간의 본성에 충실한 이탈리아인의 성향을 알 수 있는 말이다. 이렇듯 이탈리아인에게 '아름다움'은 중요하다. 그런 점을 거리 곳곳에서 볼 수 있었다. 이탈리아인들이 자신의 주변 환경과 조화를 이루며, 자연스러우면서 잔잔하게 만들어내는 다소 고급스러운 분위기. 이것이 곧 '아름다움'을 추구하는 이탈리아인의 태생적인 성향에서 나온 게 아닐까 싶다.

이탈리아의 디자인 문화는 르네상스에서 기인하였다. 높은 미학적 수준으로 혁신적인 제품을 만들기 위해 다양한 기술을 결합한 것이다. 그때부터 디자인 학교와 모든 학교 간의 지속적인 소통을 통해 디자인 산업 분야의 연구가 꾸준히 성장하여 발전해 왔다. 기술의 혁신과 함께 두드러진 이탈리아 장인 정신의 전통을 잇기도 했다.

디자인은 이탈리아 정신의 매우 뚜렷한 특징을 가지고 있다. 이는 그 자체로 모든 나라에서 'Made in Italy'를 알아볼 수 있는 많은 요소를 포함하고 있기도

▶ 우연히 시뇨리아 광장에서 본 퍼레이드 모습.

하다. 이탈리아와 그 제품에 대한 관심이 커지고 있는 가운데 디자인은 생산 방법, 원재료의 품질에 아름다움과 독창성을 결합한 물건들을 통해 국가의 다양한 지역 전통과 문화를 보여주면서 '이탈리아 경험'을 선사한다.

2018년 3월 한국에서 열렸던 '이탈리아 디자인 데이'를 소개하는 글의 일부다. 여기에서도 언급되었듯이 이탈리아 디자인 문화의 뿌리는 르네상스고 그 르네상스는 다양한 분야의 요소가 결합하여 탄생한 문화 부흥이다. 이 도시는 르네상스 유산을 그대로 지키고 있으니, 그 영향을 받은 피렌체인과 바랜 색의 아련함이 가득한 건물의 조화가 어찌 예술이 아니될 수 있겠는가.

한국으로 돌아갈 때까지 체류증Permesso di Soggiorno이 안 나올 수 있다니?

집과 아이들 학교에 관련된 사항을 해결해가면서 체류증을 발급받는 것도 해결해야 했다. 피렌체 경찰청을 찾아가 신청을 하고 체류증이 나올 때까지 그 역할을 대신할 체류증 신청서를 받았다. 그런데 집사님 말씀이 놀라웠다.

"아마도 1년 후 한국으로 돌아간 후에나 체류증이 나올 거예요."라는 것이다. 피렌체에 있는 동안 외국인을 위한 체류증 처리 속도가 심각하게 더디다는 이슈가 뉴스에 종종 나왔다. 현재는 훨씬 개선되었다고 들었지만, 당시만 해도 1년 이상 걸리는 일이 비일비재했다. 한국에 돌아올 때까지 체류증이 나오지 않아서 신청서를 들고 다녔다. 그로 인한 특별한 문제가 발생하지는 않았다. '이런 일도 이탈리아인의 성향 중에 하나구나'라고 생각하며 적응했다.

"아, 여기도 문이 닫혔네. 나중에 다시 와야겠다." 남편과 함께 피렌체 생활을 준비하던 때만 해도 오후 1시부터 4시까지 가게가 문을 닫는 시에스타siesta, 또는 pausa가 다소 짜증스러웠다. 모든 가게가 문을 닫는 건 아니다. 중심지의 가게는 대부분 시에스타 없이 영업한다. 식당도 대부분 연다. 단 주거 지역의 개인 가게나 휴대폰 가게는 대부분 문을 닫았다. 가뜩이나 할 일도 많은데 무려 3시간의 시에스타를 고려해 볼 일을 봐야 하니 어려움이 있었다. 그러나 얼마 지나지 않아 우리도 시에스타 시스템에 적응하며 여유로운 오후를 보냈다. 시간이 갈수록 우리에게 이탈리아스러움이 스며들고 있었다.

1년 동안 살 동네, 시피오네 암미라토 거리Via Scipione Ammirato

많게는 하루에 집을 세 군데나 보러 다니며 고민하던 중, 후보지가 두 군데로 압축되었다. 남편은 미켈란젤로 광장으로 올라가는 언덕 입구인 잠파올로 오르시니 거리via Giampaolo Orsini에 위치한 집을 선호했다. 이탈리아는 도로명 제도가 잘 되어 있다. 지도에서 길이라는 뜻의 via로 시작되는 도로명만 찾으면 목적지 찾기가 수월하다. 집의 외관은 고풍스러움을 풍기는 오래된 건축물이었다. 내부 수리가 잘 되어 있었고, 무엇보다 집 뒤쪽 언덕이 보이는 뷰View가 절경이었다. 주변에 정육점Marcelleria과 야채 가게Negozio di Frutta e Verdura 그리고 아이들 학교 교복을 파는 가게까지 가까이 있었다.

　이곳과 함께 염두해 두던 집은 체사레 베카리아 광장Piazza Cesare Beccaria 동쪽에 있는 시피오네 암미라토 거리Via Scipione Ammirato에 위치한 집이다. 집을 선택할 때 아이들 통학이 용이하고 주변 시설Facility이 좋은가가 중요했다. 잠파올로 오르시니 거리에 위치한 집은 이안 학교와 가까워 걸어 갈 수도 있는 거리였다. 하지만 집 주변에 제대로 장을 볼만한 큰 슈퍼가 없었다. 차도 없이 아이 둘을 데리고 있어야 하는 상황에서 장보기가 힘든 환경이었다. 게다가 건물 꼭대기 4층에 있는 집인데, 엘리베이터 설치 공사를 하고 있었다. 이탈리아는 한국처럼 빨리빨리 문화가 있는 곳이 아니다. 2개월 후인 10월까지 공사가 마무리될 거라는 게 부동산

▶ 우리가 살던 동네에서 피렌체 중심지로 가는 관문, 베카리아 광장.

▶ 동네 아이와 테이블 축구 중인 콜린.

▶ 운동장에서 본 파로키알레 사크라 파밀리아 성당의 모습.

업자의 말이었다. 하지만 이탈리아에서는 공사 완료 예정일보다 늦어지는 경우가 많다고 한다. 그 다음 해 3월, 이 동네 친구 집에 놀러 간 콜린을 데리러 가는 길에 이 건물 엘리베이터 공사가 끝났는지 궁금했다. 역시나 공사 마무리가 안 되어 있었다.

그래서 시피오네 암미라토 거리의 집을 선택했다. 근처에 쿱Coop과 코나드Conad라는 슈퍼마켓 두 개와 우핌Upim이라는 소형 백화점이 있다. 집 건물 옆에는 문방구와 장난감 가게까지 있다. 게다가 집에서 한 블록만 내려가면 휴대폰 대리점, 카페 및 식당, 조명 가게, 그리고 옷 가게 등 온갖 상점이 즐비하다. 주로 중산층이 거주하는 동네다. 특히 아이들에게 좋은 점이 있었다. 집에서 5분 정도 걸어가면 유소년 축구팀을 위한 축구장 있고, 동네 아이들이 농구, 탁구와 테이블 축구 게임을 할 수 있는 실내외 공간이 있다.

이곳은 동네 성당인 파로키알레 사크라 파밀리아 성당Chiesa Cattolica Parocchiale Sacra Famiglia에서 운영하는 공간으로, 성당 건물 바로 옆에 위치한다. 이곳에서는 간단한 음료나 간식을 사 먹으며 아이들과 어른들이 여가 시간을 보낼 수 있다. 이안과 콜린은 여기서 만난 이탈리아 또래 아이들과 농구와 탁구 등을 즐기곤 했다. 그리고 집을 출발해 시내 중심부까지 도착하는데 걸리는 시간이 걸어서 15~20분 정도면 충분했다. 천천히 산책하듯 걸어 나가면 역사 유적이 가득한 중심지가 나온다. 게다가 항상 관광객이 가득하고 복잡한 중심지와는 다르게, 집 주변이 조용해서 아이들을 데리고 있기에 안정적인 주거 환경이었다.

집은 아이들 데리고 있기에 넉넉한 사이즈였다. 거실과 홀, 부엌, 방 두 개 그리고 각각 월풀과 샤워 부스가 딸린 화장실 두 개가 있는 집이다. 지은 지 적어도 100년은 넘은 단단한 돌로 된 집이었다. 오래된 건물이라 내부는 고쳐진 상태였다. 집 천장이 한국의 아파트에 비해 상당히 높고 창문은 옛 모습을 간직한, 작은 테라스까지 있는 집이다. 이왕 살아 보겠다고 왔으니 피렌체의 클래식함을 느낄 수 있는 집을 선택하고 싶었다. 게다가 동네 주변에 편의 시설까지 갖춰져 있어 우리에겐 나름 완벽한 집이었다.

　이 집은 안주인이 조상으로부터 물려받은 유산이다 그래서 계약 날 집 주인 남편분이 "우리 남자들은 아무 힘이 없고 여자들 계약에 구경하러 온 격이네요."라고 말해 웃음바다가 되었다. 주인 노부부가 거주하는 집은 이 집에서 세 블럭 떨어진 곳에 위치해 있고, 이곳은 계속 외국인에게 렌트를 주고 있다고 한다. 집 주인 할아버지, 할머니도 푸근하고 편안한 인상의 친절한 분들이었다.

　마침 옆집에는 주인 부부의 딸이 혼자 살고 있었다. 이름은 발렌티나Valentina. 영어로 의사 소통이 가능하고 건축 디자인을 한다는, 작고 귀여운 이탈리아 여성이었다. "도움이 필요할 때 언제든지 문을 두드리세요."라고 말하는 상냥하고 친절한 사람이었다. 입주하고 나서 1주일 동안 집 인터넷 연결 상태가 좋지 않았다. 발렌티나는 가끔씩 남자 친구까지 동원해 인터넷 연결 문제를 해결해 주었고, 피렌체 초보 거주자인 나의 질문에 친절하게 답해 주는 등, 많은 도움을 주었다. 잊을 수 없는 사람 중 한 사람이다. 그녀와 처음 인사할 때 서울에서 기념품으로 사 온 봉투 여는 자개 칼을 선물했다. 비싼 것은 아니지만 동양적인 물건이라서 그런지 신기해하며 감탄을 했다. 겨울에 그 남자 친구와의 이별로 힘들어 하던 발렌티나의 수척한 모습이 기억난다. 항상 활발하고 웃는 모습이었던 그녀의 상실감이 고스란히 느껴질 정도였다.

　총 4층인 건물에 우리 집은 3층이었고, 1층은 문 닫은 라바짜 카페Lavazza Café와 영업 중인 가구 리폼 가게가 있었다. 2층에는 중년 부부가 거주하고, 4층은 미혼의 2, 30대 젊은이들이 방을 나눠 쓰는 쉐어 하우스Share House였다. 하루는 부엌 테라스 빨래줄에 걸어 놓았던 옷이 아랫집 테라스에 떨어지는 일이 발생했다. 빨래 때문에 안주인과 인사를 하며 집 내부를 우연히 보게 되었다. 빈티지와 클래식함을 접목한 감각적인 인테리어가 평범함을 거부하는 부부의 취향을 보여주었다. 문제는 윗집이었다. 오래된 집이다 보니 방음이 잘 되지 않았다. 낮에 굽 높은 신을 신고 걸어 다닐 경우 그 소리가 그대로 들렸다. 더 문제였던 건 가끔씩 윗집에서 파티를 할 때였다. 새벽까지 노래를 크게 틀어 놓거나 노래를 부르며 떠드는 소리까지 들려 잠을 방해하는 경우가 있어, 집주인에게 불편한 점을 토로했다. 젊은이들이 이웃 주민에 대한 예의가 없다는 생각으로 화가 났지만, 건물 출입구에서 가끔씩 마주칠 때 그들이 너무나도 상냥하게 인사를 해서 마음이 풀리곤 했다.

얻고자 하는 게 있을 땐 불편한 점을 감수해야 할 경우가 있다. 그것을 해결하려고 노력해보되 원하는 만큼 해결되지 않는다면, '그래, 이 또한 추억으로 만들고 즐기자.' 이것이 나의 생각이었다. 유럽은 역사의 흔적을 훼손하지 않고 옛 모습을 간직하고 있는 만큼 한국에 비해 생활에는 불편한 점이 꽤 있다. 한국만큼 사회 시스템이 신속하거나 인프라가 잘 구축되어 있지 않았다. 슈퍼마켓 배달 시스템만 보아도 알 수 있다. 에쎄룽가Ecoolunga라는 규모가 가장 큰 슈퍼 체인이 있다. 이곳에서 비용을 지불하고 배달 서비스를 이용하는 경우가 아니면, 일반 슈퍼마켓의 배달 시스템은 전무했다. 하지만 그 불편함마저 기꺼이 감수하며 살아보고 싶은 곳이 피렌체였다.

제 2 장

한인 교회와의 소중한 인연과 학교 생활

주일 예배는 피렌체 생활의 또 다른 활력소

이사한 첫날 밤까지 급한 사항장 보기, 컴퓨터 연결 등은 어느 정도 해결했다. 그 다음 날은 일요일. 아침에 눈을 떴을 때 '오늘부터 이 집에서 1년을 보내는구나. 피렌체의 우리 집이라니.' 꿈을 꾸는 듯했다. 그날은 남편이 한국으로 출발하는 날이었다. 아침을 먹고 남편의 간단한 짐을 챙기는데, 콜린이 "아빠, 그냥 여기 같이 있자."라며 울기 시작했다. 아빠와 헤어져야 하는 게 두려웠던 모양이다. 나도 남편과 장기간 떨어지는 경험이 처음이라 만감이 교차했다. 베카리아 광장에서 남편을 공항에 보내고 교회를 가기로 했다. 남편이 작별 인사를 하고 공항 가는 택시를 타고 떠나려는데, 아이들이 울기 시작했다. 나도 눈물이 나서 선글라스를 착용했다. 회사 일로 시간이 촉박한데도, 남편은 이 멀리 이탈리아까지 와서 집 문제와 학교 관련일을 함께 해결했다. 바쁜 일정을 소화하느라 고생만 하다 가는 것 같아 더욱 마음이 아팠다. 하지만 3개월 후 크리스마스 시즌에 휴가로 시어머니와 다시 올 예정이어서 그나마 위안이 되었다.

후에 남편이 말해주길, 웬만해선 눈물이 나지 않는 본인도 공항 가는 택시 안에서 울컥했다고… 이런 순간을 통해 서로에 대한 소중함을 절실히 느끼게 되나 보다 싶었다. 먹먹한 감정을 겨우 추스르고, 교회로 갔다.

주일 예배는 일요일 오후 2시 30분에 있다. 예배가 끝나면 교인들이 번갈아 가며 준비한 간식을 나누면서 친목 다지는 시간을 가진다. 타지 생활에서 목사님의 설교는 샘물과 같았고 예배 후 함께 하는 간식 시간은 이곳 생활의 또 다른 활력소였다. 특히 교회 친목 시간을 통해, 여행을 하는 데 필요한 조언과 이곳 생활에 유용한 정보를 얻을 수 있었다. 예전부터 다닌 교회라는 생각이 들 만큼 교인들은 편하게 맞아주었다. 특히 장 집사님, 한 집사님, 이 집사님 외에도 많은 집사님 가족들은 큰 도움을 주신 감사한 분들이다.

가끔씩은 한국 여행객들이 예배에 참석했다. 예배 온 여행객을 보면, '지금 얼

▶ 카페테리아나 식당에서는 수다 삼매경에 빠진 이탈리아인들을 볼 수 있다.

마나 설렐까, 이곳에서 많은 감흥을 얻고 가셨으면 좋겠다.'는 마음이 들곤 했다. 우리도 비슷한 입장이었으니까.

 아이들은 새로운 교회에 금방 적응했다. 아쉽게도 교회에 비슷한 연령대의 아이가 없어 이안은 어른들과 얘기할 시간이 많았다. 반면 콜린은 집사님 자녀들이 같은 또래라서 예배 후의 교제 시간이 즐거운 아이였다. 아는 사람 하나 없는 피렌체에 아이 둘을 데리고 르네상스의 기운을 받으며 새로운 경험을 해보겠다고 왔다. 그러나 여행만 하는 것이 아니라 현지 생활도 하러 온 것이기에 그에 따른 어려움은 생길 수밖에 없다. 그만큼 교인들의 도움이 소중했다. 또 한없이 부족한 인간이기에 외지에 오니 더욱 하나님께 의지하게 되었다. 이탈리아에서 행복하고 건강한 1년을 보내고 무사히 한국으로 돌아갈 수 있기를 바랐다. 그리고 한국에 있는 남편과 부모님의 건강도 주일마다 드리는 기도의 주 내용이었다. 예배를 통해 마음을 다스리고 힘을 얻은 곳이 교회였고 현실과 부딪히는 일에 도움을 주시거나 이곳 생활을 더 풍요롭게 해준 분들이 집사님들 가족과 교인들이었다.

뒷부분에도 나오겠지만, 교회에서 순례 차원으로 산 프란체스코의 마을인 아씨시를 단체로 방문했다. 또한 크리스마스 예배를 위해 교인이 여러 팀으로 나뉘어 찬송가 대회를 준비하며 우정이 돈독해지는 기회를 가졌다. 찬송가 대회에서 받은 상금으로 카시네 공원Parco delle Cascine에서 작은 야유회도 했다. 지금도 교인들은 나에게 피렌체에 있는 제2의 가족 같은 존재로 기억된다. 나와 아이들은 주 중에는 학교 생활, 토요일에는 피렌체 및 토스카나 소도시 여행, 일요일에는 주로 교회를 가지만 아이들 방학 때는 장거리 여행 때문에 예배에 못 가는 경우가 있었다.

남편과의 잠깐의 이별로 뒤숭숭한 마음을 예배를 보며 가라앉히고, 교인들과 이런저런 이야기를 나누고 나니 마음이 한결 편안해졌다. 다음 주일을 기약하고,

---

이탈리아인이 인생을 즐기는 법

일요일 대낮 교회 가는 길, 베카리아 광장에 도착할 때까지는 거리에 사람이 거의 없어 마치 죽은 도시처럼 조용하다. 반면 건물의 열린 창문 사이로 식사를 하며 수다 떠는 소리가 들린다. 온 가족이 점심을 먹는 여유로운 모습이다. 이탈리아인은 말하는 것을 좋아하는 동시에 중요하게 생각한다. 거리를 걷다 보면 좁은 인도에 옹기종기 모여 서서 수다 삼매경에 빠진 이탈리아인들을 자주 볼 수 있다. 그들은 대화에 빠져 지나가는 사람을 보지 못해 요지부동인 경우가 종종 있다. 오히려 행인이 그들을 피해 살짝 비껴 돌아간다.

대화를 좋아하는 성향은 식사 시간에서도 보인다. 그들은 특히 저녁 식사에 많은 시간을 할애한다. 그래서 보통 밤 10시나 11시가 돼서야 식당 문을 닫는다. 낮에는 가게 문을 닫고 카페테리아나 식당에서 특유의 손동작Gesto을 선보이며 춤을 추듯 대화하는 이탈리아인들을 볼 수 있다. '빨리 식사를 끝내고 돌아가서 가게 문을 열어야 해.'라는 생각은 별로 없어 보인다. 오히려 '나에게는 이 시간이 소중해. 인생은 먹고 즐기기 위해 있는 거지. 그러려고 돈을 버는 것이고.'라고 말하는 듯하다.

집으로 돌아왔다. 다음 날이 아이들 개학이라서 저녁을 먹고 일찍 잠자리에 들었다. 남편이 한국으로 돌아가고 오로지 세 식구만 남은 피렌체에서의 첫날밤이다.

피렌체로부터 제대로 환영받다

9월 8일, 개학이다. 학교 버스의 역할을 하는 밴Van이 바로 집 앞에서 아이들을 태운다. 학교에서 직접 학교 버스를 운행하는 것이 아니라, 학교와 계약된 업체 차량이 낮에는 관광객 수송을 하고, 등하교 시간에는 학교 스쿨 버스 역할을 하는 방식이다. 플로렌스 국제학교와는 계약을 다년간 해 온 업체라서 신뢰할 수 있다고 한다. 이안과 콜린은 각기 다른 시간, 다른 밴을 타고 등하교했다. 중고등학교가 초등학교보다 30분 일찍 시작하고 30분 일찍 끝나기 때문이다.

기사 아저씨는 모두 이탈리아 사람으로 항상 웃는 낯으로 인사했다. 아이들은 들뜬 마음으로 첫 등교를 하고, 나는 내일이 첫 등교라서 본격적인 집 청소와 시장 보기부터 시작했다. 단순 여행이 아닌 아이들과의 일상이 포함된 여정인지라 살림살이가 좀 필요했지만, 가능한한 최소한의 물건으로 살아보리라 다짐했다. 해야 할 일을 적어보니 은행 계좌 열기, 인터넷 연결, 아이들 학교 관련 사항 등, 생활을 위해 해결해야 할 소소한 일들이 적지 않았다. 지금은 많이 개선되었겠지만, 처음 피렌체 생활에서 답답했던 점은 바로 인터넷 속도였다. 한국에 비하면 턱없이 느린 속도였다. 그 속도조차 어느새 적응되어 느린 것이 이상하지 않았다. 한국으로 돌아와 며칠 동안은 한국 인터넷 속도로 화면이 바뀔 때마다 깜짝깜짝 놀랐다. 한국이 인터넷 강국임을 다시 한 번 느끼는 순간이었다.

최소한의 살림살이로 생활하더라도 물건을 아예 안 살 수는 없는 법. 학교 숙제를 위한 프린터 기기, 화장실 청소 도구 등, 필요한 물건을 구입하는 것과 해결해야 할 일을 차근차근 해 나가기로 했다. 어느덧 오후 4시가 되어 아이들이 차례대로 하교하고, 파니니Panini: 이탈리아 샌드위치로 허기를 채운 후, 학교 첫날에 대한 이야기를 나눴다.

어디서나 적응을 잘하는 편인 이안은 "엄마, 이번에 middle school 1학년에 새로 입학한 친구가 엄청 많아. 나처럼 1년 후에 피렌체 떠날 친구도 몇 명 있어, 애들이 착해서 금방 친해질 것 같아." 첫 날이 즐거웠던 모양새다. 콜린은 점심 시간을 제외하고는 좋았다고 한다. 단지 "점심 먹을 때 엄마 생각 나서 울었어."라며 식사를 제대로 못했다고 한다. 또 한가지 "엄마, 나 도시락 싸 가고 싶어."라는 것이다. 학교 급식이 아직 적응하기 힘들었던 모양이다. 아이들 학교 급식은 이탈리아식 코스 식사다. 안티파스토Antipasto, 프리모 피아또Primo Piatto: 파스타나 리조또, 세콘도 피아또Secondo Piatto: 고기나 생선 종류의 음식, 그리고 돌체Dolce: 디저트로 풍부하게 구성되어 있다. 이안은 식단에 만족해했다. 하지만 콜린은 "근데 난 가끔 김밥도 먹고 싶고, 카레도 먹고 싶을 것 같아. 그래서 점심을 싸 가고 싶어."라는 것이다. 점심 값을 반 년 치 아니면 1년 치를 한꺼번에 내야 하고, 학교 급식을 먹다 안 먹다를 반복할 수 없기 때문에 콜린은 도시락을 싸 주기로 했다. 어쨌든 순조로운 출발이었다.

다음날 이안부터 7시 30분에 등교시키고, 콜린이 학교에서 먹을 간식과 도시락을 싼 후 아이를 깨웠다. 아침을 먹이고 8시 10분에 학교 밴을 태운 후 나도 곧장 학교로 갔다. 내가 다닐 레오나르도 다 빈치 사립 어학교는 두오모 성당 근처에 있다. 약간의 긴장과 들뜬 마음으로 집에서부터 천천히 15~20분 정도 걸어서 학교에 도착했다. 필기 시험과 인터뷰로 레벨 테스트를 받고 중급Intermediate Level 4단계 수업에 배정받았다. 첫 수업 분위기는 생각보다 화기애애했다. 클래스는 미국, 네덜란드, 멕시코, 헝가리, 캐나다, 일본 등 다양한 국적의 학생으로 구성되었다.

첫 수업이니 만큼 각자 자기 소개를 했다. 나도 그동안 한국에서 배운 문법과 단어를 최대한 동원해, 많이 부족한 이탈리아어 실력으로 피렌체에 오게 된 동기, 그리고 이탈리아에서의 계획, 아이들 학교 이야기로 간단히 자기 소개를 마무리했다. 표현력은 많이 부족했지만 대충 내용은 전달됐고 우리 이야기에 선생님과 친구들은 호기심을 보였다.

▶ 이안의 학교.

▶ 콜린의 학교.

47

학교 수업은 오전 9시부터 11시 15분까지 문법 수업, 11시 45분부터 오후 1시까지는 회화 수업, 이렇게 2교시로 나누어 하는데, 중간 30분 쉬는 시간이 있다. 이 시간에 학생들은 친구와 바Bar에서 커피를 한잔하며 이야기를 나눈다. 1교시 후 쉬는 시간, 나는 베트남계 미국 교포 3세 팀Tim, 마음에 여유가 넘치는 미국 여성 트레이시Tracy, 캐나다 여성 트리샤Tricia, 멕시코 소녀 라우라Laura와 함께 이야기를 나누며 커피 타임을 보냈다. 반 학생들 모두 이탈리아어 수업을 한 지 얼마 되지 않았던 터라 이탈리아어와 영어를 섞어가며 대화를 나눠야 했다.

2교시는 회화시간. 선생님의 말 중 30%밖에 이해되지 않았고, 말을 할 때 많은 한계에 부딪히며 첫 수업을 마치고 집으로 돌아왔다. 하지만 좋은 친구들, 밝은 수업 분위기 그리고 현지 이탈리아어를 직접 경험한 것만으로, 피렌체로부터 제대로 환영받은 듯한 하루였다.

이 학교를 10개월 넘게 다니다 보니 웬만한 국적의 학생은 다 만나 본 것 같다. 나중엔 새로 온 학생의 말투나 생김새만 봐도 어느 나라에서 왔는지 가늠이 되었다. 학생 구성원이 일부 대륙이나 국가로 제한된 것이 아니라 전 세계 학생이 이탈리아어를 배우러 온다는 걸 알 수 있었다. 각자의 이야기를 갖고 온 학생들 중엔 기억에 남는 몇몇 학생이 있다. 같은 반 학생들을 자주 집에 초대해 저녁 식사하는 걸 좋아하던 미국 중년 여성 매들린Madeleine과 학생들 사이에서 "어느 나라의 왕자 아닐까?"라는 말이 나왔던 금발의 스웨덴 남학생이다. 나중에 같은 반이 되어 대화를 해보니 외모와는 달리 생각보다 털털한 성격의 소유자였다. 다만 왕자는 아니고 스웨덴 어느 귀족 가문의 자제였다. 또 미국 캘리포니아에서 온 50대 후반의 부부가 기억에 남는다. 남편과 아내가 과감히 퇴사를 하고 6개월 동안 함께 이탈리아어를 공부하며 여행을 하겠다는 목적으로 온 분들이다. "오, 멋진 커플이시네요."라는 나의 말에 남편 분은 "하고 싶을 때, 할 수 있을 때 해야 후회가 없을 것 같아서요. 꿈꾸던 이곳에서 멋진 시간을 보내고 집으로 돌아가 인생의 제2막을 열어야죠."라며 기대에 찬 모습이었다. 인생의 다음 단계를 가기 전 부부가 두 손 꼭 잡고 충전하러 온 모습이 멋있었다.

개학하고 며칠이 지났다. 아이들은 학교 생활에 잘 적응했다. "애들이 순진하고 착해."라며 학교 생활이 즐겁다는 이야기를 들으니 더욱 안심이 되었다. 아이들 학교 학생의 국적, 인종 별로 비율을 보자면, 동양계 학생은 한 학년에 1~2명 정도였다. 한국인은 전무했고 일본이나 베트남계 학생 한두 명이 있는 정도였다. 학교 전체의 30%가 이탈리아계 학생이었다. 대부분이 유럽 국적이지만, 예를 들어 독일계 아버지와 브라질계 어머니, 이런 식의 다국적 출신이 많아 국적은 별 의미가 없었다. 전 세계의 학생이 모여있다 보니 인종, 국적별로 지낸다던지, 차별 같은 것은 느끼지 못했다. 그리고 1~2년 정도 있다가 떠나는 학생이 여럿 있었다. 그러다 보니 학교 생활을 편하게 하기 위해서는 서로 잘 지내야 한다는 생각이 컸다. 그 가운데 아이들이 친구들과 즐겁게 지내는 모습이 행복해 보였다. 한국에 돌아온 후에 이안은 페이스북Facebook으로 피렌체 친구들과 연락을 하곤 했다.

다음 날도 아이들 등교를 시키고 어학교로 향했다. 걸어서 가는 등굣길에선 피렌체의 아침 분위기에 흠뻑 취하곤 했다. 맑고 푸른 가을 하늘과 어울리는 고풍스런 건물. 건물들 사이로 청소차가 다니고, 가게 오픈 준비를 하는 사람들의 분주함이 보였다. 곳곳에 있는 바Bar는 코르네또Cornetto라고 불리는 크루아상과 카푸치노로 아침 식사를 하며 수다 삼매경에 빠진 사람으로 가득했다. 역사를 머금은 건물과 멋쟁이 피렌체인 그리고 길거리까지 퍼져 나오는 커피 향기. 이 모든 것이 어우러진 여유로운 아침 풍경은 이방인인 나에게 낭만을 선사해 주었고, 어느덧 내 일상의 일부가 되었다. 그리고 하루하루 현지 이탈리아어에 조금씩 다가갔다. 특히 어학교 같은 반 친구들이 있었기에 학교 생활이 활기차고 외롭지 않았다. 그렇게 첫 주를 보내고 아이들과 나는 주말을 맞이해 피렌체 투어를 시작했다.

제3장

피렌체의
역사와 예술이
전해준 이야기

2000년대 초반 프란스 요한슨Frans Johansson의 저서 '메디치 효과Medici Effect'가 사회에 큰 메시지를 줬다. 책 제목에 쓰인 이 용어는 메디치 가문이 경제력을 기반으로 다양한 분야의 우수한 인물을 후원하면서, 그들 사이의 교류가 생기고 서로 다른 분야의 융합에서 생긴 폭발력이 르네상스를 만들었다는 데서 나왔다. 이러한 점에서 르네상스와 메디치 가문의 이야기로 가득한 피렌체 투어는 흥미로울 것이란 기대가 컸다. 피렌체에 거주했던 만큼 이탈리아 투어를 피에솔레와 피렌체에서 시작했고, 방문한 순서가 아닌 그 장소가 갖는 의미를 나누어 나열해 보았다.

고대 로마인의 흔적이 있는 곳, 피에솔레Fiesole

초겨울 어느 토요일, 아이들과 피렌체 북부에 있는 피에솔레행을 계획했다. 집 근처에서 시내 버스인 아타프 버스Ataf Bus 6번을 타고 산 마르코 광장에서 7번으로 갈아탄 후, 30분 정도 북동쪽으로 가다 보면 피에솔레 미노 광장에 도착한다. 버스의 종착지인 광장으로 가는 언덕길에서 메디치 빌라Villa Medici in Fiesole가 보였다. 토스카나 전역에 12채의 메디치 빌라가 있는데, 건물과 정원을 자연에 스며들듯 디자인했다는 평가를 받는다. 또한 빌라를 단순히 부를 과시하기 위함이 아닌, 예술과 학문 발전에 대한 열망을 실현하기 위해 만들었다는 점에 가치가 있을 것이다. 언덕 경사진 곳에 있는 피에솔레 빌라와 정원에선 탁 트인 전경을 볼 수 있을 것 같아, 기회가 될 때 가이드 투어를 예약해 오기로 했다.

어느새 광장에 도착했다. 마침 작은 벼룩 시장이 열려 구경을 하는데, 배에서 출출하다는 신호가 왔다. 식당을 고를 것도 없이 광장 앞에 있는 피쩨리아Pizzeria: 피자집로 갔다. 식당의 화장실 입구가 긴 털뭉치 커튼으로 되어 있는 우스꽝스런 모습이 특이했지만, 피자 맛은 지인들에게 권하고 싶을 정도였다. 그 다음 주 어학

▶ 피에솔레 언덕에서 보이는 피렌체 전경.

교에서 만난 친구들에게 말하니 "그곳 피자 맛 알지!" "화장실 앞에 있는 쥐색 솜뭉치 커튼, 음… 굉장히 인상적이지 않니?"라며 웃음꽃을 피웠다. 사람들이 보고 느끼는 것은 비슷했다.

    항상 관광객으로 붐비는 피렌체 중심지에서 벗어나, 피에솔레 언덕에서 피렌체를 바라보니 그 전경은 한없이 고요하고 평화로웠다. 일반적으로 피렌체의 전경을 보기에 좋은 곳으로는 미켈란젤로 광장이나 두오모 돔이 꼽힌다. 하지만 이곳에서 보는 피렌체는 또 다른 모습이다. **빽빽한 사이프러스 나무와 빌라를 품은 나즈막한 언덕 너머로 피렌체가 보인다.** 도시 안에서 건축물 하나하나의 매력을 느끼던 것과는 달랐다. 저 멀리 두오모 돔을 중심으로 피렌체라는 아름다운 피사체의 내공이 느껴졌다.

▶ 이안과 콜린의 조용한 놀이터 같았던 피에솔레 로마 극장.

　전경을 본 후 로마 극장, 목욕탕과 신전의 모습이 남아 있는 고대 유적지로 갔다. 기원전 피에솔레가 로마에 점령당하면서 로마 귀족의 휴양지로도 사용됐다고 한다. 극장의 규모는 작지만, 현재까지 매년 여름 저녁에 이곳에서 공연이 열린다. 드넓은 자연을 배경으로 하는 음악회, 한번쯤은 가 보고 싶은 공연이다.

　뿐만 아니라 피에솔레는 기원전 8세기경부터 토스카나 지역에 터를 잡고 살던 에트루리아인의 터전 중 하나다. 현재 남아 있는 유물이 그것을 증명해 준다. 사실 이곳이 피렌체보다 먼저 발전한 곳이다. 하지만 로마 제국의 케사르Julius Caesar 가 피렌체를 병사들의 정착지로 만든 것을 시작으로, 피렌체의 세력이 커지면서 피에솔레는 근교 마을이 되었다. 유적지를 둘러본 후 이곳의 역사를 보기 위해 고고학 박물관Museo Civico Archeologico으로 갔다. 사실, '고고학 박물관'이라는 명칭을 들으면 일찌감치 머리가 지끈거린다. 하지만 이곳은 부분적으로 건물 구조를 외부와 개방감 있게 해 놓아 자연과 고대 유물을 함께 즐길 수 있다.

1800년대 초, 현재 로마 극장 주변을 시작으로 대규모 발굴 작업이 이뤄진다. 철기 시대에 이탈리아 중, 북부에 형성되었던 빌라노반 문화의 도자기 유물부터 청동 유물, 에트루리아인이 정착했던 시기와 로마 시대의 유물 및 게르만 족인 롱고바르도인의 흔적까지 발견되어 이곳에 전시되어 있다. 피렌체가 전성기를 누리기 전, 이미 다민족의 다문화가 거쳐간 피에솔레의 역사가 한눈에 보이는 박물관이다. 이곳을 둘러보니 피에솔레는 그저 스쳐지나갈 변두리의 작은 마을이 아니었다.

박물관을 보고 나오니 노을이 지기 시작했다. 피에솔레 언덕에서 붉고 푸른 빛이 뒤섞여 만든 하늘과 저녁 노을에 비친 피렌체를 보았다. 그 전경은 말 그대로 절경이다. 서 언덕 너머 보이는 작은 도시는 뛰어난 가문과 수많은 천재를 발굴하며 유럽의 새로운 역사를 썼다. 피렌체는 말해주는 듯했다. "세상을 바꾸고 싶니? 지금 네가 어떤지는 상관없단다. 하고자 하는 진정성과 의지가 있다면…" 왠지 피렌체 안에서 피렌체를 볼 때보다 더 상념에 잠기게 하는 풍경이다. 그 모습을 뒤로 하고, 아이들이 있으니 어두워지기 전에 버스를 타야 했다. 집으로 돌아와 아이들과 피에솔레가 갖고 있는 이야기를 찾아보며 하루를 마무리했다.

더 높은 곳에서 피렌체를…
산 미니아토 알 몬테 성당 Basilica di San Miniato al Monte

바쁜 한 주를 보내고, 토요일에는 미켈란젤로 광장과 언덕 정상에 위치한 산 미니아토 성당을 갔다. 어학교 친구 중 몇 명은 지난 주에 학교에서 제공하는 피렌체 투어 클래스를 통해 함께 이곳을 다녀왔다. 그들 말에 의하면 "성당 상단에 있는 동그란 창을 통해 석양 빛이 들어오는데, 그 빛에 바랜 성당 내부의 모습은 형언하기 힘들 정도로 환상적이었어."라는 것이다. 저녁 무렵에 맞추어 갈 수는 없었지만, 기대를 갖고 광장과 성당으로 갔다. 베카리아 광장에서 13번 버스를 타고 미켈란젤로 광장을 가려면 언덕 중턱에 있는 이안 학교 앞을 지나가게 된다. 학교 앞길은 끝이 안 보이는 나무 행렬과 청명한 공기를 선사한다.

    남편과도 왔었지만, 미켈란젤로 광장에서 보는 피렌체의 전경은 몇 번을 보아도 예술가가 만들어 놓은 하나의 작품이다. 빨간 지붕으로 덮인 소박한 도시인 듯 보이지만, 지붕들 사이로 보이는 웅장한 돔과 탑이 그 자태를 뽐내고 있다. 위에서 보는 피렌체는 과하지 않으면서 잔잔한 세련됨을 보여준다. 항상 느끼는 바지만, 이탈리아의 건물은 자연과 공존한다. 그것이 이탈리아인에게 내재된 디자인 감각이고 그들이 추구하는 삶이자 예술이다. 인간의 생산품이 자연과 조화를 이루도록 하는 것이 얼핏 보면 쉬운 것 같지만, 그것은 디자인 감각 이전에 자연에 대한 사랑이 필요한, 결코 쉽지 않은 작업이다.

    광장에서 내려와 거리의 내부로 들어가면, 역사를 담은 고전적인 건물과 일상이 묻어있는 소박한 건물이 조화를 이룬다. 그 속에는 장인의 예술품, 명품 브랜드, 그리고 각종 피렌체스러운 물건을 파는 가게로 가득하다. 가을에 친정 부모님이 방문하셨을 때 사진 찍기가 취미였던 아버지는 "피렌체 야경은 꼭 찍어 갈 거다."라며 저녁 식사 후 혼자 13번 버스를 타고 미켈란젤로 광장으로 가셨다. 그리고 그토록 원하던 야경을 찍어가셨다.

    광장의 명물 중 하나인 다비드 청동상은 피렌체의 아쉬운 과거를 말해준다. 1865년 피렌체가 통일 이탈리아 왕국의 수도가 된다는 기쁨으로 환호하던 피렌체인들. 그 기념의 일환으로 이 광장에 미켈란젤로 박물관을 지으려 했다. 그러나 1871년 수도가 로마로 변경되면서 박물관 프로젝트는 취소되고 다비드 상이 이곳을 지키고 있다. 원작은 피렌체 아카데미아 박물관에 있다.

▶ 아르노 강 너머 베키오 궁전의 탑이 보인다.

▶ 다비드 상의 청동빛은 광장과 어우러진다.

피렌체 전경을 만끽한 후 걸어서 5~10분 정도 올라가면 언덕 꼭대기에 위치한 산 미니아토 알 몬테 성당에 다다른다. 적지 않은 계단을 올라 성당 건물 앞에서 피렌체의 모습을 본 순간, 안타깝다는 생각부터 들었다. 미켈란젤로 광장에서만 피렌체를 보고 내려가는 사람이 많다는 점 때문이다. 위로 올라온 만큼 성당 앞은 숨막히는 전경을 선사한다.

1018년에 착공된 이곳은 피렌체에서 가장 오래된 성당이다. 중부 이탈리아에 몇 남지 않은, 중세 시대의 로마네스크 건축 양식을 보여준다. 성당이 설립된 역사를 보면 신화 같은 믿기지 않는 요소가 들어 있다. 기원 후 250년경은 피렌체를 지배하고 있던 로마 제국의 황제가 기독교를 핍박하던 시기다. 아르메니아 왕자 출신인 성 미니아토가 피렌체에 머물며 기독교인임을 밝히면서, 그는 목이 잘리는 순교자가 된다. 자신의 잘린 목을 부여잡고, 아르노 강을 건너 그의 은

▶ 산 미니아토 알 몬테 성당의 파사드.

▶ 무덤이 소형 교회 같은 모습이다.

둔처가 있던 이 언덕까지 올라와 세상을 떠났다고 한다. 피렌체의 첫 순교자였던 성스러운 그의 유골이 있던 곳에 성당을 지었다는 것이다.

이런 연유로 성당을 설립한 피렌체 주교는 산 미니아토 수도원을 중심으로 신앙을 전파하며 시민들의 정신 세계를 지배했다. 그와 동시에 중세 귀족과 손을 잡는다. 따라서 시간이 갈수록 초심을 잃고 매너리즘에 빠지는 교회가 되어 갔다. 르네상스 시대가 도래하려면 중세 말기에 3대 수도회가 피렌체에 입성하면서, 주교는 새로운 종교적 흐름에 맞닥뜨리게 된다. 3대 수도회는 '평민 중심'을 모토로 하여 대중 친화적인 종교를 추구했다. 주교는 이 흐름에 저항해 보았지만, 결국 그의 모습은 중세라는 구시대 종교의 상징이 되었다.

성당 뒤쪽에는 수많은 무덤이 있다. 무덤조차 예사롭지 않다. "엄마, 이건 돈이 많은 사람의 무덤인가봐. 무덤이 작은 교회같아." 이안이 본대로, 부유한 사람의 경우 무덤을 작은 교회 건물 같이 만들어 놓았다. 다양한 외관의 묘를 둘러보니 마치 박물관에 있는 듯했다. 이 나라 사람들은 모든 것에 예술을 가미한다.

마침 이날 성당에서 이탈리아인의 결혼식이 있었다. 이 또한 관광객에게는 특별한 볼거리였다. 하객들은 이탈리안 감각을 뽐내며 멋있게 차려 입었다. 그리고 리무진에서 내리는 신부와 신부 아버지. 그들의 모습은 아름다운 산 미니아토 성당 앞에 보이는 전경과 조화를 이루며 영화 속의 한 장면을 연출했다. 이 모습을 보며 '성당 측에서 허락만 해 준다면 후일 이곳에서 아이들과 우리 부부만의

▶ 산 미니아토 알 몬테 성당 내부 모습.

조용한 은혼식을 해도 좋겠다.'는 조금 허황된 생각을 해 보았다.

    결혼식이 시작되기 전 성당 내부를 모두 구경하고 결혼식이 시작되는 모습만 본 후 성당을 나왔다. 식이 시작되자 성당의 문은 닫히고 식 장면은 볼 수가 없었다. 특별히 꾸미지 않아도 자연과 아름다운 건물 속에 자연스레 그림이 연출되는 이들의 삶. 조상이 물려 준 유산을 소중히 간직한 덕분이 아닐까?

    미켈란젤로 광장에서 버스를 타고 언덕을 내려와 아르노 강변을 거닐었다. 아직 9월이라서 약간은 덥고 햇빛이 쨍쨍했다. 조정Rowing팀이 아르노 강 물살을 노를 저어 가른다. 그 모습을 배경으로, 사람들은 강변에 누워 선탠을 하거나 책을 읽고, 젊은이들은 서로의 사랑을 확인하느라 바쁘다. 이런 아름다운 곳에서의 연인들의 키스는 너무도 자연스러운 장면이다.

이탈리아에서의 여행은 튼튼한 다리를 필요로 한다. 덕분에 여기에 있는 동안 체력이 많이 좋아졌고, 걷는 것에 익숙해졌다. 하지만 아직 이탈리아 여행 초보자였기 때문에 집에 돌아와 녹초가 되었다.

혼돈과 새로운 종교의 장이 된 피렌체

다반자티 궁전 Palazzo Davanzati

이번 주말에는 아이들과 성당이 아닌, 과거 피렌체 사람들이 살았던 다반자티 궁전을 가기로 했다. 아이들도 흥미로워 할 것 같았다.

"얘들아, 그곳에 가면 중세 사람들이 사용했던 침대며 주방 도구가 모두 있대."

"재미있겠다! 그럼 그때 어떻게 살았는지 볼 수 있는 거예요?"

일단 아이들 반응은 좋았다.

궁전은 레푸블리카 광장 Piazza della Repubblica 근처에 있으며 중세 건축 양식을 보여 주는 건물이다. 1350년경에 지어진 이 건물의 최초 주인은 모직 수입업 조합길드의 소속이었던 다비치 Davizzi 가문이다. 1500년대에 건물 주인이 두 번 바뀌면서 마지막에 다반자티 가문의 저택이 된다. 이 가문은 상인 조합 중 양모업으로 부를 축적한 모직 상인 조합에 속했다.

궁전의 입구에 들어서니 중세식 안뜰부터 보였다. 위 층에 있는 피콕 룸 Peacock Room 공작새 방, **패롯 룸** Parrot Room 앵무새 방의 벽 장식은 무게감 있는 중세 분위기를 물씬 풍긴다. 그리고 방마다 천장을 받치고 있는 서까래 장식이 동양미를 느끼게 한다. 특히 안주인 방 내부의 벽을 장식하는 그림이 인상적이었다. 14세기에 피렌체에서 많은 이들에게 알려졌던 기사들의 비극적인 사랑 이야기를 스토리텔링하듯 그림으로 장식해 놓았다. 궁전 내부에는 다반자티 가문의 가계도도 보관되어 있다. 무엇보다 12~15세기에 실제로 사용했을 법한 가구가 각종 미술품과 함께 배치되어 있고, 부엌과 욕실에는 일부 생활용품까지 전시되어 있어 실제 사람들이 살았던 곳임을 실감할 수 있다.

중세 말 피렌체는 황제파와 교황파로 나뉘고, 또 교황파는 흑당, 백당으로 갈라져 당파 싸움으로 얼룩졌다. 이 시기의 인물인 단테가 자신의 작품 '신곡La Divina Commedia'에서 당시의 피렌체를 '고통에서 벗어나고자 몸부림치는 환자'라고 비유할 정도로, 도시는 혼란스러운 상황이었다. 귀족 사이에서는 서로 공격과 방어가 빈번했다. 그래서인지 빌라의 내부는 1층부터 5층인 꼭대기까지 가운데 부분이 뚫린 형태다. 밖으로부터는 폐쇄된 타워 구조고 건물 내부에 안뜰과 우물이 있다. 외부의 공격에 대비한 것이다.

종교의 영향이 강했던 중세 시대의 건물인 만큼 외관 디자인은 르네상스 시대의 건축물에 비해 딱딱하고 건조하다. 실제 중세 사람들이 살았던 모습을 살린 박물관이어서인지 어린 콜린은 누군가의 집에 온 듯 즐기는 모습이었다. 장식을 가미하며 수학적 비례 및 균형감을 중요시한 르네상스 양식의 건물과 중세인들의 삶이 담긴 이 저택의 분위기에는 확연한 차이가 있다. 종교, 사회, 문화의 변화가 사람의 마음가짐을 어떻게 다스리는지 보여준다.

단테 생가 박물관Museo Casa di Dante과 단테가 다녔던 성당

피렌체라고 하면 떠오르는 인물 중 한 사람이 단테다. 단테의 출생지이자 그가 젊은 시절을 보낸 도시이기 때문이다. 그는 신학을 공부했다. 대표작 '신곡'에서 자신의 영원한 정신적 연인이었던 베아트리체를 천국에서 만난다는 내용을 기독교적 세계관으로 풀어간다. 그 내용이 중세 문학의 중심인 종교관에서 크게 벗어나지는 못하지만 나약한 인간의 목소리를 내고 있다. 그리고 일반인이 사용하던 피렌체어를 사용하며 대중 문학의 탄생을 알렸다. 이러한 요소로 인해 '신

▶ 단테의 흉상이 있는 박물관의 외부 모습.

곡'이 르네상스 문학의 단초를 열었다는 타이틀을 갖게 된다.

르네상스 문학의 시작을 알린 3대 문인이 있다. '신곡'에서 인간의 다양한 모습을 다룬 단테에 이어, 솔직한 표현으로 자신의 사랑과 연민을 서정시로 엮은 '칸초니에레 Il Canzoniere'의 작가 페트라르카 Petrarca, 그리고 절대 금기시되던 인간의 욕망을 다루며 그것을 풍자로 풀어낸 '데카메론 Decameron'의 작가 보카치오 Boccaccio, 이렇게 세 명의 인물은 새로운 시대를 알린 작가로 평가받는다.

단테는 정치적인 행보도 보였다. 중세 말기 피렌체는 귀족을 기반으로 하는 황제파와 신흥 상인을 중심으로 한 교황파가 대립하던 상황이다. 단테는 교황파를 지지했다. 하지만 피렌체의 혼란과 분열을 지양하고 교회도 더 이상 정치에 관여하지 말라고 주장한다. 그는 피렌체에 불어오는 정치와 문화의 변화 한가운데 있었다. 결국엔 새로운 세력으로 부상한 신흥 상인을 중심으로 교황파가 피렌체를 지배하게 된다. 단테는 두 당파의 화합을 주장하며 피렌체가 교황으로부터 간섭받는 것에 반대했다. 이로 인해 그는 사형 선고를 받고 추방까지 당한다. 결국 그는 그토록 사랑했던 피렌체를 떠나야 했다.

피렌체를 떠나 그는 '신곡' '제정론' 등, 인간의 고뇌를 다룬 작품을 쓴다. '신곡'에는 자신이 돌아갈 수 있는 곳은 고향 피렌체가 아니라 오로지 천국이라는, 신앙인으로서의 단테의 열망을 담았다. '제정론'에서는 정치적 분열 속에서 황제와 교황이 각자 부여받은 역할을 조화롭게 수행해 나가기를 바라는 인간으로서의 고민과 바람을 볼 수 있다. 이 두 작품은 중세 후기 정신의 주를 이루던 신을 향한 막연한 순종이 아닌, 인간이 주체가 된 사상을 내포하기 때문에 의미가 있다.

어느 토요일, 중세 말기 문학가이자 정치가인 단테의 생가 박물관을 방문했다. 두모오 성당과 시뇨리아 광장 사이 좁은 골목에 위치한다. 문학 역사의 한 획을 그은 인물을 기리는 장소라고 하기엔 외관이 소박하다. 단테의 본명은 두란테 델리 알리기에리Durante degli Alighieri다. 그가 피렌체 출신인 것은 확실하지만, 학계에서조차 그의 출생 연도나 어린 시절에 대한 여러 가지 설이 있고 아직까지 확증된 바는 없다. 박물관 건물도 생가가 아닌 그가 잠시 거주했던 곳의 위치일 뿐 박물관 주변에 단테가 거주했던 집이 따로 있었다고 한다.

전시관을 돌아보던 중 약재를 만드는 도구와 건초가 눈에 띄었다. 의외의 전시품이었다. 알고 보니 단테가 한때 의사 및 약제상 길드 소속이었다고 한다. '그래, 이게 단테가 교황파였음을 말해 주는 단면이구나.' 피렌체 교황파의 주류가 길드였으니 말이다. 또 다른 곳에는 중세 말기 어지러웠던 피렌체 내부의 정치 상황을 보여주는 방 그리고 중세 피렌체의 경제 및 무역과 관련된 전시실이 있다.

"얘들아, 단테가 젊었을 때 전쟁에도 참전했던 모양이네."

"단테가? 왜요?"

캄팔디노 전투를 보여주는 입체 전시물이 있었다. 피렌체의 교황파와 아레초의 황제파 사이에 벌어졌던 전투다. 여기서 승리한 교황파가 피렌체에서 세력을 잡게 되었으니 전투에 참전했던 단테에게는 생생한 역사일 것이다. 정치인으로서의 행보를 참전 역사와 함께 보여주는 이 전시에 이안도 흥미로워했다.

▶ 성인이 된 단테와 베아트리체의 만남을 그린 작품.

이 외에도 단테의 망명과 관련된 전시물 및 '신곡'을 재해석한 영상물을 볼 수 있다. 전시실 3층에는 단테의 '신곡' 사본 및 '신곡'과 관련된 전시품 그리고 중세 의상 전시실 등이 있다. 우린 문학가로서의 단테만 생각하고 이곳을 찾았지만 현실에 참여한 그의 모습까지 볼 수 있었던 박물관이다.

다음으로 방문한 산타 마르게리타 데이 체르키 성당 Chiesa di Santa Margherita dei Cerchi 역시 규모가 크지 않았다. 하지만 그 역사는 무려 700년이 넘었고 단테가 어릴 적부터 다니던 성당이자 9살에 베아트리체를 처음 만난 곳이다. 단테는 불후의 명작 '신곡'과 함께 베아트리체에 대한 지고지순한 사랑이라는 명제로 잘 알려져 있다. 그녀가 다른 남성과 결혼을 하고 자신은 다른 여인과 결혼을 한 후에도 그녀와의 정신적 연민을 놓치 못했다고 한다. 단테의 신앙과 사랑의 시작점이 된 곳. 어찌 보면 르네상스의 시작을 알린 작품 '신곡'의 근원지인 셈이다. 위대한 역사의 발자취가 외관상 단촐하고 소박한 만큼 더 의미있게 느껴졌다. 주변의 작은 곳조차 얼마든지 역사를 만드는 곳이 될 수 있다는 것을….

산타 크로체 성당 Basilica di Santa Croce

1200년대 들어, 십자군 전쟁은 막바지로 향해가고, 전쟁 덕에 지중해 교역의 허브가 된 피렌체는 인구 유입이 방대해진다. 이 무렵, 아씨시의 산 프란체스코가 피렌체를 방문한다. 피렌체에 정착 중이던 프란체스코 수도사들은 이를 계기로, 1252년에 현재 위치에 산타 크로체 성당을 완성하게 된다.

그 후 7세기 동안 성당 내부는 치마부에Cimabue를 비롯한 르네상스 예술인들의 작품으로 채워져 갔고 성당의 종교적 위상도 높아졌다. 현재는 피렌체뿐만 아니라 이탈리아 각 분야의 역사적 인물들의 묘지로 유명하다. 이 성당은 프란체스코 수도회가 피렌체에 세운 종교적 안식처였을 뿐만 아니라 피렌체 경제의 허브 역할을 했다. 피렌체에 입성한 수도회 중 프란체스코 수도회는 가난한 삶으로 청렴을 지키며 이웃과 함께 하는 공동체적인 삶을 추구했다.

▶ 신고딕 양식의 산타 크로체 성당.

이러한 점은 장인 및 소상공인이 산타 크로체 성당 주변에 자리를 잡게 한 요인이 되었다. 가죽 장인의 작은 가게가 성당 주변에 즐비한 것을 보면 그 역사가 지금까지 이어져 오고 있음을 알 수 있다. 피렌체의 유명한 가족 공방인 '쿠오이오 공방Scuola del Cuoio'은 심지어 성당과 연결되어 있다. 쿠오이오 공방은 2차 세계대전 이후에 설립되었다. 설립 취지는 전쟁 고아에게 후일 생계를 유지할 수 있는 수단을 가르치기 위한 것이었다. 현재는 전 세계에서 학생들이 가죽 공예 교육을 받기 위해 이곳에 온다. 직접 가죽 제품을 구매할 수도 있다.

▶ 쿠오이오 공방 교실의 모습.
출처: https://curioustraveler2014.wordpress.com

성당에는 시련도 있었다. 1966년 11월 폭우로 아르노 강이 범람하고, 도시가 홍수로 물에 잠기면서 산타 크로체 성당은 큰 피해를 입는다. 어학교에서 관련한 다큐멘터리 영화를 본 적이 있는데, 그야말로 많은 나라가 피렌체의 홍수 피해를 복구하는데 돕고자 했다. 특히 리처드 버튼Richard Burton과 같은 할리우드 배우들까지 발벗고 나서 지원을 아끼지 않는 모습이 인상적이었다. 역사적으로 중요한 세계 문화 유산을 지키고자 하는 많은 사람들의 의지가 보였고 다년간의 노력으로 그 유산은 복구되었다.

이 성당은 8월 말에 집을 구하는 동안 처음 방문했고, 그 후로도 아이들과 함께 그리고 친정 부모님, 시어머니와 함께 총 네 번을 방문했다. 그만큼 친숙했던 곳이다. 이안은 "할머니, 할아버지, 여기에 엄청 유명한 사람들 무덤이 있대요. 누구냐 하면뇨…."라며 소곤거리곤 했다.

두오모 성당이 워낙 유명하다 보니, 이 성당을 산타 크로체 광장에서 겉모습

▶ 단테의 가묘.

▶ 엔리코 페르미의 기념비.

만 보고 지나치는 사람들이 많았다. 하지만 이곳에는 단테의 빈 무덤_{정치적인 문제로 단테가 피렌체에서 쫓겨나 라벤나에서 죽음을 맞이했기 때문에 실제 시신은 라벤나에 안치되어 있다.}, 레오나르도 다 빈치의 가묘_{실제 무덤은 그가 숨진 프랑스의 앙부아즈 성 안에 있다고 한다.}, 미켈란젤로, 갈릴레오 갈릴레이, 마키아벨리 등 역사적인 인물들의 시신이 안장되어 있다. 뿐만 아니라 최초의 원자로를 개발하여 '핵시대의 설계자'라 불리는 이탈리아 출신 물리학자 엔리코 페르미_{Enrico Fermi}의 기념비도 이곳에 있다. 그는 파시즘 시대에 미국으로 망명했다. 남편은 "이 사람 과거에 우리 대학 교수로 재직한 적 있는데, 여기에 이 분 기념비가 있었구나."라며 흥미로워했다.

시뇨리아 광장, 두오모 광장, 레푸블리카 광장에 비해 산타 크로체 광장은 상대적으로 조용하다. 하지만 매년 6월 이곳에서는 '피렌체 고전 축구 경기_{Calcio Storico Fiorentino}'가 대규모로 열린다. 모래밭 위에서 펼쳐지는 전통 방식의 다소 과격한 축구

▶ 산타 크로체 광장의 크리스마스 마켓의 분위기는 따뜻하다. 출처: citynews-firenzetoday.stgy.ovh

경기다. 경기가 시작되기 전 선수들이 전통 의상을 입고 퍼레이드를 하는 등 피렌체의 큰 여름 축제다. 그리고 11월 말부터 12월 말까지 독일 크리스마스 마켓이 열린다. 500년의 역사를 가진 독일의 하이델베르그 마켓을 피렌체에서 경험할 수 있는 기회다. 독일 소시지나 맥주뿐만 아니라 유럽 각지에서 온 특산품과 음식을 맛볼 수 있다. 아쉽게도 '피렌체 고전 축구 경기'는 관람하지 못했지만, 크리스마스 마켓에서 흘러 나오는 캐럴을 들으며 독일 소시지와 프랑스의 크레페를 사 먹었다. 나무로 만든 가게에서 파는 크리스마스 장식과 아이들이 원하던 은색 철로 만든 비행기 장식품을 구입하며, 소박하게 유럽의 성탄절 분위기를 즐겼던 기억이 생생하다.

산타 마리아 노벨라 성당과 약국 Basilica di Santa Maria Novella e Farmacia

피렌체를 방문하신 부모님과 아이들을 데리고 두오모 성당을 본 후 점심 식사를 하기 위해 산타 마리아 노벨라 광장으로 갔다. 나에게는 다른 광장보다 좀 썰렁하다고 느껴진 곳이다. 광장 한가운데에 대형 화단이 있다보니 큰 행사가 열리지는 못할 것 같고, 근처 주민들의 휴식처 정도로 느껴졌다. 하지만 성당만큼은 피렌체 역사에서 빼놓을 수 없는 곳이다.

이 성당은 중세 말기에 피렌체에 입성한 수도회 중 도미니코 수도회의 거점이었다. 이 수도회는 스페인에서 건너왔고, 3대 수도회 중 피렌체에 가장 먼저 자리를 잡았다. 도미니코 수도회는 청렴한 교회를 표방하면서, 동시에 다양한 학문 연구에 힘썼다. 파사드 양쪽에 있는 천체 관측기와 해시계 바늘이 꽂힌 대리석 판이 이러한 점을 보여준다. 프란체스코 수도회는 상인 및 장인과 밀접한 관계를 가진 반면, 도미니코 수도회는 실용적인 과학 분야 활동의 중요성을 인지했다.

그래서인지, 성당의 파사드Façade: 건축물의 정면 외관을 의미한다.는 곡선과 직선을 예술적으로 잘 융합한 하나의 기하학적 작품으로 보인다. 파사드의 하단 부분은 14세기에 도미니코 수도사들에 의해 고딕-로마네스크 양식으로 먼저 만들어졌다. 그 후 100년이 지나, 루첼라이Rucellai 가문의 후원을 받아 레온 바티스타 알베르티Leon Battista Alberti가 르네상스 양식으로 파사드 상단을 디자인하여 덧붙여진 것이 현재의 모습이다. 건축가로 잘 알려진 알베르티는 철학, 수학, 언어 등 다양한 학문을 다루는 학자였다. 이런 점 때문일까? 성당의 앞 모습은 그의 학문에 예술이 가미된 듯하다. 어느 장식 하나 서로의 충돌이 없는 계산된 디자인이다. 얼핏 보면 단순한 듯 보이지만, 부드러운 장식을 넣어 지루함이 없다. 그리고 파사드의 상단과 하단이 100년이라는 세월의 차이로 만들어졌는데도 불구하고 전혀 어색하지 않다. '아, 이것이 바로 신구의 조화구나!' 싶었다. 그들의 감각으로 옛 것에 새로운 것을 융합시킨 르네상스 방식이다.

"엄마, 우리 비둘기한테 빵 주고 올게요." 피렌체의 오후, 청명한 가을 하늘 아래 성당은 800년이 다 되도록 예술미를 뽐내며 자리하고 있다. 그 앞에서 부모

▶ 산타 마리아 노벨라 성당 파사드의 모습.

님과 여유로운 점심 시간을 보내면서 아이들이 비둘기와 노는 모습을 보는 현실이 문득 꿈인가 싶었다.

 수도회의 또 다른 면은 성당 옆에 있는 약국에서 볼 수 있다. 하루는 한인 교회의 장 집사님 부인이 "한국으로 돌아가기 전 꼭 가 봐야 할 곳이 있어요. 보면 아마 좋아할 거야."라며 산타 마리아 노벨라 약국으로 오라는 것이다. 아이들을 데리고 피렌체 곳곳을 다녔지만, 막상 이 약국은 한국으로 돌아오기 한 달 전 즈음에나 다녀오게 되었다. 일반 약국을 생각하고 방문하면 당황하게 되는 곳이다. 약국 실내는 궁전이나 박물관을 연상케 할 만큼 화려하고 웅장하다. 약국의 역사는 800년이 되었다. 이곳에서 판매하는 제품은 도미니코 수도사를 위해 수도원 정원이나 피렌체 근처에서 재배했던 약초를 재료로 한 것이다. 갖가지 향수, 화장

▶ 어학교 근처에 있던 프레테 침구 매장.

품, 비누, 허브 등을 판매하는데, 제품에 대한 자부심이 남다르다. 공정 과정이나 제품의 질을 보았을 때 한국에 돌아가서 판매해도 좋겠다는 생각이 들 정도였다. 그런데 한국에 돌아오고 몇 년 되지 않아 서울의 강남 도산로와 대형 백화점에 매장이 오픈된 것을 보았다.

피렌체 곳곳을 보고 쇼핑도 하면서, 한국에 돌아가서 판매해 보고 싶다는 생각이 들었던 브랜드 세 가지가 있다. 첫 번째는 산타 마리아 노벨라 약국의 제품이었고, 두 번째가 마씨모 두띠Massimo Dutti였다. 패션 브랜드 자라Zara의 패밀리 상표이자 자라보다 조금 가격대가 높은 브랜드다. 레푸블리카 광장에 매장이 있는데 옷, 신발 및 액세서리 디자인이 세련되었고, 제품의 질이 가격에 비해 합리적이었다. 어학교 수업이 끝나고 시간이 되면 매장에 들러서 눈요기를 해두었다가 계절 세일할 때 몇 가지를 사곤 했다. 세번째는 침구 브랜드다. 어학교에서 산 로렌초 성당 방향으로 세 블록을 가면 '프레테Frette'라는 이불 가게가 있다. 가끔씩 들러 구경을 하며 세일을 기다렸다가 침구 한 세트를 구입해 왔다. 유명 셀럽들에게 사랑받으며 5성급 호텔에도 공급된다는 이 브랜드가 피렌체 현지에서는 생각보다 비싸지 않았다. 한국으로 귀국하고 몇 년 후 우연히 모 백화점에 갔다가 프레테 침구 매장을 발견했다. 그런데 가격이 피렌체에서 본 가격보다 2배가 좀 넘는 듯했다. 가격을 본 순간 어학교 앞 프레테 매장이 눈에 아른거렸다. '하나 더 사올 걸….'

산타 마리아 노벨라 약국

산타 마리아 노벨라 약국Officina Profumo-Farmaceutica di Santa Maria Novella은 1221년에 오픈한, 세계에서 가장 오래된 약국이다. 1200년대에 피렌체에 입성한 도미니코 수도사들이 자신들을 치료하기 위해 수도원 정원에서 식물을 키우며 허브와 연고 등을 만들기 시작했다. 이후에는 수도원뿐만 아니라 피렌체 주변에서까지 허브 재료를 키웠고 고대에 사용되던 제조 과정에 새로운 기술로 만든 장비를 사용하여 제품을 생산하게 된다. 어느새 이곳 생산품의 진가가 알려지면서 수도원 내에서 사용되는 것을 대중에게 판매하게 되었고, 제품의 진가에 대한 입소문이 유럽을 거쳐 인도와 중국에까지 퍼졌다고 한다.

현재에는 종류가 다양해지면서 많은 이들의 아름다움을 위한 미용 제품 및 향수까지 포함하여 판매하고 있다. 메디치 가문의 딸 중 프랑스의 왕비가 된 카테리나 데 메디치Caterina de' Medici를 위한 향수가 있듯이 이곳에서 생산된 많은 제품에는 각각의 이야기가 담겨 있다고 한다.

대단한 홍보가 아닌 입소문만으로 세계로 뻗어나갈 수 있는 이유는 생산품이 갖고 있는 정직함과 자부심 그리고 한결같음이 있기 때문일 것이다. 오랜 역사를 가진 약국의 명성과 믿을 수 있는 재료 그리고 공정 과정 등은, 이곳이 단순히 아름다움을 추구하기 위해 방문하는 곳이 아닌 그 이상의 의미가 있는 장소임을 말해 준다.

▶ 박물관 같은 산타 마리아 노벨라 약국 내부의 모습.
출처: https://smnovella.com

산토 스피리토 성당 Basilica di Santo Spirito

평일 어느 날 아이들을 등교시키고, 피렌체 방문 중인 부모님과 함께 산토 스피리토 성당과 마침 그 날 성당 앞 광장에서 열리는 시장을 보러 갔다. 각종 야채와 가공 음식물부터 생활용품 및 기념품까지 다양한 물건을 판매하는 장이다. 물건을 파느라 바쁜 상인들에게 성당은 그저 시장의 배경일 뿐이다. 하지만 나에겐 성당의 모습이 예사롭지 않았다. 파사드는 웅장하면서도 직선과 곡선미를 이용한 극도의 단조로움을 보인다. 그 디자인은 단순함과 강인함을 동시에 느끼게 한다. 레오나르도 다 빈치가 "단순함은 정교함이다."라고 했던가? 간결한 세련미를 보이는 성당 외관이다.

이 성당은 15세기 건물로, 피렌체 두오모의 돔Dome을 올렸던 브루넬레스키 Filippo Brunelleschi의 마지막 작품이다. 그는 이 성당을 디자인할 때, "건축물이 어떻게

▶ 산토 스피리토 성당 외관의 깔끔한 디자인.

보일까?"라는 고민에 그치지 않았다. 더 나아가 "이 성당은 주변 자연 환경과 조화를 이루면서 성직자에게는 신성한 장소가 되어야 한다."며 건축물 존재의 본질에 초점을 맞췄다고 한다. 무엇이든 본질을 잊지 않아야 함을 보여주는 한 건축가의 신념이다.

▶ 미켈란젤로의 피에타 조각상 사본.

"참, 이탈리아인이 할 만한 디자인이다. 일단 안에 한번 들어가보자." 독특한 외관을 보니 아버지는 내부가 궁금하셨던 모양이다. 들어가 보니 피렌체의 여느 성당 같이 남성적이고 장대하다. 돔 밑에는 섬세한 제단 장식이 보이고 성당 한편에는 미켈란젤로의 작품 피에타Pieta 사본이 있었다.원본은 바티칸의 산 피에트로 대성당에 있다. 원본은 아니지만, 이곳이 미켈란젤로와 인연이 있던 곳임을 말해준다. 10대 후반의 미켈란젤로는 자신의 후원자인 로렌초 데 메디치가 세상을 떠난 후 이곳 산토 스피리토 수도원에 머물게 된다. 그 기간 중 수도원 주변 의료 시설에서 시체를 분석하며 해부학을 접할 수 있는 기회를 갖는다. 이것이 미켈란젤로가 인체 조각의 대가가 되는데 큰 기틀이 된 경험이 아니었을까?

이 성당은 피렌체에 입성한 수도회 중 아우구스티누스 수도회의 본거지였다. 이곳 역시 수도회의 거점이라는 종교적인 장소에 국한되지 않았다. 피렌체의 초기 인문주의 학자들의 열정이 모인 곳이었다. '데카메론' 작가인 보카치오를 비롯해, 피렌체 공화정 시대의 정치인이자 인문학자인 콜루치오 살루타티Coluccio Salutati와 그의 애제자인 인문학자 레오나르도 브루니Leonardo Bruni 등, 이탈리아 '인문학'의 거장들이 이곳을 학문의 장으로 삼았다.

중세 시대의 정신적인 지주였던 교회가 한계에 부딪히면서, 피렌체에 입성한 수도회들은 '바뀌어야 한다'는 생각과 종교의 본질을 찾고자 노력했다. 이는 르네상스로 가는 단초를 만들었다. 신앙도 결국엔 인간을 위한 것이 아닌가? 인간의 영적인 면을 다루는 종교에 머무는 것이 아니라, 인간이 살아갈 현실도 제공하는 것이 수도회가 추구한 종교의 본질이 아니었을까 싶다.

산타 마리아 델 카르미네 성당 Chiesa di Santa Maria del Carmine

하루는 어학교 수업에서 르네상스 화가들 이야기가 나왔다. 선생님은 "르네상스 미술사에서 빼놓을 수 없는 화가 마사쵸 작품의 진수를 보려면 꼭 가 봐야 하는 성당이 있어요."라는 것이다. 아르노 강 남서쪽 조금 외진 곳에 위치한 산타 마리아 델 카르미네 성당이었다. 어느 주말 아이들을 데리고 겨우 겨우 찾아 도착한 성당. "엄마, 여기가 성당 입구야!" 삭막하다 못해 초라하게까지 느껴지는 성당

▶ 산타 마리아 델 카르미네 성당의 파사드.

파사드. 하마터면 이곳을 그냥 지나칠 뻔했다.

하지만 그 내부는 다른 모습을 하고 있었다. 성당의 앞면만 보고 잠깐 실망했지만, 내부의 내용을 보고 바로 반성하게 됐다.

중세 수도원이 부유한 상인과 손을 잡던 상황과는 다르게, 산타 마리아 델 카르미네 수도원은 일반 신도와의 유대 관계를 중요시 여겼다. 수도원은 이민자 출신으로서 자수성가한 브란카치Brancacci 가문에게 기도실을 제공했고, 이 가문은 마

▶ 브란카치 가문 기도실.

사쵸에게 기도실 장식을 부탁한다. 마사쵸는 원근법을 최초로 사용하며 르네상스 미술의 시작을 알린 인물로, 미켈란젤로에게 많은 영향을 준 화가다. 이곳에서는 베드로를 주인공으로 하는 마사쵸의 프레스코화를 볼 수 있다. 역사적으로 베드로를 다룬 작품은 무수히 많다. 하지만 마사쵸의 뒤를 잇는 많은 화가들이 마사쵸의 베드로를 대표작으로 꼽았던 만큼, 이 작품을 본다는 의미에서 한번쯤은 방문할 만하다.

13세기에 만들어졌던 원래 건물과 내부 작품은 18세기 말에 발생한 화재로 인해 모두 손실되었지만, 다행히도 브란카치 가문의 예배당은 피해에서 살아남았다. 화재가 나고 몇 년이 지나 바로 재건한 것이 현재 건물이다. 화재를 피한 덕분에 지금 우리가 마사쵸의 '낙원에서 추방된 아담과 이브'나 '성전세를 내는 예수' 등과 같은 유명한 작품을 감상할 수 있다. 성당을 둘러보고 나니 어학교 선생님이 추천해 준 이유를 알 수 있었다.

새로운 시대가 시작된 피렌체

바르젤로 국립 박물관 Museo Nazionale del Bargello

"얘들아, 일어나자~" 잠이 덜 깬 콜린이 눈을 비비며 "오늘 왜 이렇게 일찍 일어나?" 보통 일요일은 늦잠을 자고 일어나 아침 겸 점심을 먹고 교회를 가지만 오늘은 특별히 아침부터 부지런을 떨었다. 한인 교회 바로 옆에 위치한 바르젤로 국립 박물관을 관람한 후 예배를 보기로 했기 때문이다. 매주 교회를 오가면서 마주치는 이 건물은 13세기 중세 건축 양식을 보여주는 세계 최고의 조각 작품 박물관이다.

건물 외부의 디자인은 단순하면서 중세 요새 분위기를 물씬 풍긴다. 큰 유리문을 열고 건물에 들어서니 안뜰의 벽면을 가득 채운 문장이 보인다. "와, 여기는 중세 영화에 나오는 요새 같아." 이안은 안뜰이 마음에 들었던 모양이다. 멋진 로지아 Loggia: 한쪽 벽이 없는 긴 복도. 이탈리아에서는 보통 아치형으로 장식한다. 와 계단이 조화를 이룬 안뜰에 벽면의 문장이 생동감을 더한다. 문장들 중에는 중세 말기의 고위 관리 가문의 문장도 있어, 이곳이 중세 시대부터 정치의 중심지였음을 말해준다.

▶ 중세 건물 양식의 바르젤로 박물관 모습.

이곳은 중세 시대에는 시 최고 행정관의 거처로 사용되었다. 한때는 감옥으로 사용되어 안뜰에서 사형이 집행되던 곳이다. 메디치 가문이 정권을 잡기 전 르네상스 시대로 넘어 가는 과정에서, 교주를 따르던 귀족파에 맞서기 위해 상인들이 스스로 정부를 세운다. 이 건물이 그

▶ 계단과 벽의 문장, 로지아가 멋들어지게 조화를 이룬 바르젤로 박물관 안뜰.

초기 정부의 본부로 사용되었다. 귀족이 지배하던 피렌체가 상인들의 피렌체로 변화하는 새로운 정치적 흐름의 순간이 녹아든 중요한 장소다. 메디치 가문 통치 시절에는 교도소로 사용되었다. 파치Pazzi 가문의 메디치 살해 음모뒤에 '두오모 성당' 부분에서 짧게 설명된다.에 연루된 인물 중 일부는 이곳에서 교수형에 처해졌다. 16세기 이후에는 사법부 건물로 사용되면서, 경찰 서장을 일컫는 '바르젤로'라는 이름이 건물 명칭에 사용된다.

피렌체가 통일 이탈리아 왕국의 수도가 될 뻔한 1865년 이후에 1300~1600년대의 조각품을 전시하는 박물관이 된다. 현재 르네상스의 대표적인 박물관 중 하나로 평가받는 곳으로 메디치 가문이 수집한 소품과 르네상스 시대 조각품 그리고 개인 기증품들을 전시하고 있다. 특히 인상적이었던 작품은 도나텔로Donatello와 베로키오Verrocchio, 이 두 인물의 '다비드 상'이었다. 그들의 다비드를 본 순간, '이것이 다비드 상이라고?'라는 의문이 들었다. 미켈란젤로의 다비드 상에 익숙한 우리는 이들의 다비드는 얼핏 여성의 모습으로 보였다. 게다가 이안이 "엄마, 다비드가 모자를 썼어!"라고 의아해할 만큼 그들의 작품은 이색적이다 못해 '색다른 해석이 있는 건가?'라는 호기심을 일으켰다. 특히 모자를 쓰고 부츠를 신은 도나텔로의 다비드는 독창적이었다.

마이크로소프트 창업자인 빌 게이츠도 "남들이 적어도 한 번은 갸우뚱하게 된다면 그 아이디어는 독창적인 것"이라 했으니 말이다. 이 작품에 다른 해석이 있다기보다는 작가가 이미지화하고 싶은 방향대로 만들어낸 결과물이 아닐까, 또 그 작품을 보는 사람도 자신의 생각대로 해석을 하며 희열을 느끼게 되는 게 아닐까 싶다. 이런 점에서 다양한 작품의 천국인 피렌체는 무엇이라도 생각하게 만든다. 사실, 이 두 인물의 다비드가 미켈란젤로의 다비드보다 먼저 만들어진 것이니 미켈란젤로의 작품을 다비드의 기준으로 생각할 필요는 없을 것이다.

베로키오의 '다비드 상'에도 흥미로운 점이 있다. 자신의 공방 제자였던 미소년 레오나르도 다 빈치가 작품의 모델이었다는 것이다. 다 빈치가 그 안에 있을 것이라고는 상상도 못했다. 가뜩이나 여린 미소년 다비드와 발치에 떨어져 있는 골리앗의 두상이 대조적이면서 강렬한 인상을 준다.

브루넬레스키와 기베르티Lorenzo Ghiberti가 공모전에서 경쟁했던 '이삭의 희생'도 기억에 남는다. 두오모 광장에 있는 산 죠반니 세례당Battistero di San Giovanni의 청동문을 책임질, 예술가를 뽑는 결승전에서 맞붙은 작품이다. 두 작품을 보면 사람마다 취향은 다르겠지만 승자는 기베르티였다. 세례당 앞에는 그 청동문과 사진 한 장 찍으려는 사람들로 항상 붐빈다. "얘들아, 이게 우리가 앞에서 찍은 그 문을 탄생시킨 작품이란다." 작지만 의미있는 조각품이다.

피렌체에서 이루어진 조각 예술에 대한 열정을 마음에 새기고 바로 옆 한인 교회로 향했다

오르산미켈레 성당 Chiesa di Orsanmichele

두오모 성당에서 시뇨리아 광장을 잇는 칼차이우올리 길Via dei Calzaiuoli은 수많은 관광객과 피렌체인들이 거니는 도로 중 하나다. 이곳에 위치한 오르산미켈레 성당은 심플한 건물 외벽에 조각상과 조각 문양을 선보이며, 지나가는 이들의 눈길을 사로잡는다. 건물 외관을 채우고 있는 조각상은 도나텔로, 기베르티, 잠볼로냐Giambologna 그리고 레오나르도 다 빈치의 스승인 베로키오 등, 저명한 예술가들의 작품 사본이다. 원본은 바르젤로 박물관, 오르산미켈레 박물관 그리고 산타 크로체 박물관 등에 보관되어 있다.

▶ 오르산미켈레 성당의 외관.

중세 말기와 르네상스 시대에는 상공업이 발달하면서 각 분야의 상인 및 장인들이 조합길드을 형성한다. 하지만 조합의 주체인 그들과 피렌체로 일거리를 찾아와 조합에 의지하던 농민들 모두 신앙적인 체계가 견고하지 못했다. 이를 극복하기 위해 일반 시민이 중심이 된 종교적 장소를 만든 것이 오르산미켈레 성당이다. 이곳은 원래 로지아Loggia 형태의 개방된 곡물 시장이었지만, 성당이 되면서 스테인글라스 창문이 만들어지고 로지아도 폐쇄형이 되었다. 건물 외벽에 장식된 조각상은 각 길드의 수호 성인을 나타내며 일종의 개인 예배당과 같은 것이었다. 길드는 성인에 대한 봉헌 의식에 입각

▶ 칼차이우올리길을 화폭으로 만드는 화가.

해, 갈수록 서로 경쟁적으로 유명한 조각가를 섭외해서 더 독창적이고 화려한 조각상을 주문했다. 외벽에 예배당을 만들지 못한 길드는 내부에 프레스코화를 장식하는 것으로 만족해야 했다.

이렇듯 길드 사이에서 각자의 경제적인 부를 종교와 예술로 승화시켜 자신의 자존심을 지키고자 했다. 부를 지녔음에도 불구하고 신앙에 의존할 수밖에 없었던 인간의 한계를 보여준다. 그 한계를 인간이 표현할 수 있는 예술로 경쟁하며 극복하고자 했다는 점이 흥미로웠다. 이 성당에서 일어났던 상황을 보면 르네상스 시대가 예술 경쟁의 장이 됨을 알리는 전조 현상이 아니었을까 싶다.

두오모 성당 Cattedrale di Santa Maria del Fiore

10월 어느 토요일 아침, 창문을 여니 구름 한 점 없는 푸른 바다색 하늘이 펼쳐졌다. 활동하기에 더할 나위 없이 쾌적한 날씨였다. 주말을 맞이해 아이들을 데리고 피렌체의 꽃, 두오모 성당을 방문했다. 두오모 광장 앞은 인산인해였다. 하지만 성당과 죠토의 종탑▶두오모 성당 디자인과 공사의 책임자였던 아르놀포 디 캄비오(Arnolfo di Cambio)가 세상을 떠나고 화가이자 건축가인 죠토(Giotto di Bondone)가 후임자가 된다. 그는 두오모 공사와 함께 1334년에 성당 옆 종탑을 설계하고 착수했으나 완공을 보지 못하고 세상을 떠난다. 그의 제자 안드레아 피사노(Andrea Pisano)가 뒤를 이어 공사를 맡았으나 흑사병으로 다시 중단된다. 프란체스코 탈렌티(Francesco Talenti)가 작업을 인수하여 1359년에 종탑을 완성한다.은 인산인해가 무색할 정도로 그 위세가 대단했다. 광장의 넓이에 비해 성당의 규모가 크기 때문이다. 그로 인해 광장 한가운데에 성당이 자리잡고 있는 것이나 마찬가지고 그만큼 웅장하게 느껴진다. 게다가 성당의 사방이 조각 문양과 조각상으로 빼곡히 장식되어 있어 보는 이들의 눈에 쉴 틈을 주지 않는다.

처음 피렌체에 도착해서 택시를 타고 이 광장을 지나가던 순간이 떠올랐다. 어둠 속 갑자기 나타난 거대한 성당 파사드에 압도되며 르네상스 시대로 돌아간 것처럼 착각을 했던 순간이다. 하지만 어학교를 다니면서 어느새 이 웅장한 건축물이 친숙하게 느껴지기 시작했다.

한 면이 유리창인 어학교 교실에서 고개를 들면 보이던 것이 두오모 돔Dome이다. 르네상스 시대의 대표적 건축가인 필리포 브루넬레스키Filippo Brunelleschi가 만든 돔이 어느새 학교 교실에서 보이는 성당의 지붕이 되는 순간 '이게 과연 현실인가!' 싶었다.

▶ 광장을 압도하는 두오모 성당의 위세가 대단하다.

▶ 피렌체 전경과 성당 돔의 모습을 가까이서 보기 위해 죠토의 종탑 꼭대기에 오르기도 한다.

두오모 성당이 세워지기 전에 피렌체 중심지에는 산타 레파라타 성당Chiesa di Santa Reparata이 있었다. 산 미니아토 알 몬테 성당과 함께 중세 시대 피렌체 주교와 귀족의 종교적 중심지였던 곳이다. 현재 두오모 성당 위치에 900년 정도 자리를 지키고 있던 산타 레파라타 성당은 어느덧 경제력을 가진 상인들의 손에 들어가게 된다. 그러면서 낡고 작은 이 성당을 부수고, 그 위에 피렌체 시민의 신앙심을 모을 새로운 성당을 짓기로 한다. 이렇게 세워진 두오모 성당은 3만 명이 한꺼번에 미사를 볼 수 있는 규모라고 하니 길드 정부의 목적에 부합하는 성당이었던 셈이다. 결국 산타 레파라타 성당은 허물어지고 역사의 뒤안길로 사라지게 되었지만, 현재 두오모 성당 지하에 그 역사의 흔적을 모셔 놓았다.

▶ 차분한 두오모 성당 내부의 모습.

▶ 두오모 성당 지하에 있는 브루넬레스키 무덤.

성당의 파사드를 바라보았을 때 돔 오른쪽 건물에 두 인물의 동상이 있다. 근처에 있는 이불 가게에 갈 때마다 스치며 보게 되었던 조각상인데, 두오모 성당의 전체적인 디자인을 맡았던 디 캄비오와 두오모 돔의 디자인을 한 브루넬레스키의 동상이다. 1200년대 후반에 짓기 시작한 두오모 건물은 1300년대 초반에 디 캄비오가 사망하면서 건물 공사가 중단된다. 공사가 다시 시작되어 몸체는 완성되었지만, 디 캄비오가 사망한 지

100년이 되도록 성당의 돔은 뚫린 채로 있었다. 그러던 중 1400년대 초반에 돔을 완성할 건축가로 브루넬레스키가 선정되었고 그의 탁월하면서 과학적인 방식으로 신비로운 돔이 완성된다. 두오모 대성당 공사가 시작된 지 140년 만에 완성된 것이다. 1296년에 시작~1436년에 마무리.

생전에 꼼꼼함을 무기로 건축의 혁신을 이루었던 브루넬레스키, 그의 동상은 자신의 작품인 돔을 쳐다보고 있다. 르네상스의 대표적 건축가라는 타이틀을 생각했을 때 그는 건축 분야에만 몰두했을 것이라 예상했다. 그러나 다양한 분야에 관심이 많았던 인물이다. 원래는 건축가가 아닌 금속 세공사였다. 뿐만 아니라 수학자이자 조각가였다. 그런 그가 르네상스의 대표적인 건축가가 되었다는 것, 이는 우리에게 주는 메시지가 있다. '자신이 관심을 갖던 다양한 분야가 피렌체의 상징적인 건축물을 만들어내는 데 시너지 효과를 낸 것이 아닐까'라는 점이다. 르네상스 시대의 많은 천재는 이런 과정을 통해 배출됐다.

바르젤로 국립 박물관에서도 언급되었지만, 돔 설계의 책임자가 되기 전 그는 두오모 성당 바로 앞에 있는 세례당 청동문 공모전에서 낙제를 한 경험이 있다. 그러나 결과적으로, 피렌체 어디서나 볼 수 있는 두오모 성당 돔 디자인의 주인공이 되었다.

"엄마, 이 사람은 왜 하늘을 보고 있어?"

"브루넬레스키가 자신이 만든 돔을 보고 있는 거야."

그의 동상을 보고 있자니 든 생각이었다. '자신의 돔이 미래의 전 세계인들에게 이토록 사랑받고 있다는 걸 알면 얼마나 뿌듯할까?'

화려한 외관을 뒤로 하고 성당 내부로 들어갔다. 외관과는 달리 내부 디자인은 차분하고 간결하다. 이곳의 진수는 돔 내부 천장에 그려진 조르지오 바사리 Giorgio Vasari와 페데리코 주카리 Federico Zuccari의 '최후의 심판'일 것이다. 성당 내부를 걷다 보면 금장식을 해 놓은 듯한 프레스코화가 머리 위에 펼쳐진다.

▶ 두오모 성당 돔 안쪽의 프레스코화.

"엄마, 저렇게 높은데 어떻게 그림을 그렸지?"

"글쎄 말이야, 저 높은 돔 내부에 천국과 지옥을 이렇게 섬세하게 그릴 수 있다니, 정말 대단하다."

아이들과 나는 한참 동안 고개를 들고 입을 다물지 못한 채 프레스코화 감상에 빠졌다. 고개가 아픈 줄도 모르고 말이다.

바사리가 이 프레스코화를 착수하기 90년 전, 이곳에선 끔찍한 사건이 벌어진다. 메디치 가문을 표적으로 한 파치가의 살해 사건이다. 때는 로렌초 데 메디치 시대, 메디치가의 권세를 누르기 위해 파치 가문은 살해 음모를 계획한다. 이곳에서 미사가 진행되던 중 실행에 옮기는데, 로렌초는 살아남고 그의 동생 줄리아노Giuliano de' Medici가 죽게 된다. 이 사건 이후로 파치 가문은 피렌체에서 추방 당하고 음모에 가담했던 사람들은 사형까지 당한다. 권력을 가진 만큼 가문 주변에 많은 위협이 도사리고 있었음을 보여준다. 그리고 이때 로렌초가 살해당했다면 르네상스 예술 역사가 달라졌을 것이다. 후일 2016년에 방송되었던 드라마 '메디치: 피렌체의 지배자들 Medici: Master of Florence'에서 살해 사건 현장이 생생하게 재연된다.

이런 저런 생각으로 프레스코화에 넋이 빠진 우린 다시 정신을 차리고 성당 내부 곳곳에 있는 헌금함으로 갔다. 헌금을 하고 초에 불을 붙였다.

"엄마는 무슨 기도할 거야?"

"앞으로 1년 동안 별 탈 없이 행복하게 지내다 갈 수 있게 해 달라고."

아이들도 고사리 같은 손을 모아 기도를 했다. 기도를 마친 후 산타 레파라타 성당의 흔적을 보기 위해 지하로 내려 갔다.

두오모 오뻬라 박물관 Museo dell'Opera del Duomo

두오모 성당을 둘러본 뒤, 정문을 나와 성당의 역사를 보기 위해 두오모 오페라 박물관으로 갔다. 박물관은 두오모 돔 근처에 있다. 이곳으로 가는 길에는 돔에 올라가려는 대기자들의 줄이 길게 늘어서 있었다. 피렌체의 9월 날씨는 여전히 더웠고, 돔 꼭대기로 가기 위해 아이들을 데리고 400개가 넘는 계단을 오를 자신이 없었다. 나중을 기약했고, 결국엔 피에솔레와 미켈란젤로 광장과 산 미니아토 성당에서만 피렌체 전경을 보고 왔다. 돔을 올라가려고 기다리는 관광객이 지루해할 틈을 타 그림을 파는 사람들이 있었다. 능수능란한 손놀림이 관광객의 눈길을 사로잡았다. 서양인들이 혹할만한 방식의 그림을 현장에서 잽싸게 그려 파는 중국인들이었다. '와, 이들의 동양미를 뽐내는 손재주는 두오모 성당 옆에서도 빛을 발하는구나!' 그 광경을 뒤로 하고 박물관으로 갔다.

이곳은 두오모 성당, 죠토의 종탑과 산 죠반니 세례당에 있던 원본 작품을 소장하고 있다. 현재는 박물관이지만 애초에는 두오모 성당과 종탑 건설을 관리하는 곳이었다고 한다. 박물관이 바로 옆에 자리함으로써 성당을 본 사람들이

720년에 걸친 두오모 성당의 과거부터 현재까지의 이야기를 자세하게 볼 수 있게끔 해 놓았다. 입구에는 두오모가 완성되기까지 기여한 모든 인물의 이름을 복도 벽에 새겨 놓았다. 온갖 풍파와 세월을 이겨내며 수많은 건축가, 예술인, 인문학자, 기술자의 노력이 들어간 결과가 현재 두오모다.

그 역사의 한 예로, 현재 두오모의 파사드 장식은 1800년대 에밀리오 데 파브리스Emilio de Fabris가 디자인한 것임을 알 수 있었다. 공모에서 그가 제출했던 설계도를 이곳에서 볼 수 있다. 피렌체 대부분의 성당을 보면 한 건축가에 의해 단시간에 완성된 경우는 거의 없다. 시간을 갖고 여러 건축가의 손을 거쳐 완성된 시너지의 결과물이다. 아이들은 박물관 내부의 웅장한 분위기와 전시품 규모에 감탄하는 모습이었다 "두오모 성당 같은 대단한 작품을 만들려면 많은 시간과 노

▶ 두오모 박물관 내부 모습. 성당과 관련된 조각상 원본을 전시한 진열대조차 남다르다.

력, 기다림이 필요한가 보다."라는 나의 말에 이안은 뭔가를 느낀 것인지 말없이 고개를 끄덕였다.

걷다 보니 어느 처절한 형상의 여인 조각상이 보였다. 도나텔로의 나무로 만든 '참회하는 막달라 마리아 상 Maddalena'이다. 바르젤로 국립 박물관에서 도나텔로의 '다비드'를 봤을 때와 비슷한 감정이었다. 상상했던 막달라 마리아의 모습이 아니었기 때문이다. '그리스도의 성녀를 왜 이토록 처량하게 묘사했을까?'라는 의문이 들었다. 그런데 볼수록 작가의 진심이 느껴졌다. 많은 예술인은 상황에 상관없이 젊고 아름다운 마리아를 표현한다. 도나텔로는 그렇지 않다. 참회하는 사람의 마음은 아름다울 수 있지만 그 모습은 처량한 것이 현실이니까.

▶ 막달라 마리아의 기도하는 모습.

이 외에도 성당 돔을 만들 때 사용했던 장비와 기베르티의 작품인 세례당 청동문의 원본1966년 아르노 강 범람으로 큰 홍수가 난 이후 이곳으로 옮겨졌다. 등이 기억에 남는다.

두오모 역사를 함께 한 진품을 한눈에 볼 수 있는 이곳. 이안은 "엄마, 여기에 있는 게 전부 오리지널 작품이야? 그럼 성당에 똑같은 걸 또 만든 거야?"라며 살짝 놀란 기색이다. "그렇대. 원본 작품을 만든 작가들이 이 모습을 보면, 정말 뿌듯하겠다." 이곳에 있는 수많은 결과물과 작가를 피렌체인이 얼마나 아끼고 사랑하는지 외지인인 우리도 느낄 수 있었다.

시뇨리아 광장Piazza della Signoria과 베키오 궁전Palazzo Vecchio

현재 피렌체 시청사인 베키오 궁전 앞 시뇨리아 광장은 피렌체인에겐 사람을 만나는 주된 약속 장소 중 하나다. 우리에게도 만남의 장소였다. 비가 오면 비를 피해 광장에 있는 로지아Loggia dei Lanzi에서 만날 사람을 기다리며 조각상을 둘러보곤 했다. 날씨가 좋으면 광장을 둘러싼 멋스런 건물과 야외 테이블에서 식사하는 사람들의 여유로운 모습을 보며 지인을 기다리던 기억이 생생한 곳이다. 이곳은 피렌체 역사의 큰 흐름을 주관하는 중심지였다.

중세 말 상인들의 초기 정부가 바르젤로 국립 박물관 건물에서 시작하여 자리를 잡은 후 정부의 행정관을 뽑아 그들의 보안을 책임질 장소이자 새로운 정부 청사로 만든 곳이 현재의 베키오 궁전이다. 그리고 종교 및 정치, 문화 행사가 개최되고 시민들이 정부의 이야기를 듣던 소통의 공간이 시뇨리아 광장이었다.

또한 이곳은 12~13세기에 걸쳐 피렌체를 혼란스럽게 한, 교황파와 황제파 간 갈등의 주요 무대였다. 이를 시작으로 르네상스 시대에는 각종 사건과 이벤트의 중심지가 되었고 시민들이 모여 정치 토론을 하는 곳이기도 했다. 15세기 말 로렌초 데 메디치의 아들인 피에로 데 메디치Piero de' Medici의 외교 실정을 틈 타, 수도사였던 사보나롤라는 메디치 가문이 부흥시켰던 예술 문화에 대해 인간을 타락시키는 요소로 간주한다. 이를 바탕으로 설교를 통해 피렌체에서 신정 정치로 세력을 잡는다. 그러나 사보나롤라는 정치와 경제 정책에서 무능함을 보이면서 시민들의 질타를 받게 된다. 그는 정권을 잡은 지 4년 만에 결국 화형을 당하게 되는데 그 장소가 광장에 표시되어 있다. 이 광장이 피렌체 역사에 많은 에너지를 부여한 곳임에는 틀림 없어 보인다.

이뿐만이 아니다. 광장에서 볼 수 있는 조각상은 그저 장식품에 불과한 것이 아니다. 피렌체 역사와 함께 하고 있다. 몇 개를 예로 들자면, 1 피렌체에서 메

▶ 조각상 전시회를 방불케 하는 시뇨리아 광장의 로지아.

▶ 코시모 1세 대공의 기마상.

91

디치 가문을 추방하고 신정 정치를 펼친 사보나롤라가 화형을 당한 후 피렌체는 정치적 공백과 호시탐탐 노리는 외세의 위협에 맞닥뜨려야 했다. 시민들은 이러한 상황에서 자유 시민의 피렌체 공화국이 되기를 바랐으며, 그것을 상징하는 미켈란젤로의 '다비드' 상이 베키오 궁전 입구 왼편에 자리하고 있다. 2 추방 당했다가 다시 피렌체 정권을 잡은 메디치 가문이 반디넬리Baccio Bandinelli에게 주문한 '헤라클레스와 카쿠스' 상이 베키오 궁전 문 오른쪽을 지키고 있다. 이 조각상은 헤라클레스가 카쿠스를 제압하는 형상이다. 메디치 가문이 후일 피렌체를 통치하는 데 자신감이 충만했음을 암시한다. 3 피렌체로 입성한 메디치 가문은 토스카나 대공국을 세운다. 대공국의 두 번째 대공이자 막강한 군사력을 키워 피렌체의 재부흥을 이뤄낸 인물이 코시모 1세Cosimo I de' Medici다. 그를 기념한 '대공 코시모 메디치 1세의 기마상'이 광장 한가운데 위치해 있다. 역사가 흐르면서 권력이 움직이

▶ 베키오 궁전 안뜰에 장식된 메디치 가문의 문장.

는 것은 자연스러운 일이다. 그 상황을 상징적으로 보여주는 조각상이 박물관처럼 한자리에 모여 있다. 광장은 전시된 예술품을 통해 피렌체의 치열했던 역사를 말해준다.

가을에 부모님이 방문하셨을 때에도 이 광장을 보여드렸다. 콜린은 "엄마, 우리 피렌체에서 마차 한번도 못 타봤잖아. 타 보고 싶은데."라며 할머니 할아버지와 있을 때를 놓치지 않고, 본인이 하고 싶었던 마차 투어를 그날의 이벤트로 만들었다. 결국엔 마차를 타고 시내 곳곳을 다녔다. 마차에 타고서 보는 피렌체는 나름의 묘미가 있다. '따각따각' 말굽 소리가 도시의 고전미 있는 건물과 어우러진다. 옷만 바꿔 입는다면 15세기의 모습 그대로였을 것이다.

▶ 베키오 궁전 안뜰 회랑의 기둥과 천장 장식이 섬세함의 극치를 보인다.

마차 투어 후 베키오 궁전 앞으로 돌아왔다. 입구를 호위하는 다비드 상과 헤라클레스 상을 지나 궁전으로 들어갔다. 건물의 원래 명칭은, 각 길드의 대표로 뽑힌 행정관들Priori이 일정 기간 머물며 시 행정을 돌보던 곳을 칭하는 프리오리 궁전Palazzo dei Priori이었다. 그러나 후일 토스카나 대공국의 코시모 1세가 가문의 거처를 이곳에서 피티 궁전으로 옮기면서, '오래된, 예전'이라는 뜻의 '베키오Vecchio'가 궁전 명칭이 되었다. 이 건물 역시 중세 말에 건축되어, 외관이 바르젤로 국립박물관과 비슷한 분위기를 풍긴다.

▶ 베키오 궁전에서 보이는 두오모 성당.

입구를 들어서자마자 안뜰이 보였다. 안뜰을 둘러싼 회랑 디자인의 섬세함은 피렌체의 예술혼을 보여준다. 이곳 장식은 국부 코시모 데 메디치 시절, 미켈로초Michelozzo에 의해 탄생했다. 약 110년 후 토스카나 대공국의 코시모 1세 시대에 조르지오 바사리에 의해 메디치가의 혼인 이야기를 담은 프레스코화로 다시 장식되었다. 이제는 색이 조금 바래긴 했지만 메디치 가문이 이곳에 스스로의 역사를 남기고 싶어했음을 보여준다.

이 궁전에 아름다운 이야기만 있는 것은 아니다. 앞에서 언급된 파치가의 살해 음모에 가담했던 이들이 바르젤로 국립 박물관 건물과 이 궁의 창밖으로 목을 매다는 교수형에 처해진다. 그 처형되는 상황을 레오나르도 다 빈치가 인체를 관찰한다는 차원에서 직접 스케치한 일화가 있다. 자신과 가문을 지키기 위해 벌인 처절하면서도 잔인했던 지도자의 현실이 느껴지는 곳이다.

로비를 지나 500인의 방Salone dei Cinquecento에 들어서는 순간, 규모에 놀라고 벽을 채우는 작품 크기에 다시 한번 놀랐다. 이 방은 신정 정치를 펼쳤던 사보나롤라의 주문에 의해 만들어졌다. 그의 신정 정치가 막을 내리고 1500년대 초반, 미켈란젤로는 '카시나 전투', 레오나르도 다 빈치는 '앙기아리 전투'를 주제로 하여 이 방의 양쪽 벽을 장식하도록 주문을 받는다. 각각 피렌체가 피사와 밀라노를 상대로 승리한 전투의 이름이다. 하지만 두 작품 모두 완성을 보지 못한다. 토스카나 대공국의 수장으로 돌아온 메디치가의 코시모 1세가 집권한 후, 이 방은 조르

▶ 500인의 방의 웅장한 모습.

지오 바사리에 의해 더 넓게 리모델링 되었다. 이 시기에 미켈란젤로와 다 빈치의 두 작품이 사라졌다고 한다. 대신 16세기에 이 방은 바사리의 지휘 하에 그려진 작품으로 채워졌다. 이는 피렌체가 시에나에 승리한 마르시아노 전투Battaglia di Marciano를 내용으로 한 작품으로, 지금까지 보존되어 있다.

이 거대한 방은 현재도 피렌체시의 중요 회의나 연회 장소로 사용된다. 피렌체에 있는 동안 이곳 500인의 방에서 다양한 회의나 행사를 주간하던 마테오 렌치Matteo Renzi 시장의 모습을 간혹 뉴스에서 보곤 했다.

이곳 외에도 프란체스코 1세의 비밀 서재, 코시모 1세의 사적 공간이었던 원소의 방 그리고 백합의 방 등이 반드시 보게 되는 곳이다. 베키오 궁전을 모두 돌아보는 데에는 많은 시간이 필요했다. 역사적 흐름 속에 여러 권력의 중심지였던 곳이자, 메디치 가문의 권력, 신앙 및 예술에 대한 애정이 깃든 곳이다.

예술과 학문 발전의 결정체가 된 피렌체

산 마르코 수도원 Convento di San Marco

아이들이 방학인 크리스마스 시즌, 남편이 시어머니와 함께 휴가를 오면서 집은 다시 북적거렸다. 시어머니를 모시고 조용한 평일에 산 마르코 수도원을 방문했다. 광장 앞에서 보는 산 마르코 성당의 파사드는 절제되었지만 세련된 모습이다. 적재적소에 필요한 만큼의 조각상과 문양만으로 장식했다. 이는 수도원의 삶과 같이 절제된 디자인을 보여준다. 성당 앞 산 마르코 광장은 많은 버스가 거쳐가는 교통의 허브와 같은 곳이다. 뿐만 아니라 주변에 학교가 있어 하교하며 재잘거리는 학생으로 붐비는 곳이다.

광장의 복잡함을 뒤로 하고 수도원 내부로 들어가니 외부와 차단된 고요한 안뜰이 다른 세상으로 안내하는 듯했다. 이곳에서부터 따뜻한 평온함이 느껴졌다. 수도원 2층으로 가는 계단을 오르면, 가장 먼저 반기는 명작이 프라 안젤리코의 '수태고지 Annunciazione'다. 프라 안젤리코는 화가이자 도미니코 수도회의 성직자였다. 그의 본명은 귀도 디 피에로 Guido di Piero. 하지만 조르지오 바사리가 평했듯, 그는 청렴하고 순수한 영혼을 가진 성직자였고 항상 남에게 온화한 모습을 보였기 때문에 '천사와도 같다'하여 안젤리코 Angelico라는 이름을 갖게 되었다. '수태고지'를 보며 마음의 평안을 안고 2층으로 올랐다.

수도원 2층 긴 복도에는 수도사를 위한 개인 방이 나열되어 있고, 복도 끝에는 국부 코시모 데 메디치의 개인 기도실이 있다. 수도사의 개인 방은 크기가 작고 예수님의 이야기를 담은 옅은 프레스코화로 채워졌다. 수도사들은 이 작디 작은 방에서 프레스코화를 보며 기도를 통해 주님과 영적 교감을 나눴을 것이다. '그들은 어떤 간절함이 있었을까?'라는 궁금증과 함께, 세상을 아둥바둥 살아가는 우리의 모습을 뒤돌아봤다. 나는 깊은 신앙심을 가진 사람은 아니다. 하지만 이탈리아에서 수없이 본 많은 프레스코화는 볼 때마다 마음의 평온함과 안정감을 주었다. 내 삶도 뒤돌아 보고 앞으로의 인생을 사는 데 가져야 할 마음가짐을 다잡을 수 있는 은혜를 받기도 했다. 성당 안의 프레스코화는 그림이나 예술을 넘어 마음의 평안을 주는 설교였다.

수도원 복도를 지나 미켈로초가 국부 코시모 데 메디치를 위해 만든 도서관으로 갔다. 피렌체에 세워진 최초의 공공 도서관이다. 현재는 박물관으로 사용하는 이곳에는 수도사의 필사본, 그리고 그것을 만드는 데 사용된 안료가 놓여있다. 필사본에 쓰인 다양한 색의 가루는 색의 아름다움뿐만 아니라 작업에 들인 그들의 정성을 보여준다.

이렇듯 산 마르코 수도원은 국부 코시모 데 메디치의 학문, 신앙과 예술에 대한 열정이 현실화된 곳이다. 지속적으로 책을 모아 도서관을 만들고 플라톤 아카데미의 정기적인 모임을 열기도 했다. 뿐만 아니라 코시모 자신과 평신도를 위한

▶ 프라 안젤리코의 '수태고지'.

기도실을 만들고, 천사의 그림 같은 화가 프라 안젤리코의 작품으로 수도원을 채워 나갔다. 1400년대에 국부 코시모 데 메디치가 도미니코 수도원이 된 산 마르코 성당을 지원하면서, 이곳은 메디치가의 새로운 종교적 거점으로 자리 잡았다. 메디치 시대의 국부라 칭해지는 코시모 데 메디치는 자신의 부를 학문과 시민에 대한 애정에 할애한다. 학문, 종교와 예술이 시민들에게 자연스럽게 스며들도록 말이다. 하지만 역사에는 아이러니가 있다. 국부 코시모 데 메디치가 도미니코 수도회를 적극적으로 후원했지만 지롤라모 사보나롤라Girolamo Savonarola: 1452~1498년도 이 수도회 소속이었다는 점이다. 사보나롤라는 후일 15세기에 메디치 가문의 예술에 대한 투자를 쾌락적이라고 판단해 메디치 가문을 추방시키고, 약 4년 동안 신정 정치를 했던 인물이니 말이다. 부를 의미있게 사용하려 했던 국부 코시모 데 메디치의 모습을 뒤로 하고, 산 마르코 광장에 있는 아카데미아 미술관으로 갔다.

산 로렌초 성당Basilica di San Lorenzo

이탈리아 음식을 좋아하지만 김치 생각이 나는 건 어쩔 수가 없다. 집 근처에 있는 슈퍼마켓에서 가끔씩 무나 배추를 팔지만 항상 있는 건 아니었다. 그래서 깍두기를 담으려 어학교 수업이 끝나면 사시사철 무를 파는 피렌체 중앙 시장Mercato Centrale에 가곤 했다. 산 로렌초 성당은 중앙 시장 가까운 곳에 위치한다. 그래서 시장을 가거나 동양 음식 재료를 사기 위해 자주 들렀던 가게, '비비 마켓Vivi Market'에 갈 때마다 일부러 성당 앞으로 돌아서 가곤 했다.

산타 레파라타 성당이 피렌체의 주교구 성당이 되기 전에 300년간 그 역할을 했던 곳이 산 로렌초 성당이다. 이곳을 메디치 가문의 성당으로 만드는 데 중요한 역할을 한 인물이 죠반니 디 비치 메디치Giovanni di Bicci de' Medici: 1360~1429년다. 그는 메디치 은행을 설립하여 가문의 경제적 기반을 닦는 역할을 했고, 이 성당 건물을 재건축할 자금을 대기 시작했다. 그리고 그의 아들인 국부 코시모 데 메디치

▶ 산 로렌초 성당의 흙갈색 파사드.

는 브루넬레스키에게 건물 전체의 디자인을 맡긴다. 그는 15세기 당시 두오모 성당 돔을 완공하여 유명세를 타며 르네상스 건축 디자인의 대세였던 인물이다. 안타깝게도 브루넬레스키가 완성을 하지 못하고 세상을 떠나, 제자인 안토니오 마네띠Antonio Manetti가 뒤를 이어 성당의 일부분을 완공한다.

처음으로 성당을 마주했을 때 너무도 썰렁한 파사드에 약간 놀랐던 기억이 난다. 파사드 장식이 어떤 공격으로 파손된 것인가라는 의문이 들 정도였다. 로렌초 데 메디치의 차남인 교황 레오 10세는 가문의 성당이 미완의 파사드를 갖고 있다는 것이 마음에 걸렸는지, 시스티나 성당 천장 벽화의 책임자였던 미켈란젤로에게 이 성당의 파사드 디자인을 맡긴다. 그는 자신의 후원 가문인 메디치가의 주문을 받아들였다. 미켈란젤로는 고가로 알려진 카라라 채석장의 대리석을 사용해 장식하길 원했다. 이로 인해 발생한 비용과 제작의 기술적인 문제 등으로 파

▶ 메디치가 예배당 돔의 모습.

사드 프로젝트는 진행되지 못하고, 지금까지 흙빛으로 남아 있다.

2007년 미켈란젤로의 오리지널 디자인을 파사드에 빔 프로젝터로 비추어 재현하는 행사를 통해 이 사안을 공론화하려 했다. 파사드 완성 프로젝트를 진행하려는 시도였다. 미켈란젤로가 디자인 안을 제출한 지 딱 500년이 되는 2015년에 그 계획을 완성하는 것이 목표였지만, 계획 실행 여부를 결정하지 못했다고 한다. 물론 이 계획에 반대하는 의견도 있었다. 파사드가 완성되지 못한 것도 성당의 역사이기 때문에 그대로 보존해야 한다는 의견과, 500년 전에 만든 골격에 현재의 건축 기법과 감각으로 재현하는 것은 오히려 성당의 분위기에 맞지 않다는 의견 등, 들어보면 나름 설득력 있는 다양한 목소리다. 계획 추진의 여부를 떠나 메디치가의 주 예배당인 산 로렌초 성당의 파사드는 정작 르네상스의 정갈한 아름다움과는 거리가 먼 모습을 보인다는 점이 아이러니하다.

 크리스마스 즈음 네 식구와 시어머니가 함께 성당 내부를 관람했다. 티켓을 사서 들어가면 오렌지 나무가 있는 고즈넉한 안뜰과 정갈한 로지아가 관광객을 맞이한다. 어두운 빛의 다소 우울한 성당 외관과는 달리 성당 내부는 환하며 차분하다. 두오모 성당, 산타 마리아 노벨라 성당, 산타 크로체 성당과는 조금 다른 느낌이다. 이성적이고 기품있는 모습이랄까? 성당의 측랑양측에 나란히 난 통로을 안정감 있는 아치가 받치고 있어 균형 잡힌 모습이다. 산토 스피리토 성당의 내부와 비슷하다. 두 성당은 브루넬레스키가 시작한 초기 르네상스 디자인을 보여주기 때문이다. 하느님을 향해 마냥 솟아오르고 싶은 높은 천장의 성당이 아니다. 상하좌우의 비율이 안정적이어서인지 종교의 신성함에 인간의 이성을 첨가한 듯 보인다.

 성당과 군주의 예배당 Cappella dei Principi 그리고 미켈란젤로의 작품인 신 성구실에는 메디치 가문의 주요 인물들이 묻혀 있다. 은행을 설립하며 가문이 역사를 만드는 초석을 다진 죠반니 디 비치 데 메디치부터 그 기반을 잘 이어가며 학문 부흥에까지 힘쓴 국부 코시모 데 메디치, 르네상스 예술의 절정기를 이룬 로렌초 데 메디치 그리고 토스카나 대공국의 대공들까지 모두 이곳에 묻혀 있다. 어찌 보면 메디치 가문의 잔향을 가장 진하게 느낄 수 있는 곳이다.

 메디치가의 서고 역할을 했던 메디체아 라우렌치아나 도서관 Biblioteca Medicea Laurenziana도 놓칠 수 없는 곳이다. 특히 도서관과 도서관 입구의 곡선 계단이 미켈란젤로의 작품이라는 점이 관심을 끈다. 계단을 오르니 마치 부드럽게 흘러내리는 물결을 거슬러 올라가는 느낌. 조각가로서의 감각을 엿볼 수 있는 디자인이다.

 이 성당 앞에서 아이들과 공연을 본 적이 있다. 초여름 어느 날, 성당 앞 광장에서 저녁 7시에 작은 공연이 있었다. "얘들아 이 공연 보러가지 않을래? 코미디 공연을 한다네." 이탈리아에서 즐거움을 찾는 방법은 미디어보다는 직접 실물을 눈으로 보며 즐기는 것이었다. "좋아요!"라며 공연 당일, 성격 급한 이안은 빨리 저녁을 먹자며 보챘다. 아이들과 이른 저녁을 먹고 광장으로 갔다. 공연에 대한 정보는 온오프라인을 통해 주민과 관광객에게 홍보되었고 공연 후 관객의 자율적인 의사로 관람 비용을 지불하는 방식이었다.

공연 시작 전 주최자는 광장에 음악을 틀어 분위기를 띄우며 관중을 끌어 모았다. 점점 어둠이 내리고 그 어둑한 배경에서 조명을 켜니, 산 로렌초 성당의 파사드가 더욱 웅장한 모습이었다. 그 앞에서 이탈리아 남성 2명과 여성 1명, 이렇게 세 명이 코믹한 내용으로 관객과 교감하는 공연을 펼친다. 많은 사람이 성당 주변에 자유롭게 자리를 잡고 앉아 그들의 행동 하나하나에 집중했다. 아무래도 전 세계 관광객이 모인 만큼 대사보다는 움직임을 통한 표현과 눈빛으로 관객과 소통하며 웃음을 준다. 그런 만큼 그들의 모션은 정교했다. 준비를 많이 한 모습이 보였다.

▶ 산 로렌초 성당의 안뜰 분위기는 차분하다.

"엄마, 나 저 사람들이랑 사진 찍어도 돼?"

"물론이지, 배우들한테 카메라 보여주면서 'Potrei fare una foto?'라고 해봐. 그럼 좋다고 할 거야."

들릴 듯 말 듯한 이탈리아어로 용기를 낸 콜린은 공연이 끝난 후 배우들과 사진을 찍었다. 산 로렌초 성당을 배경으로 본 소박한 공연. 아이들과 나에겐 앞으로 공유할 또 하나의 이벤트가 되었다. 우리도 소소하게나마 이곳의 작은 역사에 포함된 저녁이었다.

우피치 미술관 Galleria degli Uffizi

9월 어느 토요일, 우리는 도시를 익힐 겸 골목을 돌아봤다. 시내에 있는 많은 상점은 물건만 파는 가게가 아니다. 살아있는 박물관이랄까? 이곳에서만 볼 수 있는 예술품, 의상, 구두, 가방, 장신구, 쥬쥬류 등의 제품은 이탈리아인의 디자인 감각을 보여준다. 일 파피로 Il Papiro와 같은 고급 문구점, 미술품 가게, 젤라또 Gelato 가게, 이탈리아 분위기를 물씬 풍기는 카페, 광장의 분위기를 활기차게 만드는 식당 등과 거리에서 펼쳐지는 소규모 공연은 함께 어우러진 하나의 작품이다. 이와 더불어 지나가는 멋진 패션의 이탈리아인까지⋯ 모든 것을 눈에 담고 우피치 미술관으로 갔다.

피렌체를 찾는 관광객에게 가장 유명한 곳이 우피치 미술관이 아닐까 싶다. 그만큼 미술관 입장을 위해선 긴 줄에서 한없는 시간을 기다리는 수고를 감수해야 한다. 우리는 이러한 애로사항을 피하면서 다른 박물관 입장에도 혜택을 받을 수 있는 아미치 델리 우피치 Amici degli Uffizi 회원에 가입했다. 회원이 들어가는 입구가 따로 있는데, 보통 이곳의 줄은 길지 않거나 운이 좋으면 바로 들어가는 경우도 있다. 세 명인 우리에게 맞는 100유로 회원권을 사면 구입일로부터 같은 해 12월 31일까지 회원 혜택을 받는다. 따라서 회원권을 구입한 해에 박물관을 가는 것으로 계획했다. 회원권 덕분에 미술관을 입장할 때마다 기나긴 입장줄을 뒤로 하고 바로 들어갈 수 있었다.

수십 개의 방이 있는 우피치 미술관을 하루에 모두 관람하는 건 불가능했다. 그래서 우리도 두 번으로 나눠 간 곳이다. 전시품의 양도 방대하고 콜린이 예술품의 맛을 알기에는 어린 나이였기 때문에 이 아이를 데리고 하루에 모두 본다는 건 무리였다.

베키오 궁전 문 앞을 지나면 보이는 ㄷ자 모양의 긴 건물이 우피치 미술관이다. '우피치Uffizi'는 이탈리아어로 '사무실'을 뜻하는 'uffcio'의 변이 형태다. 사무실 건물이었던 만큼 외관이 딱딱한 듯 보이지만 절제된 아름다움이 있다. 미술관 건물을 받치는 도리아식 기둥의 행렬과 아르노 강 방면 하단부의 아치 모양으로 뚫린 공간 그리고 그 너머로 아르노 강의 모습이 보인다. 건물 하단에는 미켈란젤로, 레오나르도 다 빈치, 단테, 페트라르카, 보카치오, 갈릴레오 갈릴레이, 마키아벨리 등의 조각상이 지나가는 이들을 향해 서 있다. 피렌체 및 토스카나 출신의 기라성 같은 인물들의 모습을 한 곳에서 볼 수 있는 곳은 여기가 유일할 것이다. 이런 점이 미술관 입장 전부터 설레게 했다. 역사적 인물들의 동상이 지키고 있는 이곳은 치마부에부터 죠토, 미켈란젤로, 레오나르도 다 빈치, 보티첼리Sandro Botticelli, 라파엘로Raffaello Sanzio까지 미술사의 한 획을 그은 예술가들의 작품이 가득한 세계의 보물 창고 같은 곳이다.

▶ 우피치 미술관 외벽의 단테 조각상이 우리에게 말을 하려는 듯 쳐다보는 모습이다.

사보나롤라의 신정 정치가 끝나면서 추방됐던 메디치 가문은 피렌체로 돌아와 공화국을 세운다. 하지만 실권을 하게 되면서 추방된 후 다시 권력을 회복해 공국을 세우는 반복된 역사를 거친다. 이 가문이 마지막으로 피렌체를 통치한 것이 토스카나 대공국 시대다. 1700년대 중반, 쟌 가스토네 데 메디치(Gian Gastone de' Medici)를 마지막으로 가문의 후손이 끊기면서 메디치 가문의 시대는 막을 내리고, 대공국은 외부 세력에게 넘어간다. 대가 끊길 때까지 메디치 가문은 약 370년 동안 피렌체를 이끌어 나갔다.

1560년, 메디치가의 토스카나 대공이었던 코시모 1세가 관공서 건물로 사용하기 위해 바사리에게 설계를 부탁한다. 코시모 1세가 세상을 떠난 후인 1581년에 완성된 것이 현재 우피치 미술관 건물이다. 이 건물은 메디치 정권의 행정 업무와 관료 회의를 하는 장소인 동시에 지금과 같이 메디치 가문의 컬렉션을 전시하는 장소였다. 지금은 이 가문이 이탈리아와 유럽 전역에서 수집한 예술 작품이 소장된 르네상스의 보고가 되었다. 1200년대의 중세 비잔틴, 고딕 양식부터 르네상스와 바로크 양식 그리고 1700, 1800년대에 각 수도원에서 소장하고 있던 종교 미술품까지, 미술관 소장품의 수와 종류의 방대함은 실로 대단하다. 이곳의 전시품은 메디치 가문의 예술에 대한 진지함과 애정을 고스란히 보여준다.

"이안, 안나 마리아 루이자 데 메디치Anna Maria Luisa de' Medici가 없었다면 지금의 우피치 미술관을 볼 수 없었을지도 몰라."

"여기를 미술관으로 만든 사람이에요?"

그녀는 메디치가의 마지막 직계 후손이다. 그녀의 아버지인 토스카나 대공 코시모 3세와 그의 뒤를 이은 남동생 쟌 가스토네 데 메디치가 세상을 떠난 후 대공국이 합스부르크 왕가의 지배 하에 놓여서도 다행히 메디치 가문의 재산은 유지될 수 있었다. 자손이 없어 가문의 마지막 후손이 된 그녀는 가문 소유의 수많은 예술품을 상속받게 된다. 그녀는 이 컬렉션을 피렌체 밖으로 유출하지 않을 것을 약속받고 토스카나 정부에 모든 작품을 기증한다. 선조들이 예술 분야에 들였던 노력을 헛되게 하지 않았다. 그로 인해 우피치 미술관은 지금까지 1년 내내 전 세계에서 수많은 관광객과 예술 관계자가 찾는 예술의 요람이 되었다.

시대를 막론하고 권력과 그에 따른 재력은 빛을 발하지만 그것이 영원할 수는 없다. 반드시 쇠락의 길이 열리는 것이 역사였다. 메디치가도 처음에는 돈이 목표였는지 모르겠지만 후대로 가면서 그 재력이 도구로 활용되었다. 권력과 재력이 의미 있는 곳에 쓰였는지, 그 결과물이 후손에게도 의미가 있는지가 가문의 역량을 보여주는 것이 아닐까 싶다.

세계적인 미술품이 집대성되어 있는 곳! 내가 1990년 패키지 여행으로 피렌체에 왔을 때는 건물 외관만 보고 돌아왔다. 지금 생각하면 아쉬운 여행이었다. 하지만 이번엔 달라야 하지 않을까? 책에서 보았던 미술품으로 가득 찬 이곳은 역사를 좋아하는 이안에게 생생한 교육 현장이다. 이안은 오디오 가이드Audio Guide를 빌려 들으며 관람했다. 어린 콜린도 예상외로 미술관을 나름 즐기고 있었다. 물론 시간이 갈수록 "엄마, 목 말라⋯." "엄마, 배고파⋯." 등의 요구 사항이 늘어났다. 미술관 내의 카페테리아로 걸음을 옮기며 복도 창밖을 보았다. 미술관에 있어서인지 아르노 강이 보이는 피렌체 전경은 그림에 소질 없는 나에게조차 그리고 싶게 만드는 풍경이었다.

10~14실에 전시된 보티첼리의 '비너스의 탄생La nascita di Venere' 앞에는 사람들이 몰려 있었다. '이 작품의 의미는 뭘까?'라는 의문 부호를 각자의 머리 위에 달고 한없이 쳐다본다. 르네상스 정신이 담겨 있다는 이 작품은 육체의 아름다움을 표현함으로써 인간의 신비로움을 보여준다. 비너스가 조개 위에 서 있는 모습이 육체의 탄생이 아닌, 인간 정신의 탄생을 뜻한다는 점에서 작품의 의미가 있을 것이다.

이 외에도 보티첼리Sandro Botticelli의 '봄La Primavera', 피에로 델라 프란체스카의 '우르비노 공부인의 초상Il doppio ritratto dei duchi di Urbino' 그리고 미켈란젤로의 '성가족Sacra

▶ 보티첼리의 '비너스의 탄생'.

Famiglia / Tondo Doni' 등, 책이나 미디어를 통해 우리가 적어도 몇 번은 봤을 작품들의 원본이 이곳에 있다. 다음 주 토요일 한 번 더 오기로 하고, 피곤한 다리를 위해 버스를 타고 집으로 갔다.

이탈리아에서는 뱃살이 생길 틈이 없을 정도로 많은 양을 걸었다. 차 없이 여행하며 기차, 버스, 도보로 이 나라를 만끽하며 다녔다. 한국에서 주로 차로 이동하는 편한 생활에 익숙해 있던 탓에 이탈리아 여행 초반에는 체력적으로 힘들었다. 하지만 여행을 하면 할수록, 많이 걸을수록 나와 아이들의 체력은 강해졌다. 나중에는 콜린도 쉬엄쉬엄하며 4~5시간 걷는 것 정도는 문제가 없었다. 좋은 풍경을 벗삼아 걸어다니는 습관, 지금 생각해보면 건강한 생활을 한 1년이었다.

하루는 피렌체를 추천해 주신 남편 친구분이 피렌체에 출장 오셨다는 연락을 받았다. 그분의 일행과 함께 저녁 식사를 하기로 했다. 피렌체에 출장 오면 식사를 하신다는 레스토랑 '부카 마리오Buca Mario'에서 피렌체 스테이크Bistecca alla fiorentina를 먹기로 했다. 저녁을 하기로 한 날은 아이들과 두 번째로 우피치 미술관을 방문한 토요일이었다. 미술관을 관람한 후 저녁 약속을 가기 전에 시간이 남아 미술관 앞 우피치 광장Piazzale degli Uffizi에서 아티스트 마임쇼를 봤다.

이 광장에서 거의 매일 볼 수 있는 마임쇼는 두 가지가 있다. 첫 번째는 얼굴을 포함해 온 몸에 흰 석고 색이나 금빛으로 페인트를 칠한 채 동상 같이 서 있는 길거리 아티스트들의 쇼다. 서 있다가 사람이 앞을 지나갈 때 갑자기 움직이며 놀래키거나 같이 사진을 찍어주는 마임이다. 또 하나는 지나가는 관광객을 보며 즉석에서 스토리를 만들어 사람들에게 웃음을 선사하는 '그레이 마임쇼Grey the Mime'다. 피렌체에서는 상당히 유명하다. '그레이'라는 남성은 세금도 내며 쇼를 할 만큼 시에서도 인정한 아티스트다. 그러니 이렇게 다년간 할 수 있는 게 아닐까 싶다. 콜린도 언젠가 그레이에게 잡혀 쇼의 등장 인물이 된 적이 있다. 그는 광장을 지나가는 서로 모르는 성인 남녀와 유모차에 타고 지나가는 어느 집 아기 그리고 그레이를 빤히 쳐다보고 있던 콜린을 데려다가 갑자기 한 가족을 만들었다. 성인 남녀를 엄마와 아빠로 만들어 가상으로 뽀뽀까지 하게 하는 우스꽝스러운 상황을 연출했다. 시뇨리아 광장과 우피치 광장 앞에서 보게 되는 이들의 쇼는 피렌체가 주는 또 다른 매력이다.

뿐만 아니라 거리의 화가, 아름다운 멜로디를 퍼트리는 버스커Busker는 광장에

▶ 그레이와 사진을 찍은 콜린.

생명력을 불어 넣는다. 이곳에서 스팅Sting의 곡 'Fragile'을 연주하던 어느 버스커. 그의 전자 기타의 아름다운 선율을 들으니 인간의 연약함을 읊어대는 이 노래의 후렴구가 떠올랐다. 그렇게 연약한 인간이 이런 예술 도시를 만들었다는 감동이 함께 밀려왔다. 큰 보자기 위에 가짜 명품 가방을 팔던 보따리상들도 가끔씩 광장 한쪽을 차지한다. 불법 보따리상 때문에 생긴 우스갯소리가 있었다. '가짜 명품 가방을 갖고 싶다면 경찰이 갑자기 단속을 나와 상인들이 후다닥 보따리를 싸서 도망갈 때, 모르고 하나 떨어뜨리는 가방을 슬쩍 하면 된다'는 거였다. 물론 그런 사람을 본 적은 없다.

광장에 자리를 잡아 캐리커처Caricature나 풍경을 쓱쓱 그려내는 거리의 화가들. 오직 이것만이 자신이 받은 재능이라는 사명감 내지 절박함조차 도시의 거리와 광장을 낭만적으로 만든다. 이렇듯 하나의 화폭을 연출하는 현실 예술인과 보따리상에 대한 우스운 농담이 공존하는 곳이 우피치 광장이다. 무엇보다 광장 회랑에 있는 르네상스 대가들의 조각상 모습을 보면 마음이 든든하다.

"이 대가들이 어떻게 살아야 하는지 눈빛으로 말해주는 것 같지 않니?"

"난 재미있는 상상해 봤는데. 여기 조각상들이 밤이 되면 막 살아 움직이면서 광장을 다니는 거야. 그럼 재미있겠다."

이안의 얘기를 듣고, 나도 잠깐이나마 그런 상상을 해 보았다.

피렌체 아카데미아 미술관Galleria dell'Accademia di Firenze

이 미술관도 예약 없이 입장하려면 긴 줄을 서야 한다. 1784년 토스카나 대공국의 피에트로 레오폴도Pietro Leopoldo di Lorena: 1765~1790 대공은 미술 학도를 위해 만든 학교에 자신의 수집품을 기증한다. 이것이 아카데미아 미술관 역사의 시작이었다.

관광객이 이곳에 오는 가장 큰 이유는 미켈란젤로의 다비드 상을 직접 눈으로 보기 위해서다. 조각상이 호위라도 하듯 서 있는 큰 복도를 지나다 보면, 천장 돔에서 내리쬐는 햇빛을 받으며 자태를 뽐내고 있는 다비드 상을 볼 수 있다. 다비드를 보기 위해 그 주변을 둘러싼 관광객 수가 어마어마했다. "우와, 정말 크다. 엄마, 책에서 봤을 땐 이렇게 큰지 몰랐어." 놀란 건 어른들도 마찬가지였다. 가까이 갈수록 다비드 상 크기에 압도되고 조각상의 잔근육과 핏줄을 사실처럼 표현한 섬세함에 또 놀랐다. 미켈란젤로는 조각상을 아래에서 올려다 볼 것을 고려해 다비드의 머리 크기를 일부러 크게 제

▶ 인체의 근육까지 섬세하게 표현한 미켈란젤로의 다비드 상.

작했다고 한다. '산토 스피리토 성당 근처 의료실에서 생채를 해부하며 쌓은 작가의 내공이 만든 대작이구나!'라는 감탄사가 나온다. 인간의 몸을 가장 아름답고 실감나게 표현한 조각상이 아닌가 싶다. 한참 동안 다비드를 감상한 후 조각상과 그림이 전시되어 있는 바르톨리니 전시실 Gipsoteca Bartolini로 갔다.

　이곳은 석고상을 진열대에 촘촘히 모아 놓은 고밀도 전시실이다. 언뜻 보기엔 걸작으로 전시하기엔 부족한 B급 작품을 한 곳에 진열해 놓은 것 같지만 1800년대의 이탈리아 조각가들의 작품이었다. 조각상의 각기 다른 얼굴 표정과 섬세하게 표현한 옷 매무새가 걸작임을 보여준다. 예술품에 휩싸여 있는 이탈리아, 르네상스의 도시 피렌체의 내공이 느껴진 곳이었다. 과거 타국의 침입에 의해 현재 이탈리아에서 볼 수 없는 작품도 많을텐데, 이 나라의 넘치고 넘치는 예술 작품의 규모를 보여주는 단면이다. 아카데미아 미술관이 중요한 또 다른 이유가

있다. 미켈란젤로 광장과 시뇨리아 광장에 있는 다비드 상의 원본, 그리고 시뇨리아 광장 로지아에 있는 잠볼로냐의 작품 '사비니 여인 약탈Il ratto delle Sabine'과 같은, 유명한 작품의 원본이 이곳에 있다는 점이다. 이외에도 흥미로운 곳이 악기 전시실이었다.

그곳에는 메디치 가문이 소유했던 악기를 전시하고 있다. 이탈리아 바이올린 제작의 명가인 스트라디바리Stradivari의 이름이 적힌 현악기가 눈에 띄었다. 1600년대 현악기 장인으로 유명했던 안토니오 스트라디바리가 페르디난도 데 메디치Ferdinando de' Medici를 위해 만든 것이다. 더욱 흥미로웠던 전시품은 피아노였다. 메디치가의 악기 제작자이자 피아노 발명가로 알려진 바르톨로메오 크리스토포리Bartolomeo Cristofori가 디자인한 쟁반 모양의 오벌 스피넷Oval Spinet과 다양한 형태의 피아노를 볼 수 있다. 뿐만 아니라 전시된 악기의 소리를 들을 수 있는 장지도 해 놓았다.

"와, 이렇게 작은 피아노는 처음 봐. 그리고 이 피아노는 되게 길어."

"그리고 이건 쟁반 같은데 피아노야. 신기하다!"며, 콜린이 다양한 피아노 모양과 악기 소리에 흥미를 보였다. 시어머니와 우리 네 가족은

"메디치는 음악 분야에까지 후원을 아끼지 않았구나."

"도대체 이 가문이 손대지 않은 분야가 뭐야?"라는 궁금증으로 이야기를 나누며, 다비드 상이 준 강렬한 여운을 갖고 집으로 돌아왔다.

레오나르도 다 빈치 박물관Museo Leonardo da Vinci

"근데, 엄마 다니는 학교 이름이 왜 레오나르도 다 빈치 학교야?" 식탁에서 어학교 과제를 하고 있던 나에게 던져진 이안의 갑작스런 질문에 "글쎄…, 학교에서 언어 수업 말고도 다양한 내용을 가르쳐준다는 뜻에서 그 이름으로 지은 게 아닐까?"라고 말했지만, 정확히 알지는 못했다. "그럼, '다 빈치'하면 뭐가 생각나

니?" 라고 묻자, 이안은

"음… 화가? 발명가?"

"그래, 생각보다 대단한 발명가라더라. 마침 피렌체에 다 빈치 박물관이 있다니까 다음에 한번 가자."

날씨 좋은 주말, 밖에서 먹을 파니니 도시락을 챙겨 아이들과 함께 레오나르도 다 빈치의 과학적 업적을 모아 놓은 박물관으로 갔다. 다 빈치라고 하면 흔히 작품 '모나리자'나 '최후의 만찬'이 떠오른다. 그의 발명가로서의 과학적 업적을 알고는 있었지만, 이렇듯 피렌체에 그의 발명품을 전시하는 박물관이 있을 줄은 몰랐다. 그런데 나중에 베네치아에 가 보니 그곳에도 다 빈치 박물관이 있었다. 박물관은 두오모 광장에서 가까운 피렌체 심장부에 있다. 외부에서 본 박물관 입구는 거리에 있는 흔한 가게 같았다. 내부는 생각보다 훌륭했다. "엄마, 여기 큰 장난감 전시회 같아!" 아이들은 일부 전시품을 직접 만지고 움직일 수도 있다. 일종의 능동적 개념의 박물관이다. 규모가 크진 않지만, 마치 16세기의 레고랜드Legoland 같은 곳이다.

다 빈치는 4000장이 넘는 과학 분야 아이디어의 원고를 작성했다. 그 중 일부인 50여 가지 이상이 형상화되어 박물관을 채우고 있다. 콜린이 호기심을 가질 만큼 내용이 흥미로웠다. 무려 500년 전 만들어진, 전쟁과 관련된 도구와 하늘로의 비상을 꿈꾸며 만든 발명품, 그리고 일반 시민의 삶과 밀접한 배수 도구와 관련된 발명품 등도 볼 수 있었다. 그가 얼마나 다양한 분야를 섭렵하며 일생 동안 자신의 창의력을 발휘했는지 보여준다. "엄마, 정말 몇백 년에 한 번 나오는 천재 맞는 것 같아." 이안이 박물관을 보고 나서 한 감상평이었다.

2003년, 댄 브라운의 '다 빈치 코드'가 베스트셀러가 되고 2006년에 영화화되면서 레오나르도 다 빈치에 대한 재조명이 한창이었다. 피렌체에 머물기 전까지는 다 빈치를 그저 르네상스가 낳은 천재 화가 겸 과학자로 이해했다. 하지만 몇몇 글을 읽어보고 박물관을 보고 나니, 그는 예술과 과학을 넘나드는 융합적 사

▶ 아이들의 놀이터와 같은 다 빈치 박물관 내부. 출처: www.museumsinflorence.com

고력을 가진 인물이었다.

레오나르도 다 빈치는 이름에서 알 수 있듯 빈치 마을 출신이다. da는 '~으로부터'의 뜻을 나타내는 전치사다. 그는 귀족 집안의 자제이자 공증인이었던 아버지와 어느 농부의 딸 사이에서 사생아로 태어났다. 다 빈치의 생모에 대해서는 여러 가지 설이 있어 확실하지는 않다. 고대 로마 시인인 호라티우스Horatius의 말대로 역경은 천재를 드러내는 것일까? 부부간의 신분 차이로 생모는 아들을 곁에서 돌볼 수 없었다. 대신 그의 삼촌이 레오나르도 다 빈치의 곁을 지켰으며 다 빈치는 어려서부터 과학 분야에 관심이 많았다. 그걸 안 삼촌은 다 빈치로 하여금 떠오르는 아이디어를 항상 노트에 적도록 독려했다고 한다. 어린 시절부터 노트를 작성하는 습관이 후일에 다 빈치의 아이디어 원고를 탄생하게 한 원동력이 되었다. 몇 년이 지난 후 다 빈치는 아버지를 따라 피렌체에서 생활하다가 아버지의 친구인 베로키오가 운영하는 공방에서 회화, 소묘,

조각 외에도 해부학과 건축학, 금속 공학 등 다양한 분야에 대한 기술과 지식을 습득했다.

과학 분야를 대학에서 정식으로 교육받은 적이 없는 다 빈치는 공방에서 습득한 것을 바탕으로 예술과 과학을 융합시켰다. '비트루비우스적 인간L'uomo Vitruviano'이 이를 반영하는 대표적인 작품이다. 이는 다 빈치 후에 나온 16, 17세기의 과학자들과는 다른 점일 것이다.

하지만 메디치 가문과 다 빈치의 관계를 보면, 다 빈치는 불운의 천재였다. 같은 베로키오 공방 출신인 보티첼리는 로렌초 데 메디치의 폭넓은 지원을 받고 여기 저기서 그림 주문을 받으며 승승장구하는 반면, 다 빈치는 자신의 그림이 주문받을 기회를 별로 얻지 못했다. 게다가 르네상스의 절정기였던 로렌초 데 메디치 시대에 메디치 가문의 적극 후원을 받는 예술가가 되지 못하고, 오히려 밀라노, 로마와 프랑스를 전전해야 했다. 노후에 그의 죽음을 옆에서 지킨 것도 프랑스의 프랑수아 1세였다. 그러나 한편에선 다 빈치가 메디치가의 인정을 제대로 받지 못한 것이, 그의 성향 때문이라고 말하는 이도 있다. 다 빈치의 현존하는 작품은 대부분이 미완성이라고 한다. 이에 대해 조르지오 바사리는 "다 빈치의 예술성은 탁월하지만, 작품에 대한 자신의 기대가 너무 커 많은 작품이 미완성으로 그치고 말았다."고 지적한 바 있다.

1500년경, 밀라노에서 피렌체로 다시 돌아온 다 빈치는 그때부터 본격적으로 공학, 기하학, 물의 운동, 전쟁 및 비행에 필요한 공학적인 측면 등 과학 분야 연구에 집중한다. 어려서부터 갖고 있던 과학에 대한 관심과 그것을 수시로 노트에 기록하던 습관 그리고 이 시기에 시작한 본격적인 과학 연구와 그것을 기록한 수기의 결과물을, 우리는 그저 발걸음을 옮기면서 감탄하며 보았다. 하지만 그의 천재성을 생각하면 마음 한편에 아쉬움이 남는다. '다 빈치가 마지막 눈을 감았을 땐 과연 자신과 자신 인생에 만족하고 떠났을까?'라는 생각을 하면서.

르네상스 시기에 존재했던 고무적인 분위기와 경쟁 관계

피렌체에서 본 예술 작품과 건축물의 뒷이야기를 들여다 보면, 작품이 나오기까지 아름다운 과정만 있던 것은 아니다. 르네상스 시대 예술가들은 더 많은 지원을 받고 최고 예술가로서 인정받기 위해, 최대 지원자였던 메디치 가문의 눈에 들어야 했다. 이러한 환경에서 더 훌륭한 작품을 창작하고자 하는 경쟁 심리는 예술가에게는 많은 스트레스로 작용했다.

앞에서도 언급했듯, 다 빈치는 같은 공방 출신의 보티첼리가 메디치 가문의 많은 후원을 받으며 승승장구하는 모습을 옆에서 봐야 했다. 동성애자로 몰리며 메디치의 후원에서 멀어진 다 빈치는 자신의 모습을 다잡으며 작업에 집중해야 했다. 예술가들 사이의 경쟁 심리가 있었던 와중에, 완벽한 예술의 모델을 추구하던 미켈란젤로는 동시대의 예술가인 라파엘로, 레오나르도 다 빈치 등과 비교되는 것조차 허락하지 않았다고 한다. 조각다비드 상과 피에타 조각상, 회화시스티나 성당의 천장 벽화 그리고 건축바티칸 산 피에트로 성당 및 피렌체 산 로렌초 성당에 있는 메디체아 라우렌치아나 도서관, 이 세 분야에서 완벽함을 추구했던 미켈란젤로는 다른 예술가와의 비교를 거부하며 본인만을 스스로의 경쟁자로 여길 만큼 자부심이 대단했다.

특히 다 빈치와 미켈란젤로 사이에는 묘한 불편함이 존재했다. 베키오 궁전 500인의 방을 장식할 화가로 이 두 인물이 정해졌을 때 작품을 만드는 과정에서 서로가 불편하지 않도록 해달라는 약속을 받았을 정도라고 하니 말이다. 다 빈치는 앙기아리 전투, 미켈란젤로는 카시나 전투를 완성해야 하는 대결 구도의 임무였다. 이 두 화가에 대한 기대감 또한 높았다. 결국엔 두 인물 모두 작품을 완성하지 못하는 아쉬운 결과를 남겼다. 다 빈치는 이후에도 대부분의 작품이 미완성으로 끝이 난다는 선입견을 얻게 된다. 반면, 미켈란젤로는 천재 소리를 들을 만큼 모든 분야에서 필적할 만한 결과물을 쏟아냈다. 천재는 쏟아져 나오고 권력자인 메디치 가문은 이들에게 통 큰 지원을 아끼지 않았던 상황에서, 예술가들의 살아남기 위한 생존 경쟁이 피렌체를 비롯한 이탈리아 곳곳에 퍼져 있는 르네상스 예술품을 탄생시켰다. 지금 눈에 보이는 것 이면에 있던 현실이다. 인간이 하는 일이기에 어쩔 수 없었던 게 아닐까.

▶ 레오나르도 다 빈치 조각상.

과학 역사 연구소 및 박물관 Istituto e Museo di Storia della Scienza

매년 크리스마스 때면 한인 교회에서는 신도를 몇 그룹으로 나누어 찬송가를 준비해 발표하는 성탄 축하 예배가 있다. 각 그룹의 신도들이 시간을 맞춰 모여 몇주간 열심히 준비했다. 우리가 속한 그룹은 토요일에 집사님 댁에 모여 연습을 하기로 했다. 연습이 예정된 날, 집사님 가족으로부터 항상 도움만 받은 것 같아, 칼짜이우올리 길에 위치한 코인Coin 백화점에서 커플 커피잔을 구입해 선물해 드리기로 했다. 그런데 출발하려던 차 연습 모임이 취소되었다는 전화를 받았다. "엄마, 이제 어떻게 해? 우리 뭐하지?" 살짝 당황한 아이들에게 "그럼, 근처에 있는 박물관 갈까?" 갑자기 자유 시간이 생긴 당일 오후를 책임져 줄 곳으로 과학 역사 연구소 및 박물관현재는 갈릴레오 박물관(Museo Galileo)으로 개명되었다.을 선택했다. 선물로 산 커피잔을 들고 근처 쥬디치 광장Piazza dei Giudici에 위치한 박물관으로 갔다.

과학 역사 연구소 및 박물관은 피렌체의 과학 문화와 자산을 보급하고 확산시키는데 큰 역할을 해 온 곳이다. 단지 과학 분야에만 국한된 것이 아니라 과학사를 통해 과학 기술 분야와 예술을 통합적으로 이해할 수 있도록 하는 데 힘써왔다. 이탈리아 과학 역사에서 빼놓을 수 없는 갈릴레오는 메디치 가문과 깊은 인연이 있다. 그는 피사 출신으로 대학에서 수학 교수로 재직하며 평범한 일상을 보내고 있었다. 그러던 중 유난히 과학 분야에 관심이 많았던 토스카나 대공국의 코시모 2세Cosimo II de' Medici의 후원 하에 피렌체에서 그는 하고자 하는 천문학 연구에 몰두할 수 있었다. 하지만 갈릴레오가 지동설을 주장하면서 로마 교회로부터 종교 재판까지 받게 되고, 그의 지동설 주장을 철회할 것을 강요받는다. 이를 받아들이지 않았던 갈릴레오는 결국엔 가택 연금 생활을 감수해야 했다. 갈릴레오가 사망한 후에 코시모 2세의 아들인 페르디난도 2세Ferdinando II de' Medici는 끝까지 그를 지켜주지 못했다는 후회와 아쉬움에 성대한 장례식을 치러 주고자 했다. 하지만 이 또한, 교황의 반대에 무산되고 말았다.

이곳에선 갈릴레오의 망원경을 볼 수 있다.

"어, 이거 책에서 봤던 건데!"

"이안, 여기 설명 보니까, 갈릴레오는 이 망원경으로 목성 주변에 있던 별을 봤었대."

"와, 400년 전에 우주 행성을 본 거네?"

▶ 갈릴레오의 망원경. 출처: The Board of Trustees of the Science Museum

"놀랍지 않니? 그때 목성 주변 별들을 발견했는데, 자기를 후원한 메디치 가문 사람들 이름으로 별 이름을 지었나봐."

"그 사람들 기분 되게 좋았겠다."

구텐베르크의 인쇄술 발명과 종교 개혁에 이어, 16세기에 이르러서는 진리라 믿어졌던 이론들에 대한 의문을 갖기 시작했다. 특히 과학 분야는 새로운 사실을 찾아내고자 하는 흐름이 강해졌다. 16세기의 코페르니쿠스도 이러한 시대적 상황에서 고대 그리스 아리스토텔레스의 지구 중심설을 반박했던 철학자이자 과학자다. 하지만 코페르니쿠스는 이단으로 간주되어 처형되는 것을 두려워하여 자신의 이론이 담긴 저서를 생전에는 출판하지 않았다고 한다. 코페르니쿠스의 태양 중심설에 힘을 보탠 것이 17세기의 갈릴레오였다. 그저 이론으로만 덧붙인 것이 아니라 갈릴레오는 직접 천체를 관찰할 수 있는 망원경을 제작하고 지속적으로 보완하면서 그 이론을 뒷받침했다. 18세기 '만유인력의 법칙'으로 유명한 영국의 과학자 아이작 뉴턴 또한 갈릴레오의 저서에서 영향을 받았다. 고대 그리스 아리스토텔레스와 프톨레마이오스의 우주 이론인 '천동설'을 뒤집으며 과학계에 혁명을 이룬 근대 과학자의 계보가 코페르니쿠스로 시작해서, 갈릴레오 갈릴레이(Galileo Galilei) 그리고 뉴턴으로 이어진 것이다. 박물관에서 본 그의 천체 망원경은

17세기 과학 분야에 큰 의미를 부여함과 동시에, 이 세상 천문학계가 한 걸음 더 나아가는데 한 획을 그은 발명품이었다.

기존 생각의 틀을 깨는 아이디어는 거센 저항과 오해에 부딪히는 경우가 많다. 그만큼 갈릴레오의 주장은 당시 세상 사람들에겐 두려움을 줄 만큼 위협적이었지만 현재 우리에게는 위대한 업적이 되었다. 그나마 메디치가의 수장이라는 든든한 후원자가 있었기에 그 거센 비판을 견디며 자신의 소신을 주장할 수 있지 않았을까 싶다.

신흥 귀족들의 자택 건축 경쟁의 흔적
메디치 리카르디 궁전Palazzo Medici Riccardi과 스트로치 궁전Palazzo Strozzi

어느 봄날, 어학교 수업이 끝나고 메디치 리카르디 궁전 앞을 지나가는데 'Il Genio Fiorentino'라는 제목의 전시회가 한창이었다. 제목을 직역하자면 '피렌체 출신의 천재'라는 뜻이다. 이 모토 하에 몇몇 분야의 뛰어난 피렌체 출신 인물의 작품을 전시하는 행사였다. 내가 방문한 날은 피렌체 출신 은세공 장인들의 작품을 전시하고 있었다.

익히 알고 있는 바지만, 이탈리아 사람의 자기 지역과 도시에 대한 자부심은 그 어느 나라보다 크다. 이탈리아라는 국가에 대한 애정과 자부심이 파스타와 축구로 똘똘 뭉쳐지는 경우가 있지만, 일반적으로는 지역주의 성향이 많이 나타난다. 로마 제국이 멸망한 이후부터 1861년 이탈리아 왕국으로 통일을 이룰 때까지, 거의 1400년 동안 반도가 여러 국가로 나뉘어져 왔으니 이러한 속성이 어쩌면 당연하다.

이 전시회 역시 피렌체의 자부심에서 출발한 행사다. 더군다나 르네상스를 탄생시킨 도시 국가였다는 사실은 피렌체인에게는 앞으로도 계속 가지고 갈 명

예로운 역사다. 그 역사를 만든 메디치 가문의 초기 저택이 바로 메디치 리카르디 궁전이다. 1400년대 중반에는 경제력을 기반으로 신흥 상인 가문이 서로 경쟁하듯이 자신의 저택을 웅장하게 지으려 했다. 메디치 가문의 메디치 리카르디 궁전 1444년에 시공, 스트로치 가문의 스트로치 궁전Palazzo Strozzi: 1489년 그리고 뒤에 나올 피티 가문의 피티 궁전Palazzo Pitti: 1458년을 그 예로 들 수 있다.

국부 코시모 데 메디치는 미켈로초에게 건축 디자인을 맡기며 세 가문 중 가장 먼저 저택을 지었다. 그는 자신의 부를 굳이 시민들에게 과시할 필요가 없다고 생각해, 저택의 외부를 단정히 했고 층마다 약간의 변화를 주는 간소한 디자인을 선택했다고 한다. 그의 품성은 이 저택의 디자인에서만 보이는 것은 아니다. 그는 시내를 다닐 때 거리의 시민에게 자신의 모자를 벗어 인사를 하고, 먼 길을 갈 땐 말 대신 당나귀를 타고 다녔다.이 저택에 있는 작품 '동방박사의 행렬(La Parete Est.)'에서 코시모가 낭나귀를 타고

▶ 외관 디자인이 깔끔하고 웅장한 메디치 리카르디 궁전.

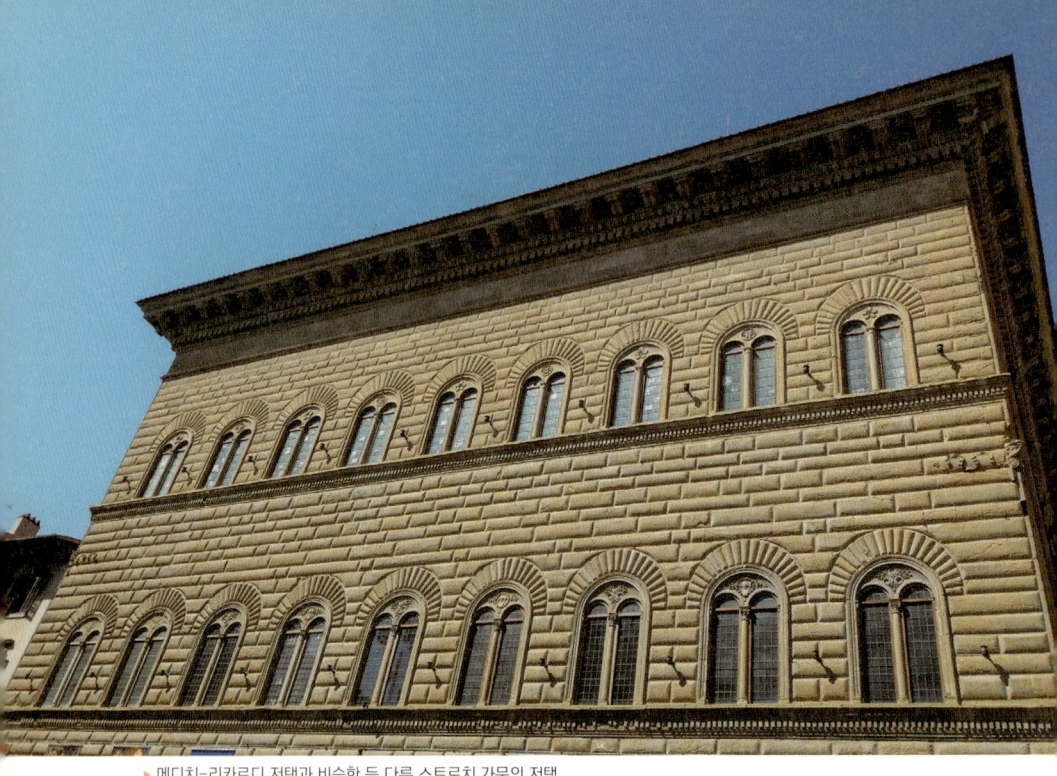

▶ 메디치-리카르디 저택과 비슷한 듯 다른 스트로치 가문의 저택.

있는 모습을 볼 수 있다. 뿐만 아니라 자신이 세상을 떠날 때 장례식을 간소하게 치를 것을 요구했다고 한다. 겸손한 인품으로 시민들로부터 추앙받았던 그는 어찌 보면 자신을 낮춤으로써 진정으로 자신을 높인 것이 아닐까 싶다.

메디치 가문은 이 저택에서 거주하다가 베키오 궁전을 거쳐 토스카나 대공국 시대에 피티 가문으로부터 피티 궁전을 사들여 그곳으로 거처를 옮겼다. 그리고 메디치 리카르디 궁전은 1600년대 중반, 리카르디 가문에게 팔려 두 가문의 이름이 모두 명시되어 있는 것이다.

스트로치 가문은 국부 코시모 시대에 피렌체에서 추방 당할 정도로 메디치 가문과는 적대적이면서 경쟁하던 가문이다. 추방당한 후 나폴리에서 은행업을 통해 탄탄한 경제력을 쌓아 피렌체로 돌아온 필리포 스트로치Filippo Strozzi는 메디치 가문보다 더 웅장한 저택을 짓고자 했다. 필리포는 코시모의 손자인 로렌초 데 메디치로부터 자신의 저택 설계와 디자인에 대한 조언을 구하기도 했다. 세상에는 영원한 동지도 적도 없다고 했던가! 자신의 가문과는 경쟁자인 상대 가문의 수장에게 조언을 구하는 대담함을 보여 주며 저택을 완성한다. 그래서인지 스트로치 궁전은 메디치 리카르디 궁전과 창문 디자인, 외관의 1층을 거칠고 큰 석재를 사용한 점, 그리고 건물 외벽에 붙어 있는 돌벤치와 마차를 고정시킬 쇠고랑이 있는 점 등이 흡사해 보인다. 경쟁 가문이기는 했지만 두 가문의 저택은 르네상스 시대의 대표적인 저택 건물로 손꼽힌다.

메디치 가문의 안방이자 나폴레옹의 궁전,
피티 궁전 Palazzo Pitti

한인 교회 장 집사님 가족의 얘기를 듣고, 하루는 어학교 수업을 마치고 혼자서 마쬬 거리 Via Maggio를 가 봤다. 피티 궁전 광장의 다음 구역 길로, 1200년대부터 이 길에는 코르시니 Corsini, 피티 Pitti, 미켈로치 Michelozzi 등과 같은 많은 귀족 가문의 빌라가 들어섰다. 더군다나 메디치 가문의 저택이 피티 궁전으로 이전되면서 궁전 옆에 위치한 이곳은 귀족의 거리로 유지되었다. 고급스런 가게들 덕분에 예술의 거리가 되었고 관광객들의 많은 사랑을 받는다. 앞에서 언급된 귀족 가문의 빌라 1층에는 고급 조명 기구, 가구, 남성 잡화, 양복, 여성복, 주방 기구 등의 가게가 있으며, 그 중에는 장인이 직접 운영하는 곳도 있다. 가격이 워낙 비싸 물건을 사지 못했지만 눈으로 보는 것만으로도 즐거웠다. 피티 광장 앞 길인 귀차르디니 거리 Via de' Guicciardini에 있는 구두, 가방, 남성복 등의 가게도 가볼 만하다. 이곳 제품은 피렌체에서만 살 수 있는 물건이고 디자인에 이탈리아스러움이 묻어 있다.

바쁜 한 주를 보내고, 날씨 좋은 어느 봄날 토요일 아이들과 피티 궁전을 방문했다. 이 궁전에 있는 보볼리 정원Giardino Boboli은 전망을 즐길 수 있도록 높은 지대를 활용했다. 그리고 16세기 르네상스 정원의 전형적인 모습을 보여주는 계단식 테라스 구조다. 다양한 식물과 조각품 그리고 분수대가 어우러져 정원에 풍성함을 더해준다. 한국에 돌아오기 전 정원에서 열리는 음악회에 가 보고 싶었지만 이안의 스케줄로 인해 다음을 기약해야 했던 아쉬움이 남는 곳이다.

지난 가을에 부모님을 모시고 왔을 때는 피티 궁전의 웅장함을 제대로 느낄 수 있는 궁전 입구로 들어갔다. 아이들과는 다른 경로를 택했다. 버스를 타고 로마나 길Via Romana에서 내려 보볼리 정원 입구부터 투어를 시작했다. 안드로메다 여신상이 자리한 연못을 시작으로 해서 피티 궁전 방향으로 갔다. 연못을 중심으로 쭉 뻗어 있는 오래된 사이프러스 나무 길은 정갈하면서 나무들의 위용이 느껴졌다. 정원의 한 축을 담당하는 이 길의 명칭은 비오톨로네Viottolone다. '정말이지, 피

▶ 자연과 인간이 만든 조형물을 동시에 볼 수 있도록 한 보볼리 정원.

▶ 보볼리 정원에서 본 피티 궁전.

렌체에는 조각상이 없는 곳이 없구나.' 싶었다. 이 길마저 나무들 사이사이에 조각상을 품고 있으니 말이다. 그 주변으로 있는 미로 같은 작은 정원, 그리고 가는 곳마다 보이는 조각상은 자연과 인간 창조물의 유기적인 모습을 보여준다.

　이 길을 따라 북동쪽으로 올라가면 있는 도자기 박물관Museo delle Porcellane으로 갔다. 정원의 핑크빛 꽃과 핑크빛으로 장식된 박물관 건물이 봄 분위기를 자아냈다. 피티 궁전은 메디치 가문부터 합스부르크-로레나 가문, 나폴레옹 그리고 통일 이탈리아 시대의 사보이아 왕조 가문의 사택으로 사용되었다. 도자기 박물관에는 궁전에서 실제 사용하던 자기를 전시하고 있다. 이탈리아뿐 아니라 독일과 프랑스에서 만들어진 도자기까지 있는 이곳은 아이들보다는 나에게 재미난 놀이터였다. 도자기 박물관 밖으로 나오면 산 미니아토 알 몬테 성당 쪽으로 언덕이 펼쳐진다.

▶ 정원에서 조각상을 보는 이안.

"엄마, 나 여기서 사진 찍을래."

"그래, 저 언덕 모습하고 어울리는 표정 한번 해볼래?"

이탈리아에 와서 유독 사진찍기를 좋아하게 된 콜린의 마음을 사로잡은 전경이었다. 마치 자신이 이 언덕을 소개하는 듯 팔 하나를 언덕을 향해 뻗으며 행복한 표정을 지었다. 그도 그럴 것이 마음이 따뜻해지는, 토스카나만이 주는 전형적인 풍경이다.

다시 피티 궁전 방향으로 내려오면 넵튠 조각상이 가운데에 자리한 분수가 나타난다. 이곳에서 피티 궁전과 그 너머로 보이는 피렌체의 모습을 보니 가슴이 뻥 뚫리는 듯하다. 화창한 날씨까지 더해진 정원과 궁전의 모습은 웅장했다. 궁전을 지킨 가문의 숨결을 느끼기에 충분할 만큼.

"엄마, 이 궁전 원래 주인이 메디치랑 경쟁했던 사람이래."

"그래?"

"응, 전에 수업 시간에 잠깐 들은 적 있어. 나폴레옹이 여기에 있었다고 해서 기억 나."

피티 궁전은 루카 피티Luca Pitti의 주문 하에 1458년에 사택 용도로 만들어졌다. 이안이 들은대로, 그는 15세기에 부를 쌓았던 은행업자이자 메디치 가문과 경쟁 관계였던 인물이다. 루카 피티는 브루넬레스키에게 궁전 디자인을 맡기며, 메디치 가문의 거처였던 메디치-리카르디 궁전보다 웅장하게 만들 것을 주문했다. 스트로치 가문도 메디치-리카르디 궁전을 기준으로 자신의 집을 짓고자 했던 것을 보면, 1400년대 메디치 가문의 위세를 짐작할 수 있다. 웅장한 사택을 꿈꿨던 루카 피티 본인은 정작 건물 완성을 보지 못한 채 세상을 떠났고, 후에 이 궁전은 토스카나 대공국을 지배하던 메디치 가문에게 팔리게 된다. 그 후로는 합스부르크-로레나 가문과 18세기에 잠시 이탈리아를 지배했던 나폴레옹의 피렌체 거처로 사용되었다. 19세기에는 반도가 이탈리아 왕국으로 통일되고 1865~1871년까지 피렌체가 왕국의 수도가 된다. 피티 궁전은 통일을 이룬 사보이아 왕조 출신인 엠마누엘 왕Vittorio Emanuele II의 저택으로 사용된다. 화려한 역사만큼 궁전 외관은 웅장하다. 궁전 축조에 쓰인 돌의 크기와 단단함은 사람들을 압도하기에 충분하다. 그 동안 피렌체를 통치한 사람들의 권력과 재력의 규모를 여실히 보여준다.

▶ 도자기 박물관 밖에서 본 피렌체 언덕 모습.

지금은 궁전 내부를 몇 개의 주제로 나누어 박물관으로 사용하고 있지만 내부는 옛 모습 그대로 보존되어 있다. 은 박물관, 모던 아트 미술관, 팔라티나 미술관, 의상 박물관, 그리고 여러 칸의 큰 방Sala이 개인의 생활사를 그대로 보여준다. 1층의 은 박물관Museo degli Argenti 현재는 대공의 예술품 박물관Tesoro dei Granduchi으로 명칭이 바뀌었다. 입구에는 메디치가의 인물이 그려진 회화 작품을 전시하고 있었다. 그 옆 작은 방으로 향하던 이안이 대뜸 "어, 중국 도자기가 있네? 일본 도자기도 있어. 이게 여기 왜 있지? 오랜만에 보니까 좀 새롭다." 나도 그랬다. 몇 개월 동안 눈이 서양의 사실적이고 화려한 양식에 익숙해 있던 터라 동양 자기를 보는 순간, 치즈와 파스타만 먹다가 청경채 무침이나 장아찌를 먹은 느낌이랄까? 17세기 초에 러시아 제국과 중국이 서로 영토 확장을 꾀하던 중 두 나라는 외교를 맺는다. 이를 시작으로 중국과 유럽 간의 도자기 교류가 활발해진다. 방에 있는 중국과 일본 도자기는 코시모 3세Cosimo III de' Medici: 1642~1723가 러시아 황제로부터 기증받은 것이었다.

청경채 무침을 먹은 듯한 감흥을 뒤로 하고 들어간 박물관. 내부의 천장을 가득 채운 장식과 그림이 우리를 압도했다. 다시 치즈를 먹는 순간이었지만 '인간의 능력에는 한계가 없다는 걸 보여주는구나!'라는 생각부터 들었다. 천장과 벽에 그려진 회화 작품에는 세밀함과 입체감을 가미했다. 그들의 창작에 대한 열망이 느껴졌다.

박물관 초입엔 메디치 가문이 과학에 쏟은 관심과 지원을 보여주는 전시가 한창이었다. 토스카나 대공국의 코시모 1세부터 페르디난도 2세 때까지 메디치 가문이 지원한 과학 전시물이 주를 이뤘고, 일부 전시품 옆에는 그들의 초상화가 함께 있었다. 해당 전시물이 세상 빛을 보게 한 지원자였기 때문이다. 이들은 학문, 예술, 음악과 과학 기술까지 섭렵하며 지원을 아끼지 않았다. 권력을 견고히 하는데 다양한 분야의 융합이 필요하다는 걸 인지했기 때문이다. 걷다 보니 오색찬란한 빛을 발하는 보석과 장식품이 보였다. 국부 코시모 데 메디치부터 후대가

▶ 피티 광장에서 본 궁전의 모습은 웅장하기 그지 없다.

계속 이어 수집한 은세공품이 총망라되어 있다. 이곳의 전시품 또한 인간이 만들 수 있는 장식의 진수를 보여준다.

휘황찬란한 내부 장식과 전시품 때문인지 약간의 어지러움을 느낀 채 팔라티나 미술관Galleria Palatina으로 들어섰다. 라파엘로, 티치아노Tiziano, 루벤스Rubens, 카라바쬬Caravaggio 등과 같은 16세기에서 17세기에 걸친 화가들의 작품을 중심으로 전시하고 있다. 이 공간은 19세기 중반, 합스부르크-로레나 가문에 의해 처음으로 대중에게 공개되었다. 명칭은 갤러리지만 앞에서 언급한 가문들의 사택으로 사용되었다. 인테리어를 그대로 보존하고 있어 각 가문의 취향과 회화품을 동시에 전시하고 있다는 생각이 든다. 동양 미술이 절제와 간결함의 매력을 갖고 있다면 이들의 미술 세계는 현실주의에 입각한 살아있는 듯한 표현으로 작품을 만든다. 생명력이 느껴지는 인물 표현과 색채감에 절로 감탄이 나온다. 시대에 따른 화법의 변화를 보는 재미도 있다.

2층에 위치한 모던 아트 미술관Galleria d'Arte Moderna. 흔히 상상하는 초현실주의적 작품을 볼 수 있는 곳이 아니다. 신고전주의가 한창이던 18세기 말부터 20세기 초반까지의 회화 및 조각 작품을 볼 수 있다. 30개의 방을 연대별, 예술 사조 및 예술가 이름으로 나누어, 작품을 보며 역사를 이해하도록 했다. 방마다 벽지와 장식으로 다른 분위기를 연출해 작품 보는 재미를 더해 준다.

역대 피티 궁전에서 거주했던 가문들의 사택 공간Appartamenti Monumentali도 놓치면 안 된다. 한 가지 흥미로운 전시품은 나폴레옹Napoleon Bonaparte의 욕조였다. 나폴레옹은 프랑스 코르시카 섬 출신이며 그의 선조들은 이탈리아 토스카나 사람이다. 자신의 선조들의 지역에 들어와 이 궁전을 잠시나마 사용했다는 점은 일종의 귀소 본능이 아니였을까?

▶ 피티 궁전 안뜰에서 우연히 보게 된 공연.

피티 궁전의 사택 공간을 휘감은 형형색색의 장식에 눈이 어지러울 정도다. 가구 하나 하나, 벽 면의 그림, 벽면을 수놓은 장식… 무엇이 장식이고 무엇이 전시품인지 헷갈릴 지경이다. 끝없는 화려함에 약간 지쳐갔다. 틈만 나면 이런 곳을 다녀서인지 웬만큼 정교한 장식이나 건축물에는 별 감흥이 생기지 않는 후유증이 있었다. 마지막으로 의복 갤러리Galleria del Costume에 들어섰다. 18세기 귀족의 의상부터 나폴레옹 시대인 근대의 의상까지, 다양한 색상과 디자인이 눈길을 사로잡는다. 여자인 나에게는 호기심이 발동하는 갤러리였다.

하루 종일 혹사시킨 다리를 이끌고 내려오는데, 궁전 안뜰에서 전통 의상을 입고 귀족 가문의 깃발을 사용한 쇼와 간단한 연극 공연을 준비 중이었다. "엄마, 우리 저거 보고 가자." 조금 지쳐하던 아이들은 공연 준비를 보더니 다시 정신이 번쩍 난 모양이다. 가던 길을 멈추고 자리를 잡았다. 궁전을 실제 배경으로 펼쳐지는 공연은 흡사 과거로 돌아간 듯한 착각에 들게 했다.

공연을 다 보고 피티 광장에서 궁전을 바라보았다. 거대한 돌덩이로 축조된 피티 궁전의 위용을 보니 우리의 존재가 하염없이 작게 느껴진다. 도시의 규모와는 대조를 이루는 웅장한 궁전. 이곳이 소유한 유산은 궁전을 지킨 가문들이 얼마나 예술을 사랑했는지를 보여준다. 그 열정을 우린 머리와 가슴에 채우고 왔다. 콜린조차 호기심으로 잘 따라다닐 만큼 이곳의 유산은 매력적이다. 집에 돌아와서도 궁전의 모습이 머리 속에서 떠나지를 않았다.

피렌체 역사의 한 페이지를 장식한 스티베르트 박물관Museo Stibbert

어느덧 피렌체에 온 지 6개월째에 들어섰다. 비가 자주 오고 날씨가 흐린 피렌체 겨울은 한국보다 습해서 춥고 으스스하다. 그래서 해가 나면 집 밖이 더 따뜻하다. 싸늘한 겨울이 막바지를 향해 가던 1월 마지막 날 토요일. 간만에 해가

▶ 노란빛의 스티베르트 박물관 외벽.

쨍쨍해 외출하고 싶은 날이었다. 이날 우리의 목적지는 피렌체 북부에 위치한 스티베르트 박물관이었다. 집 근처 베카리아 광장에서 버스를 타고 리베르타 광장Piazza della Liberta에서 갈아탄 후, 지오이아Gioia 정류장에서 내려 15분 정도 걸어야 했다.

군인이었던 영국인 아버지와 이탈리아인 어머니 사이에서 태어난 프레데릭 스티베르트Frederick Stibbert는 피렌체에서 태어나 영국에서 교육을 받았다. 어려서부터 다양한 문화를 흡수하며 성장했다. 그의 할아버지는 영국 동인도 회사를 통해 부를 쌓았고, 그 유산은 스티베르트의 것이 되었다. 스티베르트는 경제력이 뒷받침된 사업가이자 예술품을 모으는 수집가였다. 조부모로부터 받은 유산과 자신이 수집한 예술품 및 골동품 그리고 본인이 살던 빌라를 피렌체시에 기증하여 일반인에게 공개하도록 했다. 그는 생전에도 자신의 집을 박물관으로 생각하며 살

▶ 스티베르트 박물관에 전시된 기사 모형의 규모가 상당하다. 출처: www.museostibbert.it

앉고, 이런 열정이 지금의 박물관을 탄생시켰다.

이곳에는 50,000개가 넘는 회화 작품과 가구, 의복, 도자기가 전시되어 있고, 유럽 중세 기사를 비롯해 이슬람과 일본의 군인 모형이 살아있는 듯 각각의 포즈를 취하고 있다. 동서양을 넘나드는 어마어마한 양의 무기와 갑옷 입은 기사 모형을 보며, 이안은

"와, 모형이 움직일 것 같애! 근데 스티베르트는 어떻게 이걸 다 모았지?"

"여행을 많이 해서 다른 문화에 관심이 많았나봐. 피렌체에서 이슬람이나 일본 관련 전시품을 본 건 여기가 처음이지 않니?"

그는 여행에서 자신의 취향에 따라 물건을 구입하거나 인맥을 활용해 다양한 나라의 골동품을 수집했다.

그가 거주할 때부터 빌라에 57개의 방이 있었다. 빌라를 예술품으로 채우기

시작하면서 공간이 부족해져 건축가를 고용해 방의 갯수를 늘렸다. 방을 장식할 예술품을 위해 화가와 조각가도 고용했다. 이때 고용된 인물이 19세기의 대표적 건축가인 쥬세페 포찌Giuseppe Poggi다. 피렌체 미켈란젤로 광장을 설계한 인물이며 광장 아래 고불고불한 길의 명칭이 쥬세페 포찌 길Viale Giuseppe Poggi이다. 그가 피렌체의 모습을 만드는 데 큰 역할을 한 건축가 중 한 사람이었음을 말해준다. 대부분의 방 벽이 가죽과 테피스트리Tapestry로 둘러싸여 방을 가득 채운 예술품과 어우러져, 무게감과 화려함을 동시에 보여준다. 스티베르트가 살던 거주 형태를 그대로 보존하며 전시하고 있기 때문에 그 시절의 감흥을 같이 느낄 수 있다.

박물관을 둘러보고 나오니 겨울 햇빛이 빌라의 공원을 내리쬐고 있었다.

"햇빛도 따뜻한데, 박물관 공원 좀 더 둘러 보고 갈까?"

"엄마, 아까 간식으로 싸 온 피자 먹고 가자. 그리고 여기서 좀 놀고 갈래."

공원 벤치에서 호일에 싸 온 피자 조각을 먹은 후 조형물과 나무가 어우러진 공원을 거닐었다. 이 공원 역시 쥬세페 포찌의 작품이다. 이곳 저곳에 흩어져 있는 조각상과 작은 사원 그리고 연못이 공원을 로맨틱하게 만든다. 프레데릭의 다양한 문화적 취향을 보여주듯, 그리스 헬레니즘 양식과 이집트 양식의 작은 사원이 세워져 있다.

그는 자신이 받은 유산과 다양한 안목으로 모은 수집품을 빌라와 함께 통째로 시에 기증함으로써 역사의 한 페이지를 보여주고자 했다.

피렌체와 메디치 가문이 전해준 이야기

피렌체 역사의 시작은 미미했다. 지리적 장점 때문에 로마 제국 시대에 군사적 요충지로 율리우스 케사르의 눈에 들어 현재 위치의 피렌체가 형성되었다. 이후 토스카나 내에서 여러 귀족 가문의 통치하에 있던 피렌체는 이슬람 국가와의 무역이 활발해지고 십자군 전쟁 중 교역의 허브가 된다. 자연스레 유입 인구가 늘어나고 대중 친화적인 종교가 유입되면서 이를 지원하는 상인들이 도시의 주류로 자리한다. 이와 함께 공화국 형태의 도시 국가로 발전하던 중 메디치 가문의 통치하에 들어가며 도시는 빛을 발하기 시작했다.

피렌체는 중세 말기 유럽에서 상당한 영향력을 갖고 있었고, 그 뒤에는 확고한 정치 체제와 길드 경제, 그리고 은행업을 하던 메디치 가문이 존재했다. 피렌체가 경제적 부흥을 이루고는 있었지만, 사회 분위기는 은행업 같은 돈을 목적으로 하는 행위에 대해 부정적인 시선이 있었다. 하지만 메디치 가문은 하고자 하는 목표에 대해 망설이는 데 시간을 허비하지 않고 바로 행동으로 말했다. 부를 바탕으로 정치뿐 아니라 학문과 문화 예술 발전에 공을 들이는 모습이 피렌체 사람들에게 새로운 생각의 코드와 접근 방식을 마련해 줬다.

주도적인 시민 의식으로 자유와 정의를 추구하는 정치 제도를 갖추려 했던 피렌체 공화국. 이러한 사회 분위기를 통해 사상의 자유와 예술적 표현이 실현되었다. 이는 일반 시민뿐만 아니라 지도 계층의 오픈 마인드로 더욱 큰 시너지 효과를 내고 르네상스의 문을 열었다. 종교라는 울타리와 정형화된 방식에서 벗어나 인간이 주체가 되어 고민하고 표현함으로써, 다양한 건축 방식과 미술 화법 그리고 각종 학문이 꽃 피울 수 있는 환경이 조성되었다.

그러나 메디치 가문의 정치 체제는 시간이 갈수록 공화국 체제보다는 군주 체제 형태로 변질되며 질타를 받았다. 초기에는 국부 코시모 데 메디치나 로렌초 데 메디치 같은 수장들이 자신을 공화국을 이끌어가는 시민 중 한 사람으로 간주하며 겸손함을 보였다. 반면 후손인 토스카나 대공국의 코시모 1세는 우피치 미술관과 피티 궁전을 직접 잇는 바사리의 통로Corridoio Vasariano를 만들어 자신을 시민과 분리시키려 했다. 뿐만 아니라 보볼리 정원의 우아함, 피티 궁전의 웅장함과 내부의 화려한 장식을 통해 가문과 자신의 위대함을 어필하는 데 몰두한 듯하다.

덕분에 현재 눈이 부실 만큼 화려하고 방대한 예술품을 볼 수 있지만 말이다. 그들에 대한 평가는 각자의 몫으로 남기더라도 엄청난 양의 유산이 현재 피렌체 사람에게는 자부심이 되었다.

피렌체의 예술 전성기에 대한 평가도 다양하다. 르네상스 예술이 꽃을 피우던 1400~1500년대는 1348년에 시작된 흑사병을 겪은 후였다. 로렌초 데 메디치 시대는 흑사병으로 인해 경제적으로 하락기에 직면했던 때다. 일부 학자는 이 시기에 자본을 경제에 재투자하지 않고 예술에 소진한 나머지 경제를 망쳤다는 이론을 제기한다. 이러한 견해도 일부 타당성이 있다. 피렌체에 남아 있는 르네상스의 아름답고 화려한 단면을 주로 보게 되지만 르네상스가 반드시 정의로움과 풍요로움 속에서만 일어난 것은 아니었다.

하지만 메디치 시대에 브루니, 알베르티, 브루넬레스키, 죠토, 도나텔로, 미켈란젤로 등 다 나열하기 힘들 정도로 많은, 기라성 같은 인문학자와 예술인들을 발굴했다. 뿐만 아니라 산 마르코 수도원 도서관이나 산 로렌초 성당에 있는 메디체아 라우렌치아나 도서관을 만들어 학문의 대중화를 시도하며 시민 의식을 높이는 장을 만들었다. 메디치를 만난 피렌체는 행운아다. 분열로 내분이 끊이지 않던 이 도시 국가를 자신들의 뚜렷한 소신으로 변화시켰고, 인물 양성에 힘쓰며 새로운 역사를 만들어냈으니 말이다. 이것이 후손에게 얼마나 큰 자산이 되는지를 메디치와 피렌체는 말해 주고 있다.

책에 언급된 메디치 가문의 주요 통치자와 인문학자, 예술인 및 과학자

피렌체 공화국

메디치가 통치자	인문학자, 예술인 및 과학자
죠반니 디 비치 데 메디치 (Giovanni di Bicci de' Medici: 1360~1429)	죠반니 보카치오(Giovanni Baccaccio), 콜루치오 살루타티(Coluccio Salutati)
국부 코시모 데 메디치(Cosimo il Vecchio de' Medici: 1389~1464)	레오나르도 브루니(Leonardo Bruni), 필리포 브루넬레스키(Filippo Brunelleschi), 기베르티(Lorenzo Ghiberti) 도나텔로(Donatello), 프라 안젤리코(Fra Angelico), 미켈로쵸(Michelozzo di Bartolomeo), 마사쵸(Masaccio), 레온 바티스타 알베르티(Leon Battista Alberti)
로렌초 데 메디치(Lorenzo de' Medici: 1449~1492)	베로키오(Andrea del Verrocchio), 보티첼리(Sandro Botticelli), 레오나르도 다 빈치(Leonardo da Vinci), 미켈란젤로 부오나로티(Michelangelo Buonarroti), 라파엘로(Raffaello Sanzio)
피에로 데 메디치 (Piero de' Medici: 1471~1503)	니콜로 마키아벨리(Niccolo Machiavelli)

토스카나 대공국

메디치가 통치자	인문학자, 예술인 및 과학자
코시모 1세(Cosimo I de' Medici: 1519~1574)	바쵸 반디넬리(Baccio Bandinelli), 조르지오 바사리(Giorgio Vasari), 쟘볼로냐(Giambologna)
코시모 2세(Cosimo II de' Medici: 1590~1621)	갈릴레오 갈릴레이(Galileo Galilei)
페르디난도 2세(Ferdinando II de' Medici: 1610~1670)	
코시모 3세(Cosimo III de' Medici: 1642~1723)	
쟌 가스토네 데 메디치(Gian Gastone de' Medici: 1671~1737)	

제 4 장

피렌체 밖
여행 이야기

토스카나의 소도시들

십자군 전쟁1095~1291년 당시 군수 무역에 있어 지리적 위치가 좋았던 이탈리아에는 중세부터 무역 및 상업이 발달하게 된다. 이를 발판으로 각종 분야의 길드조합가 형성되고 경제적 기반을 토대로 도시 국가들이 탄생하였다. 덕분에 도시 국가로 위세를 떨쳤던 작은 도시들조차 역사 유적과 그곳에서 나오는 이야기 그리고 아름다운 건축물이 한때 찬란했던 역사를 말해준다. 이탈리아가 관광 대국으로 자리 잡을 수 있는 요소 중 하나다.

12세기에 시작되어 14세기 말까지 이탈리아의 각 도시 국가는 황제파 세력이 강한 도시와 교황파가 강한 도시로 나뉘어졌다.다음 페이지 표 참조 교황파 도시였던 피렌체는 메디치 가문에 의해 르네상스가 탄생하고 번영을 누리며 정치, 경제적으로 큰 힘을 갖게 된다. 이 가문에서 직계로 세 명의 교황이 탄생한 건 어찌 보면

▶ 토스카나의 아름다운 도시 시에나의 풍경.

자연스운 것이었다. 16세기에는 메디치 가문이 토스카나 대공국을 건립하면서 소도시들을 흡수한다. 이에 따라 한때 피렌체에게 절대 뒤지지 않는 경제, 문화적 힘을 갖고 있던 시에나, 아레초, 루카와 같은 도시는 각각 고유의 문화와 색깔만을 가지고 역사의 명맥을 유지하게 된다. 하지만 이탈리아처럼 소도시와 대도시가 역사적 맥락을 함께 하며 힘을 겨룰 정도의 대등함을 가지고 있던 나라는 흔치 않다. 토스카나 소도시는 우리가 사는 2000년대에서 단절되어 시간이 멈춘 듯한 느낌이다. 오히려 그런 분위기에 끌린다. 마음속 깊이 있던 낭만이란 감정을 끌어 올리는, 자연 그대로의 매력적인 풍경으로부터 말이다.

주요 황제파 도시국가(기벨린파)	주요 교황파 도시국가(구엘프파)	유동적인 도시 국가
아레초(Arezzo)	볼로냐(Bologna)	베르가모(Bergamo)
코모(Como)	파엔차(Faenza)	크레모나(Cremona)
포를리(Forli)	밀라노(Milano)	아스티(Asti)
모데나(Modena)	제노바(Genova)	파도바(Padova)
만토바(Mantova)	로마(Roma)	파르마(Parma)
피사(Pisa)	루카(Lucca)	피아첸차(Piacenza)
피스토이아(Pistoia)	오르비에토(Orvieto)	트레비소(Treviso)
시에나(Siena)	알레산드리아(Alessandria)	나폴리(Napoli)
스폴레토(Spoleto)	페루지아(Perugia)	비첸차(Vicenza)
포찌본시(Poggibonsi)	볼테라(Volterra)	페라라(Ferrara)
베로나(Verona)	피렌체(Firenze)	
파비아(Pavia)	안코나(Ancona)	

* Wikipedia.it 'Guelfi e Ghibellini'

시에나Siena에서 우연히 보게 된 카니발

카니발 시즌인 2월은 많은 도시가 축제 분위기다. 시에나에 카니발을 보러 간 것은 아니었다. 운이 좋게 카니발 기간이었다. 토스카나 주에 왔다면 피렌체 다음으로 들러야 할 소도시는 시에나가 아닐까 싶다. 피렌체와 마찬가지로 에트루리아인이 정착했던 곳이다. 12세기부터 16세기 중반까지의 시에나 공화국은 피렌체 공화국과 힘을 겨룰 정도로 위세가 큰 도시 국가였다. 시에나가 두오모 성당을 만드는 것을 보고 피렌체도 만들자고 할 정도였으니 말이다. 하지만 시에나는 16세기 중반 스페인을 등에 업은 피렌체에 결국 패배하고, 메디치 가문이 세운 토스카나 대공국에 흡수되면서 세력이 약해졌다. 그런 이유로 개발이 더뎌져 시에나 공화국 시대의 모습이 현재까지 남아있다.

시에나는 이탈리아 어학 공부를 하는 학생들에게도 잘 알려진 도시다. 규모에 비해 외국인을 위한 어학 연수 환경이 잘 조성되어 있다. 시에나 외국인 대학 Universita per Stranieri di Siena은 외국인을 위한 이탈리아어 공인 인증 시험인 칠스CILS를 주관하는 곳이다.

무더운 한여름, 시에나에서는 유명한 축제가 열린다. 7월 2일과 8월 16일, 딱 두 번에 걸쳐 캄포 광장Piazza del Campo에서 열리는 팔리오Palio 축제다. 팔리오는 캄포 광장의 테두리에 있는 트랙을 따라 말이 경주를 하고, 트랙 내부와 외부에는 관람객이 응원하는 경마 대회다. 이 대회는 14세기부터 내려오는 전통으로, 말들이 트랙을 돌다가 가끔씩은 사고가 난다고 한다. 여름에 보고 오지는 못했지만, 어느 날 청소기를 고쳐주러 잠깐 들르신 집 주인 할아버지 말에 의하면 "진행자와 응원 소리가 뒤섞여 흥분의 도가니가 되죠. 경기장인 캄포 광장까지 진입하는 데에도 쉽지 않을 정도랍니다. 광장에 도착한 사람들은 더위 속에 몇 시간씩 기다려야 하지만, 경기 시간은 말이 광장을 세 바퀴 돌면 끝나는 딱 1분 30초 정도밖에 안되죠."라는 것이다. 관중들은 조금 허무할 듯하다.

시에나의 17개 행정구역에서 10개 구역이 뽑혀 경기에 참가하는데, 우승한 이들의 영광의 순간과 감격스러워 하는 모습에 현장은 더욱 열광의 도가니가 된다고 한다. "경기 시간이 짧은 게 좀 아쉽긴 하지만, 중세 시대부터 사용하던 각 행정구역 깃발을 세우고 모두가 응원에 열을 올리는데, 그 모습이 대단하답니다.

▶ 시에나의 한적한 길.

▶ 시에나 두오모 성당의 금장식과 대리석 장식이 시에나 공화국의 위용을 말해준다.

함성 소리에 관중들까지 에너지를 받게 돼요."라는 말씀도 덧붙여 주셨다. 기수를 안장 없이 등에 태우고 달리는 말들의 발굽 소리가 더해지면, 흡사 타임 머신을 타고 중세 시대로 돌아간 착각을 하기에 충분하다고 한다. 주최측과 관중이 중세의 시간으로 만들어 가는 분위기에 흠뻑 취하는 것, 이것이 팔리오를 즐기는 방법일 것이다. 이들에겐 경마 순간보다 준비 과정이 대회의 진정한 의미가 아닐까 싶다.

시에나 버스 터미널에 도착해서 시에나 지도부터 손에 쥐었다. 시에나는 캄포 광장을 기준으로 북부, 동부, 서부 이렇게 세 구역으로 나뉜다. 버스 터미널에서 캄포 광장에 도착하기 전 북부 구역을 지나게 되는데, 각 구역을 대표하는 큰 길이 있다. 북부 구역은 주로 쇼핑을 위한 거리다. 각종 기념품, 명품과 생활 잡화 및 도자기 가게와 식당 그리고 젤라또 가게 등 캄포 광장까지 가는 길이 지루하지 않다. 북부 구역를 거닐다가 서부 구역으로 발길을 돌려 두오모 성당 앞에 섰다.

두오모의 파사드를 마주하는 순간 도시의 옛 위세를 짐작할 수 있었다. 파사

▶ 캄포 광장에 우뚝 선 만자 탑의 모습.

드의 상단은 금장식이 가미된 뾰족한 고딕 양식이고, 하단은 로마네스크 양식이다. 하단 측면과 종탑에는 검은 색과 하얀 색 대리석을 번갈아 사용하는 스트라이프 패턴을 보인다. 피렌체 두오모와 마찬가지로 시에나 두오모 성당 역시 파사드에 장식되었던 오리지널 작품은 성당 옆에 위치한 두오모 박물관에 있다. 두오모가 기세등등했던 시에나의 모습을 보여준다면, 바로 옆에는 시에나 공화국의 쇠락의 시작을 보여주는 미완성의 벽이 있다. 피렌체의 두오모보다 웅장한 성당을 만들고자 확장 공사를 하다가, 14세기 중반 시에나를 덮친 흑사병으로 공사가 중단됐다. "엄마, 여기서 찍으면 좋겠다!" 파사드의 금빛 장식을 배경으로 사진을 찍겠다는 콜린의 성화에 성당 앞 계단에서 사진을 찍고 내부로 들어갔다.

    소도시 공화국의 두오모라 하기엔 규모가 상당히 크다. 이탈리아에서 본 여느 성당과는 달리 바닥이 대리석을 짜 맞춰 표현한 그림으로 채워져 있다. 바닥을 포함해 내부 곳곳에는 르네상스 시대의 거장인 미켈란젤로, 도나텔로, 토리쟈니 등의 작품으로 장식되어 있다. 뿐만 아니라 피렌체 두오모 성당, 산타 크로체 성당과 베키오 궁전의 건축가인 아르놀포 디 캄비오가 성당의 장식에 참여했다. 특히 성당 돔의 내부 장식을 로마 판테온의 돔 내부와 유사하게 만든 점이 흥미로웠고, 흑백 대리석으로 만들어진 기둥 그리고 기둥과 천장을 파인애플 나무 모양으로 잇는 장식에서 탁월하고 개성있는 디자인 감각을 엿볼 수 있다.

기세등등한 두오모 성당을 뒤로 하고 한적한 길을 따라 가다 보니 치따 거리 Via di Città가 나왔다. 기념품 가게에 있는 캄포 광장 대형 사진이 눈에 띄었다. 한국에 돌아가면 액자로 만들어 바닥에 놓아 장식을 하고 싶어 대뜸 집어 들었다. 구입한 사신을 들고 가나 보니 오른쪽에 경사진 작은 골목에 기념품 기게기 또 있길래 들어서는데, 눈앞에 캄포 광장과 만쟈 탑 Torre del Mangia이 펼쳐졌다. 멋진 풍경에 순간 숨이 멎는 듯했다. 부채꼴 모양을 한 이 광장은 세계에서 아름다운 광장 중에 하나로 뽑히기도 했다. 아이들과 나는 한참 동안 멍하니 광장을 감상했다. 2월이었지만 사람들은 내리쬐는 겨울 햇빛을 쐬며 광장에 누워 있거나 앉아서 얘기를 나눈다.

우리도 일단 광장에 누워 푸른 하늘과 캄포 광장의 아름다움을 만끽했다. 어느새 점심 시간, 어느 도시나 마찬가지겠지만 광장에 위치한 식당이나 카페에서 식사를 하기 위해선 다른 곳보다 많은 비용을 지불해야 한다. 눈앞에 펼쳐진 장관을 보며 식사하는 특혜를 누리기 위해 비용을 더 낸다고 생각하면 기꺼이 선택하게 되는 장소다. 청명한 하늘, 기품을 뽐내는 광장과 병풍처럼 둘러싼 중세 건물의 조화를 눈앞에 두고 하는 식사는, 그저 한 끼를 하는 것이 아니라 파스타조차 음미하게 하는 시간이 된다.

식사 후 바로 앞 푸블리코 궁전 Palazzo Pubblico으로 갔다. 이곳은 시청과 시립 박관Museo Civico으로 사용하고 있다. 박물관과 만쟈 탑 꼭대기 전망대 입장권이 합쳐진 패키지 티켓을 샀다. 시립 박물관은 이름을 가진 여러 개의 방으로 나뉘어져 있고, 주로 시에나 출신 화가의 작품으로 채워져 있다. 무엇보다 기억에 남는 작품은 평화의 방Sala della Pace또는 9인의 평의회 방Sala dei Nove으로 불린다.에 전시된 '좋은 정부와 나쁜 정부에 대한 풍유와 효과'라는 프레스코화다. 시에나 출신의 화가 암브로지오 로렌제띠Ambrogio Lorenzetti가 시에나 공화국의 정치인들로부터 주문을 받아 그린 작품 시리즈이다. 시에나의 번영을 위해 좋은 정치가 왜 필요한지, 시에나 시민의 삶에 어떠한 영향을 주는지를 그림으로 표현했다. 중세 말이기는 해도 그 시기에 현실적인 주제를 다루는 화가와 작품이 있었다는 점이 새로웠다. 중세에서 르네상스로 들어가는 길목에서 탄생한 보카치오의 작품 '데카메론'도 중세라는 시대 정서에 반항하며 현실 이야기를 우화적으로 풍자한 소설이다. '좋은 정부와 나쁜 정부에 대한 풍유와 효과'라는 작품과 보카치오의 '데카메론'은 1300년대가 정신, 문화적 변화를 겪기 시작한 시기라는 것을 보여준다. 그와 동시에 시에나의 길드 정부가 얼마나 공화국에 대한 사명감과 애정이 깊었는지를 볼 수 있다.

박물관에는 세월의 힘에 어쩔 수 없이 훼손된 작품도 있다. 그것 또한 멋이 느껴진다. 600년 이상을 힘겹게 견뎌 역사의 한 장을 장식한 시대 정신이 담겨 있기 때문이다. 이를 21세기 현대인들에게 전해주고 있다는 것이 작품의 의미가 될 것이다.

박물관을 모두 본 후 만쟈 탑 입구로 갔다.

"얘들아, 여기서부터 500계단을 올라야 하니까, 좀 힘들겠지만 쉬어쉬엄 가보자. 그래도 시에나에 왔으면 올라가 봐야 할 곳이 만쟈 탑이잖아?"

"나 하나도 안 힘들어."

콜린은 탑에 올라가는 게 기대되는지 초긍정적인 대답을 했다. 아직 한 계단도 오르지 않았는데 말이다. 올라가고 내려가는 사람이 같은 계단을 사용해야 하고, 계단의 폭이 좁아 아이들에게도 주의를 주며 올라갔다. 그 과정에 숨도 찼지만, 중간중간 벽의 작은 구멍을 통해 전경을 감상하는 맛이 있었다. 다행히 아이들이 노래까지 부르며 계단을 올랐다. 꼭대기에 도착해 갈 즈음 내려오는 관광객들이 우리에게 "위에서 보는 풍경이 환상적이에요!"라며 미리 팁을 주었다. 아직 감흥이 가라앉지 않은 모양새였다. 드디어 탑 꼭대기에 도착했다. 시에나와 시에나를 감싸고 있는 토스카나 전경이 보이는 순간, 감탄사가 저절로 나왔다. 탑 아래로 펼쳐지는 시에나 색(노란빛과 붉은빛이 오묘하게 섞인 색을 말한다.)의 지붕과 어우러진 초록빛의 풍경을 보며 콜린이 감동을 했는지, 갑자기 'I Believe I Can Fly'를 부르기 시작했다. 그 모습이 귀여워 동영상을 찍어 주었다. 1학년 꼬마도 하늘을 날고 싶을 정도로 아름다운 풍경이었다. 그 어느 건물도 주변과의 이질감이 없다. 건물의 색감이 자연과 부드럽게 교감하고 있다.

　풍경을 보고 나니 탑 꼭대기 가운데에 자리 잡은 종에 관심이 가기 시작했다. 이 종의 최초 종지기였던 만쟈Mangia의 이름에서 '만쟈 탑' 명칭이 만들어졌다. 나와 아이들은 세상을 다 얻은 듯 가슴이 벅차 올랐고, 토스카나의 아름다움을 다시 한번 마음에 저장하는 순간이었다. 넋이 빠진 듯 한참을 바라본 후 만쟈 탑으로부터 선물을 하나 받은 기분으로 내려왔다. 그런데 그 사이에 푸블리코 궁전과 주변 분위기에 변화가 있었다.

　궁전 안뜰로 들어가는 입구에 귀족 의상을 입은 사람들이 이벤트 간판을 만들어 놓고 홍보를 하고 있었다. 궁전 안뜰에서 서커스단 같은 단체가 준비한 소품을 어린이들이 직접 체험하는 이벤트였다. 가는 막대기에 접시 돌리기, 훌라후프나 공 여러 개를 던져 받기 등, 보통 서커스 단이 보여주는 도구를 사용해 균형 잡는 것부터 나무 판으로 작은 시소를 만들어 아이들이 즐길 수 있도록 했다. 이안은 거의 모든 종목을 시도해 보았다. 게다가 진행자는 아이가 잘할 수 있도록 팁도 주고, 재치 있는 눈속임으로 아이가 잘하는 것처럼 해 즐거움을 더해 주었다.

▶ 광장으로 들어오는 퍼레이드.

궁전 밖을 나와 보니 많은 인파가 캄포 광장에 모여 축제 분위기를 만들고 있었다. 사람들에게 물어보니 당일 시에나 카니발 행사가 있다는 것이다. 그래서인지 많은 사람이 카니발 컨셉 복장을 하고 있었다. 외부에서 온 관광객들은 그들과 사진 찍기 바빴고, 시간이 갈수록 본격적인 카니발이 시작됐다. 광장을 감싸고 있는 건물의 창밖에는 중세 깃발에 사용되던 문양의 천을 걸어놓았다. 사람이 많아지더니 캄포 광장으로 향하는 골목 골목에서 퍼레이드가 들어오기 시작했다. 행렬이 움직이는 길이 어느 정도 정해져 있었고, 몰려온 군중도 퍼레이드에 방해가 되지 않도록 자리를 잡아 사진도 찍고 함께 노래도 하며 호응했다. 분위기는 점점 최고조에 다다랐다. 형형색색의 독특한 의상을 입은 음악대가 악기를 연주하며 등장한다. 높은 죽마에 올라탄 사람들의 행렬이 뒤를 이었다. 퍼레이드는 중세 건물로 둘러싸인 시에나와 어우러졌다. 고전적인 옛 모습을 그대로 간직한 작은 도시는, 현실에 쫓기며 경쟁과 걱정에 매여 사는 21세기의 우리를 잠시 과거로 인도했다.

퍼레이드가 끝나고 캄포 광장 북쪽 가운데에 위치한 가이아 분수 Fonte Gaia 앞에서 코믹 연극이 한창이었다. 관객과 수시로 소통하며 진행하는 이 단편 연극도 소소한 감동을 준다. 정말 순수한 연극이었다. 자극적인 내용 없이, 마음에서 우러나오는 큰 웃음을 관객에게 선사해 준다. 이탈리아인에게는 순수함과 풍자를 조화롭게 풀어나가며 감동을 주는 천성적인 달란트가 보인다. 그래서인지 어른뿐 아니라 아이들도 연극에 집중하며 즐거워하고 파안대소를 하기도 했다. 연극을 마무리하는 마지막 인사를 하려 하자 관객은 하나같이 아쉬워했다. 피렌체로 돌아갈 버스 시간 때문에 자리를 떠야 했지만 아이들도 가기 싫다는 것이다. 콜린은 "엄마, 오늘 여기서 자고 가자~"라고 할 정도였다. 버스를 타기 전 젤라또 가게에 가자는 말로 아이들을 겨우 달래서 광장을 빠져 나왔다.

젤라또 가게에 들러 떠나야 하는 아쉬움을 미각으로 달랬다. 가게는 카니발 이야기로 북적였다. 어둑어둑해진 시에나를 뒤로 하며 버스를 타고 피렌체로 돌아왔다. 어둡고 작은 골목을 지나 갑자기 나타난 높은 하늘과 캄포 광장의 모습, 만쟈 탑에서 본 시에나와 토스카나 절경 그리고 예상치 못했던 카니발과의 만남. 꿈만 같은 하루였다.

탑의 도시 산 지미냐노 San Gimignano

따뜻한 봄 햇살이 내리쬐는 어느 수날, 아이들과 탑의 도시인 산 지미냐노에 갔다. 시외 버스를 타고 포찌본시 Poggibonsi에서 한 번 갈아타야 한다. 피렌체에서 출발한 지 2시간 즈음 됐을까? 버스 창밖 멀리 푸르디 푸른 사이프러스 나무와 포도밭 너머로 산 지미냐노를 상징하는 탑이 눈에 들어오기 시작했다. 산 지미냐노를 둘러싼 성벽의 남쪽 부분에는 몬테마쬬 Montemaggio 광장이 있다. 광장에서 도시로 들어가는 입구에는 외부와 산 지미냐노를 이어주는 버스 정류장이 있다. 성벽 입구를 들어가면 산 죠반니 길 Via S. Giovanni이 관광객을 맞이한다. 산 지미냐노의 중심지인 치스테르나 광장 Piazza della Cisterna으로 이어지는 길이다. 길가 양 쪽에는 멧돼지 고기 Cinghiale 가공 식품을 판매하는 가게부터 도자기 가게까지 눈이 지루할 틈이 없다. 여름에 재방문을 했을 때 올라가는 길에 남편과 아이들은 먹고 싶어하던 멧돼지 프로슈토 Prosciutto crudo cinghiale와 살라미 Salami를 샀다. 세 남자가 광장에 서서 어찌나 맛있게 먹던지….

산 지미냐노는 도자기로 유명하다. 광장으로 가는 길 오른편에 큰 규모의 도자기 가게가 있어 아이들을 데리고 조심조심 도자기를 보다가 부엌 벽에 걸 장식

▶ 탑으로 마천루의 모습을 한 산 지미냐노.

품을 하나 구입했다. 진열된 도자기의 화려한 문양과 다양한 디자인에 눈이 어지러울 지경이었다. 가게 안의 물건을 모두 사고 싶다는 허황된 욕망을 뒤로 하고 가게를 나왔다. 가다 보니 어디선가 음악 소리가 들려왔다. 오른쪽 작은 골목 안에 있는 보석 가게에서 음악을 틀어 놓은 것이다. 음악 소리를 들으며 골목을 가로지르니 산 지미냐노 밖의 끼얀티 풍경이 펼쳐졌다. 음악을 들으며 북쪽을 향하다 보니 우물이 자리하고 있는 치스테르나 광장에 도착했다.

휴식을 취하기 위해 광장에 있는 돈돌리 젤라테리아Gelateria Dondoli에서 젤라또를 맛보기로 했다. 몇 차례의 세계 젤라또 챔피언을 한 브랜드였다. 산 지미냐노에 두 번을 방문하며 두 번 모두 이 가게에서 젤라또를 맛보았다. 두 번째 왔을 때 "아빠, 여기 젤라또 맛있죠!" "음… 이탈리아에서 먹어 본 젤라또 중 최곤데?"라며 동행했던 남편도 찬사를 아끼지 않았다. 아이들은 맛있다며 두 개씩 먹었다. 가게에서 일하는 분은 "영국의 토니 블레어 전 총리도 우리 가게에서 젤라또를 먹었답니다."라며 자부심 가득한 눈빛으로 유명인의 방문 이야기를 들려 주었다.

젤라또를 먹다 보니 두오모 광장에 도착했다. 햇빛을 피하기 위해 두오모 성당 앞에 있는 로지아로 들어섰다. 이탈리아는 늦은 봄에도 내리쬐는 햇빛이 꽤 강하다. 할아버지 몇몇 분도 로지아에서 의자 몇 개에 나눠 앉아 이야기꽃을 피우고 계셨다. 인생의 훈장인 주름이 가득한 얼굴에 환한 미소를 보이시며 남은 의자를 우리에게 건네 주셨다. 그분들의 친절한 모습과 미소가 왠지 기억에 남는다. 휴식을 취한 후 광장 옆에 있는 그로싸 탑Torre Grossa과 회랑이 같이 있는 시청사 건물 Palazzo Comunale로 갔다. 중세 시대의 구조와 분위기를 간직한 탑 아래에서 아이들은 작은 우물과 계단이 있는 안뜰을 오가며 사진을 찍었다. 무념무상으로 발길이 가는 대로 헤매도 사방에서 느껴지는 여유로움과 중세 탑의 고풍스러움이 마음을 설레게 한다. 공간이 주는 재미 때문인지, 콜린은 마치 자신이 사진사라도 된 것처럼 셔터를 눌렀다.

이곳에 오기 전에 2차 세계대전 시대를 배경으로 한 '무솔리니와 차 한 잔Un Te con Mussolini'이라는 영화를 보았다. 어학교에서 파시즘에 관련된 주제로 이야기를 하다가 선생님이 소개해 주었다. 역사적 실화를 바탕으로 한 프랑코 제피렐리 감독의 자전적 영화다. 이탈리아의 예술과 문화를 사랑하는 영국과 유태계 미국 여성들의 이야기다. 영화 막바지에는 여주인공들이 독일군으로부터 산 지미냐노의

▶ 걷다 보면 마주치는 탑의 모습.

▶ 연주를 듣겠다고 자기들끼리 자리를 잡은 아이들.

탑들을 몸으로 막아내며 지켜내는 장면이 나온다. 만약 이것 또한 실화라면 그 여인들에게는 큰절로 감사함을 표현하고 싶을 정도다. 산 지미냐노의 이 아름다운 스카이라인Sky Line을 지켜주었으니 말이다.

    걷다 보니 시청사 건물 바로 옆에 있는 아담한 광장에 들어섰다. 그곳 모퉁이에서 흰 셔츠와 빨간 바지를 입은 한 노인분이 플루트 연주를 시작했다. 곡명이 기억나지는 않지만 산 지미냐노의 분위기와 어우러져 지나가려는 우리의 발걸음을 멈추게 했다. "엄마, 저기 좀 앉아서 듣고 가자." 아무도 없는 광장에서 우연히 보게 된 공연이 마음에 들었는지 감상하는 모습이 나름 진지하다. 한 가지 인상적이었던 건 이 작은 광장에서 플루트를 연주하는 소박한 노인분의 패션 감각이 돋보였다는 점이다. 붉은빛 바지와 주변 건물의 색감마저 조화를 이루니 말이다. 일종의 버스킹 팁을 드리고 다시 산 지미냐노의 한적한 길을 정처 없이 걷다 보니 도시의 외곽 길에 들어섰다. 도시의 안쪽을 바라보면 형형색색 예쁜 화분으로 장식된 토스카나 풍 돌집이 보이고, 반대편 외곽을 보면 토스카나 끼안티가 사람들 눈에 휴식을 안겨 준다.

하루 종일 산 지미냐노 투어를 하고 피렌체로 돌아가려는 길, 성벽 밖 버스 정류장의 위치를 착각해 제 시간에 탈 수 있는 버스를 놓쳤다.

"엄마, 우리 어떡해?"

"글쎄 말이야, 다음 차까지 30분 이상 기다려야 되는데, 할 수 없지 뭐…."

성격이 좀 급한 나와 이안은 산 지미냐노로부터 받은 마음의 평온함을 잠시 잃었다. 하지만 우린 다시 이탈리아인처럼 '뭐 급한 일도 없고 저녁 식사가 좀 늦어지는 것일 뿐'이란 마음으로 벤치에서 남은 간식 파니니를 먹으면서, 이곳에서 찍은 콜린의 작품을 보며 다음 버스를 기다렸다.

이탈리아 최대 벼룩 시장이 열리는 아레초 Arezzo

4월 첫째 주 일요일, 매월 첫 주말에 아레초에서 열리는 벼룩 시장을 구경하기로 했다. 이날은 할 수 없이 예배를 포기해야 했다. 아침 일찍부터 서둘러 기차를 타고 아레초에 도착했다. 벼룩 시장에 대한 기대가 가장 컸지만 영화 '인생은 아름다워 La vita è bella'의 배경이 된 도시라서 장면 장면을 떠올릴 수 있는 곳이다. 또한 아레초는 초기 르네상스 문학가인 프란체스코 페트라르카 Francesco Petrarca와 현재 우리가 사용하는 음계를 만든 수도사이자 음악가인 귀도 모나코 Guido Monaco의 고향이다.

벼룩 시장은 산 야코포 광장 Piazza San Jacopo을 시작으로 중세 건물로 가득한 구 시가까지 이어졌다. 산 야코포 광장 주변은 현대식 건물이 자리하고 있다. 그동안 갔던 토스카나의 소도시에서는 현대 건물을 보기 힘들었던 것과는 다른 모습이었다. 산 야코포 광장에서는 미술과 음악을 혼합한 작은 공연이 한창이었다. 그런데 갑자기 이안이 나에게 가방을 조심하라는 경고를 했다. "엄마, 내가 인터넷에서 여기 벼룩 시장을 찾아봤는데, 소매치기를 조심해야 된대." 벼룩 시장이나 거리 공연에 정신이 팔린 관광객의 가방을 노린다는 것이다. 그렇잖아도 이 광장에서 어떤 여성이 지갑을 잃어버렸다고 주변 사람에게 하소연하는 장면을 봤다. "엄마, 이것 봐! 빨리 가방 앞으로 해!" 이안이 하도 보채는 통에 가방을 철통 방어하고 다녔다. 그런 와중에도 희한하거나 아기자기한 물건, 그리고 빈티지하지만 고가의 분위기를 풍기는 물건에서 눈을 뗄 수가 없었다. 구 시가지에 들어서니 이탈리아 전역에서 온 장식품부터 도자기와 그림, 가구뿐만 아니라 대형 나무 문까지, 수많은 물건을 진열한 가판대가 골목골목 줄지어 있었다. 어떤 길과 광장은 벼룩 시장이 한창이지만, 바로 옆 골목으로 가면 인적 없는 조용한 길이 나타나기도 했다.

▶ 자유 광장에서 한창인 벼룩 시장.

한참 정신없이 구경을 하며 가다 보니 그란데 광장Piazza Grande에 도착했다. 이 곳은 로베르토 베니니Roberto Benigni의 영화 '인생은 아름다워'에서 베니니가 아내와 아들을 자전거에 태우고 신나게 질주하던 곳이다. 이곳뿐만 아니라 아레초의 총 13곳에서 영화 촬영이 진행되었을 만큼, '아레초'라고 하면 이 영화가 떠오른다. 벼룩 시장이 열린 그란데 광장은 상당히 붐볐다. 광장을 둘러싼 조르지오 바사리의 로지아와 식당, 골동품 가게, 무엇보다 산타 마리아 델라 피에베 성당Chiesa di Santa Maria della Pieve과 기울어진 광장 지형의 조화는 그란데 광장만의 특징을 보여 준다.

로지아에 있는 식당 테이블에서 보니 광장과 주변 건물의 건축학적 아름다움이 한눈에 들어왔다. 프라테르니타 데이 라이치 궁전Palazzo della Fraternita dei Laici의 파사드는 아레초 출신인 조르지오 바사리의 작품이다. 피렌체에서 그의 다양한 건축 작품을 봐 와서인지, 궁전 파사드의 섬세한 아름다움이 바사리의 작품다워 보였다. 이탈리아 곳곳을 다니며 아름다운 건물과 자연을 접하면서 가끔씩 그 아름다움에 살짝 무감각해지곤 했다. 하지만 그란데 광장과 같이 특징이 선명한 곳을 보게 되면 정신이 번쩍 들었다. 로지아에 있는 어느 식당 앞에서 아주머니가 미소를 지으며 파스타 도우dough 만드는 과정을 보여 주었다.

"엄마, 저 아줌마 손 정말 빨라!"

"어떻게 저렇게 빨리 만들지?"

작게 자른 반죽 위에서 손가락을 몇 번만 움직이면 다양한 모양의 파스타 도우가 만들어졌다. 옆을 보니 콜린은 이 흥미로운 장면을 영상으로 찍느라 바빴다.

광장을 한 바퀴 둘러본 뒤 북쪽에 위치한 공원으로 발걸음을 옮겼다. 공원 바로 옆에 있는 자유 광장Piazza della Liberta까지 골동품을 파는 가판대가 끝없이 이어졌다. 이탈리아의 최대 규모 벼룩 시장답게 봐도 봐도 끝이 없었다. 사고 싶은 물건이 있었지만 벼룩 시장치고는 비싸서 구입은 포기했다. 여러 벼룩 시장을 다녀봤지만 이곳은 가격이 만만치 않았다. 이탈리아 전역에서 물건을 실어와서 그렇다지만 대체로 가격이 높았다. 구경하는 재미로 만족해야 했다. 골목을 다니던 중 음계를 만든 음악가인 귀도 모나코'아레초 출신의 귀도'라는 뜻의 '귀도 다레초(Guido d'Arezzo)'라고도 불린다. 의 생가를 지나게 되었다. 벽에 악보 음계와 함께 그의 생가라는 글로 소박하게 표시해 놓은 것을 보고서야 알았다.

"대단한 인물의 생가치고는 너무 조용하다."
"그럼, 도레미파솔라시도를 이 사람이 만든 거야?"
"그런가봐."

뭔가 아쉬운 마음에 기차역 방향으로 가는 길에 귀도 모나코 광장Piazza Guido Monaco에서 그의 동상을 보는 것으로 아레초 투어를 마무리했다.

아레초는 벼룩 시장을 보러 간 소도시였지만 역사를 보면, 이곳은 10세기부터 14세기 후반까지 자치 공화국의 형태로 경제, 문화적 번영을 이루던 도시국가였다. 교황파였던 피렌체의 세력이 커지고 토스카나 대공국을 세우면서, 황제파였던 아레초는 그 지배하에 들어가게 되었다. 아레초는 다른 토스카나 소도시와 마찬가지로 자신들이 갖고 있는 역사와 예술 자산을 잘 보존하며 도시의 가치를 더하고 있다.

푸치니의 고향 루카Lucca

루카는 로마 제국 시대와 관련이 많다. 기원전 55년 케사르, 폼페이우스와 크라투스가 모여 권력 재분배를 위해 제1차 삼두 정치 회의를 한 장소가 루카였다. 이 회의에서 도출해 낸 합의로 인해 로마 제국의 정치 구도에 변화가 있었으니 로마 정치사에서 빼놓을 수 없는 장소다. 또한 12세기에서 19세기까지 루카 공화국이라는, 도시 국가로서의 긴 역사를 갖고 있다.

루카는 평지에 있는 도시지만 성벽으로 완벽하게 보호되어 있다. 기차 역 앞

리소르지멘토 광장Piazzale Risorgimento을 지나 산 피에트로 문Porta San Pietro을 통해 루카에 들어섰다. 두 번에 걸쳐 있는 성벽 문을 통해 들어 가는 길이 마치 다른 세계로 이끄는 듯했다. 북쪽 방향으로 가다 보니 나폴레옹 광장Piazza Napoleone에 도착했다. 1800년대 초반 루카를 통치하던 나폴레옹의 여동생 엘리사Elisa Bonaparte Baciocchi가 오빠인 나폴레옹에게 이 광장을 헌정하면서 만들어진 명칭이다. 때마침 벼룩 시장이 열리고 있었다. 이미 아레초 벼룩 시장을 구경한 경험이 있는 데다가, 피렌체에서 주말마다 이곳저곳에서 벼룩 시장을 보다 보니 흥미가 감소된 건지 아이들은 큰 관심을 보이지 않았다. 그러던 중,

"어? 엄마, 나사가 풀렸어. 어디 갔지?"

"나사 떨어졌니?"

이안이 안경테 나사가 풀리면서 들고 있던 나사를 떨어뜨린 것이다. 골동품 내신 떨어진 나사를 찾아야 할 판이었다. 아이들과 나는 주변 광장 바닥을 뚫어져라 쳐다보며 샅샅이 뒤졌다.

"찾았다!"

"역시 콜린이 찾는 건 잘한다니까!"

급하게 안경 가게를 찾아 수리를 받고 가뿐한 마음으로 산 미켈레 성당Chiesa di San Michele in Foro 방향으로 향했다. 이 성당은 상당히 오랜 역사를 갖고 있다. 로마 제국 시대 포럼로마 시대의 공공 복합 장소 위에 지어졌다고 해서 성당 명칭 뒤에 'in Foro'라는 표현을 덧붙였다. 성당의 파사드 또한 인상적이다. 하늘에 닿을 것 같은 산 미켈레와 두 명의 천사를 여러 개의 아치와 기둥이 받치고 있다. 토스카나의 곳곳을 다니다 보면 수많은 성당을 볼 수 있고 어떤 성당은 서로가 비슷해 보인다.

산 미켈레 성당의 파사드는 확실한 특징이 있다. 정면에서 봤을 때 파사드 상단의 측면이 휑해 보여서 그런지 묵직한 느낌보다는 다소 불안해 보이고 순간 '미완성인가?' 싶었다. 하지만 파사드의 각기 다른 기둥 모양과 기둥 상단에 새겨진

조각 문양은 정교함과 기교를 보여준다. 화려한 상단을 보고 하단을 보니 오른쪽에 아이를 안은 여인의 조각상이 있다. 1400년대 후반 흑사병의 종말을 기념하며 만든 마돈나 상Madonna Salutis Portus이다. 오랜 기간 전염병에 시달렸던 그들의 고통과 전염병을 극복했다는 환희가 얼마나 컸을지, 조각상을 보며 잠시 공감해 보았다.

성당의 외양만 본 후 치타델라 광장Piazza Cittadella으로 갔다. 그곳에는 루카가 낳은 세계적인 오페라 작곡가 쟈코모 푸치니Giacomo Puccini의 동상이 있다. 아이들은 푸치니 동상 옆에서 사진을 찍고 싶어 했다. 나는 콜린에게

"재작년에도 푸치니 만난 적 있는데, 기억나니?"

"그래, 콜린 너 저번 크리스마스 때 일본에서 푸치니 동상 보면서 사진 찍었잖아. 여기서 또 만나네?" 이안도 기억했다

"어? 이 사람이 그 사람이야?"

콜린은 푸치니 동상과의 두 번째 조우였다. 이탈리아에 오기 1년 전 나가사키로 겨울 여행을 갔을 때 그곳에도 푸치니의 동상이 있었다. 나가사키에는 글로버 가든Glover Garden이라는 곳이 있다. 일본의 서양 문화 유입기였던 150년 전에 만들어져 외국인들의 저택이 보존되어 있는 곳이다. 어느 저택에서 푸치니의 '나비 부인'이 흘러나오고, 삼삼오오 기모노를 입은 관광객이 공원을 거니는 모습이 오페라의 한 장면을 연상케 했다. 콜린은 정원에 있는 푸치니의 동상 앞에서 사진을 찍었다. 나가사키 방문 이후 루카에서 푸치니 동상과 1년 반 만에 다시 만난 것이다.

세계적으로 유명한 작곡가지만 인생을 들여다보면 불행한 면이 많다. 어려서 아버지를 잃고 어려운 형편 속에서 음악적 소질을 발휘해 갔다. 음악 활동 중에는 어머니와 동생까지 하늘 나라로 떠나보내야 했다. 하지만 이런 불운의 가족사를 이겨내고 '라보엠' '나비 부인' '투란도트' 등의 기라성 같은 작품을 남기며 루카의

▶ 우린 푸치니 동상을 다시 만났다.

자부심이 되었다. 그의 음악을 제대로 감상할 수 있는 기회가 있다. 푸치니의 빌라가 있는 토레 델 라고Torre del Lago에서 열리는 푸치니 오페라 페스티벌이다. 이탈리아 여름 음악회 중 하나로, 호숫가를 바라보며 감상하는 푸치니의 오페라는 또 다른 차원의 공연일 것이다. 나중에 한 번은 가보리라 다짐하고, 루카 골목 투어를 시작했다.

거닐다 보니 꼭대기가 털가시나무로 덮힌 귀니지 탑Torre Guinigi 입구에 도착했다. 루카의 탑은 14세기에 상인 귀족들이 자신의 부를 과시하기 위해 만든 것이었고, 귀니지 가문도 같은 이유로 탑을 만들었다. 230여 개가 되는 계단을 오르는 길에 루카의 역사적인 이야기를 담은 그림이 벽에 전시되어 있어, 계단 오르는 길을 지루하지 않게 한다. 아이들은 숨이 차지만 계단 벽에 있는 귀니지 가문과 관련된 그림을 보며 내용을 추리하는 재미에 빠져, 어느덧 철근 계단이 있는 곳까지

왔다. 철 계단이 보인다는 건 꼭대기에 거의 다다랐다는 걸 의미한다. 드디어 꼭대기에 오르니 가운데에 심어 놓은 나무 몇 그루와 조명 기구가 보였다. 이 탑의 특징이다. 멀리서 탑을 보면 마치 머리에 짧은 가발을 씌어 놓은 것처럼 보이지만, 어디서 봐도 귀니지 탑임을 알 수 있다.

이곳에선 루카와 루카를 감싸고 있는 산의 전경이 시원하게 보인다. 늦은 점심을 먹을 안피테아트로 광장 Piazza dell'Anfiteatro도 보였다. 빽빽하게 자리잡은 낮은 붉은색 지붕 사이로 루카의 탑들과 몇몇 성당의 파사드가 위용을 뽐내고 있다. 시에나 산 지미냐노와는 다르게 루카는 아푸안 알프스 산맥 남쪽 끝자락에 위치한 도시인지라, 탑 전망 속으로 끼안티가 아닌 산이 들어온다. 전망을 즐긴 후 안피테아트로 광장으로 갔다.

광장의 아치형 입구를 걷는데, 마치 로마의 원형 경기장에 들어서는 느낌이

▶ 귀니지 탑에서 보이는 루카 성당(Duomo di San Martino).

다. 광장의 모습은 타원형이고 광장을 빈틈없이 둘러싸고 있는 각 건물의 높이가 옆 건물로 가면서 순차적으로 낮아지고 다시 높아지는 형태를 보인다. 로마 콜로세움의 현재 모습을 떠올리게 한다. 고대 로마 제국 시대의 검투사들의 경기장이 실제로 이곳에 존재했었다. 19세기에 루카에서 많은 일을 했던 건축가 로렌초 노똘리니Lorenzo Nottolini가 그 경기장의 자취를 현재의 모습으로 재정비한 것이다. 이런 이유로 광장의 명칭에 원형 극장을 뜻하는 'Anfiteatro'가 사용되었다. 루카를 대표하는, 시민의 광장인 만큼 많은 이벤트가 열리는 장소라고 한다. 다른 도시에서 보았던 광장과는 다르게 빽빽이 건물로 둘러싸여 아늑한 분위기를 자아낸다. 점심 식사가 끝나갈 무렵, "엄마, 오늘 여기서 자전거 타자. 이탈리아에서 자전거 타보고 싶어."라며 아이들이 한 목소리를 냈다. 나이 차이가 있는 이안과 콜린. 두 아이는 싸운다기보다 주로 콜린이 이안한테 혼나는 분위기다. 가끔씩 생기는 둘의 냉전에 힘들 때도 있지만, 이럴 땐 둘이 함께 철저히 투사가 되었다. 아이들의 바람대로 자전거를 타는 것으로 여정을 마무리하기로 했다.

루카는 자전거 투어가 유명하다. 성벽 위 길을 달릴 수 있기 때문이다. 도시의 서쪽 지역에 있는 관광 정보 센터 근처에서 자전거를 빌리려 했다. 그런데 "어? 비가 와…." 콜린 말에 실망감이 가득했다. 가는 도중 갑자기 비가 내리기 시작한 것이다. 지속적으로 많이 내리는 것은 아니었지만, 오락가락 내리는 비에 자전거를 빌리기에는 애매한 상황이었다.

"얘들아, 아무래도 걸어서 다니는 게 낫겠다. 자전거 타다가 비가 많이 오면 난감할 것 같아."

"아까부터 자전거 기다리고 있었는데…."

콜린 말에 마음이 아팠지만 일단 걸어서 성벽 투어를 하기로 했다. 그런데 성벽 투어가 끝날 때까지 비가 조금만 오다가 그쳐 아이들이 많이 아쉬워했다. 여름 방학 때 놀러 갔던 해변 도시 페사로(Pesaro)에서 자전거를 못 탄 한을 풀었다.

159

▶ 푸른 나무가 끝없이 보이는 루카 성벽 위 길.

올라와보니 성벽이라기보다는 오래된 나무들이 운치 있게 서 있는 가로수길 같았다. 나무들 사이로 보이는 루카의 탁 트인 안팎 풍경을 보며 걸었다. 마음을 시원하게 해주는 나무의 행렬, 그리고 앞에 걸어가는 이안과 콜린의 뒷모습을 바라봤다. 끝말 잇기, 숨바꼭질, 묵찌빠 등 아날로그 감성 가득한 게임을 하며 즐거워한다. '뭐라도 재미있으면 됐지, 뭐.'라는 생각에 저절로 미소가 나왔다.

한적한 길을 걷던 중 아름다운 궁전이 눈에 들어왔다. 파너 궁전Palazzo Pfanner과 정원이다. 이 궁전은 17세기 중반 상인 귀족 가문이었던 모리코니Moriconi가문에 의해 처음 만들어지고, 가문이 파산을 맞은 후 콘트로니Controni 가문에게 넘어간다. 궁전이 지어진 지 200여 년 만에 파너Pfanner가문의 궁전이 되면서 현재까지 이 가문의 소유다. 박물관처럼 입장료를 지불하고 궁전과 정원을 구경할 수 있다. 들어가서 보고 싶은 마음은 컸지만 아이들이 피곤해 했고, 저녁 식사 전에 집에 도착하려면 궁전 방문은 다음을 기약해야 했다.

동물과 사람의 보다 가까운 교감,
피스토이아Pistoia 근교 동물원

하루는 아이들이 말했다. "이탈리아에 온 다음부터 동물원을 한 번도 가 본 적이 없어."라고. 특히 초등학교 1학년생인 콜린은 한창 동물원 투어가 하고 싶을 나이였다. 그래서 피스토이아의 서쪽 근교에 위치한 동물원Giardino Zoologico di Pistoia 행을 결정했다. 콜로디Collodi에 있는 피노키오 공원도 가고 싶었지만, 차가 없으면 가기 쉽지 않은 위치라서 포기해야 했다. 피렌체에서 기차로 30~40분 정도면 도착하는 피스토이아 역에서 동물원으로 가는 버스를 타고 도착하니, 주변은 의외로 한산하고 휑한 기분까지 들었다.

봄 방학 중인 평일에 와서 그런지 동물원 분위기가 그리 복잡하지 않아 여유로웠다. "여기는 울타리가 낮아서 동물들이 답답하지 않겠다." 이안의 말대로 관람객이 동물과 가까이서 교감할 수 있게끔 울타리를 낮게 만들어 놓았다. 그래서 우리 안의 동물들은 허가된 먹이를 사람들로부터 직접 받아 먹을 수 있었다. 평일의 한가로운 분위기 덕분에 동물들의 행동 하나하나가 눈에 들어왔다. 작은 동물뿐만 아니라 코끼리나 기린도 우리가 들고 있는 먹이를 달라고 느릿느릿 다가와서 친근함을 보였다. "엄마, 우리도 얘네들한테 먹이 주자." 이안은 손으로 쥔 먹이를 코끼리와 기린에게 주었다. 어린 콜린은 겁이 났는지, 몇 발치 떨어져 그 모습을 지켜만 보다가 용기를 내 보았다. 어느 동물원에서도 코끼리나 기린에게 직접 먹이를 준 적이 없었기 때문에 아이들에게는 신선한 경험이었다.

사자 우리의 경우는, 사자의 특성을 고려해 넓고 자유로운 환경을 만들어 놓고, 사람들과 사자 사이에는 유리벽을 설치해 놓았다. 사자가 유리 바로 앞에까지

오면 사람들이 눈앞에서 사자를 볼 수 있게끔 만들어 놓은 것이다. 공작새도 우리 안이나 울타리 위 또는 사람들이 다니는 길에도 나올 수 있는 자유로운 모습이다. 50종류의 동물을 키우고 있는, 생각보다 규모가 큰 동물원이었고 우린 동물원의 소유주인 양 한가로이 거닐었다. 시간이 갈수록 방문객 수가 늘어나긴 했지만, 흔히 상상하는 번잡한 동물원은 아니었다. 게다가 많은 동물을 가까이서 볼 수 있으니 매우 만족스러운 동물원 체험이었다.

이곳의 컨셉은 말 그대로 '동물과 사람의 보다 가까운 교감'이다. 동물과 사람의 간격을 최대한 줄여 어른이나 아이들이 동물과 가깝게 교감할 수 있도록 하는 데 초점을 맞추었다. 어찌 보면 동물원이 추구해야 하는 본질이 아닐까 싶다. 그러다 보니 식당이나 가게의 수는 최소화하여 동물과 아이들의 공간을 크게 하려는 게 보인다.

점심 시간이 되어 동물원 레스토랑에 가니 피스토이아 외곽 동물원에 동양인 여자가 아이들을 데리고 온 게 신기했는지 몇몇 사람이 말을 걸기 시작했다. "어느 나라에서 왔어요?" "여행 온 건가요?" "얼마나 있을 건가요?" 등등의 질문이 이어졌다. 하긴 여기는 관광지가 아니고, 토스카나 주민이 동물원의 주요 방문객일 터이니 호기심이 생길 만도 하다.

피렌체로 돌아가는 길에 피스토이아의 두오모 광장을 잠시 둘러보고 가기로 했다. 이젠 아이들도 각 도시의 주요 성당이나 광장은 반드시 가 보아야 할 곳으로 생각했다. 근데 문제는 동물원 앞에서 두오모 광장까지 가

▶ 동물원 우리 위에서 자태를 뽐내는 공작새.

는 버스를 타는 일이었다. 동물원 게이트를 나오면 휑한 야외가 펼쳐지고, 피스토이아 방향 버스 정류장의 위치도 명확하지가 않았다. 요즈음 같으면 구글맵으로 버스 도착 시간이나 정류장 위치를 알 수 있을텐데, 당시만 해도 다들 스마트폰 사용 전이었고, 마냥 버스를 기다려야 하는 나름의 낭만이 있을 때였다. 불안한 마음으로 일단 오전에 버스에서 내린 곳 바로 건너편에 서서 무작정 버스를 기다렸다. 한참을 기다리니 드디어 두오모 광장에 가는 버스가 왔다.

두오모 광장 근처에 내리니 늦은 오후가 되었고 한적한 두오모 광장에 해가 뉘엿뉘엿하며 석양이 내리쬐어 광장을 한층 분위기있게 만들었다. 시간이 많지 않아 광장에 있는 산 죠반니 세례당Battistero di San Giovanni in Corte과 산 제노 성당Cattedrale di San Zeno만 잠깐 보고 피렌체로 돌아왔다.

성스러운 은혜의 도시, 아씨시Assisi

11월 중순 어느덧 낙엽이 떨어지고 쌀쌀한 바람이 불기 시작했다. 한인 교회에서는 교인들 중 신청자를 모아 움브리아Umbria 주에 위치한 아씨시를 방문한다는 공고가 올라왔다. 나와 아이들도 신청해서 동행하기로 했다. 피렌체에서 집사님 차를 타고 페루지아 광장에서 교인 한 분을 태워 1시간 정도 달리니, 중세 모습을 그대로 간직한 아씨시가 보였다. 드넓은 평원과 산등성이 보이는 풍경에서 이미 성스러운 기운이 느껴진다.

산타 키아라 성당 앞에서 교인들을 만났다. 코무네 광장Piazza del Comune을 시작으로 산 프란체스코 성당까지 가기 위해서는 고즈넉한 좁은 골목길을 지나야 한다. 골목길 곳곳에서는 아씨시의 전통 후식인 로챠타Rocciata를 파는 가게를 볼 수 있다. 납작하게 만든 밀가루 파스타 반죽 위에 잘게 자른 사과와 말린 과일을 얹어 말아서 오븐에 구운 후식이다. 가게마다 진열대 위를 화려하게 장식하는 로챠타의 모습은 한 입만 먹어도 단맛이 입 안 가득할 것 같았다. 로챠타의 유혹을 뿌리치고 드디어 산 프란체스코 성당 앞 광장에 도착했다.

　산 프란체스코 성당으로 올라가는 길, 양 옆에는 수많은 기둥이 천국으로 안내하듯 사람들을 반긴다.

　이탈리아 소도시는 어딜 가나 우리를 힐링 시켜주는 마력이 있다. 아씨시 주변에 펼쳐진 푸른 평원과 성당의 어울림은 힐링을 넘어, 은혜를 받은 듯 가슴 벅차게 한다. 마침 높은 하늘 구름 사이로 햇빛이 평원에 강하게 내리 비추는 절경을 연출하는데, 마치 신의 계시가 내려오는 모습을 연상케 했다. 하지만 이곳조차 자연의 섭리 앞에서 무릎을 꿇어야 했다. 아씨시가 속해 있는 움브리아주

▶ 산 프란체스코 성당으로 올라가는 길

는 1200년대 말부터 시작해 1997년까지 무려 11번의 지진을 견뎌왔다. 아씨시도 1997년 피해를 입어 복구를 해야 했다. 우리가 있던 4월에도 움브리아주보다 조금 남쪽에 있는 아브루초Abruzzo주에서 진도 6 안팎의 큰 지진이 발생했었다. 집에서 자고 있던 우리도 살짝 느껴졌을 정도다. 라퀼라L'Aquila에서는 200명 이상이 사망할 정도로 피해가 막심했다. 세계 유산의 천국 이탈리아에서는 지진이 발생하면 유적지 피해에 대한 안타까움도 크다. 다행스럽세노 자연 재해가 심심치 않게 일어나는 만큼 이탈리아는 복구 기술이 발전되어 왔다.

▶ 산 프란체스코 조각상.

아씨시의 명성을 만들어 준 산 프란체스코는 부유한 포목 상인의 아들이었다. 어느 날 가게 앞에서 걸인을 발견한 어린 프란체스코는 갖고 있던 돈을 그에게 건네 주었다. 가난한 이들을 돕고자 하는 성향이 성인이 되어서도 지속되다보니 아버지와 갈등을 빚게 된다. 아버지의 권유때문인지 몰라도 젊어서는 전쟁에 참여한다. 두 번째 참전을 위해 길을 떠나던 중에 환시를 보며 신의 계시를 받고 삶의 의미를 다시 생각하게 된다. 그는 아씨시로 되돌아와 가난하고 질병으로 고생하는 이들을 돌보기 시작했다. 결국 아버지와는 부자의 연을 끊고, 아씨시 인근을 성당과 불쌍한 이들을 인도할 곳으로 만들어갔다. 그를 따르는 제자들이 생기고 교황으로부터 인준을 받아 프란체스코 수도회를 설립한다. 수도회의 포교 활동은 날로 커져갔고 새로운 교회를 필요로 하던 피렌체에도 입성했다.

▶ 아씨시는 성지 순례자들의 발길이 끊이지 않는 도시다.

  성당의 상부를 먼저 둘러본 뒤, 산 프란체스코의 시신을 모셔 놓은 성당 하부로 들어갔다. 내부의 성스러운 분위기에 나도 모르게 울컥해졌다. 다른 성당에서는 느껴본 적 없는 감정이었다. 21세기에도 여전히 전쟁과 차별은 끊이질 않는다. 이런 안타까운 현실에서 평생을 어려운 타인을 먼저 생각하며 봉사로 일생을 보낸 산 프란체스코의 성당을 둘러보니, 우리의 모습을 돌아보게 되고 평화와 배려라는 두 단어가 머리 속에서 맴돌았다.

  프란체스코는 세속적인 삶을 과감히 버렸다. 그가 지향하고 실천했던 삶의 방식은 가난이었다. 예수 다음으로 존경 받는 산 프란체스코, 그의 마을과 성당은 세상 평화롭다. 자비로운 분위기가 넘치고 성당이 주는 영적인 힘은 차원이 달랐다. 많은 신자가 이곳으로 성지 순례를 오는 이유일 것이다.

유럽인이 사랑하는 친환경 카니발,
비아레쬬 카니발 Il Carnevale di Viareggio

앞에서도 잠깐 언급했지만, 매년 2월은 카니발 행사로 이탈리아 각지가 분주하다. 1월 말, 어학교 학생들도 어느 카니발을 갈까 고민 중이었다. 세계에서 가장 유명한 베니스의 '가면 카니발'은 의외로 선생님들이 권하지 않았다. 베니스행에 대해 고민 중이던 나에게 어학교 선생님은 "그 축제는 너무 유명한 탓에 발 디딜 틈이 없을 정도로 사람이 많아요. 현장을 제대로 즐기기 어렵죠. 저는 베니스 대신 이탈리아 사람들하고 유럽 관광객이 많이 찾는 비아레쬬Viareggio 카니발을 추천하고 싶네요."라며 실망하지 않을 거라고 하셨다. 비아레쬬는 토스카나 지역에 위치한 해안가 소도시로, 매년 2월에 바닷가 근처에서 카니발을 개최한다. 1873년에 마을의 부유층 사람들이 높은 세금에 불만을 표시하기 위해 꽃수레로 시삭한 퍼레이드가 규모가 커져 현재까지 이어져 왔다. 종이제지용 펄프에 물을 먹여 밀가루와 물로 만든 접착제와 석고로 모형을 만들어 대형 카트에 싣고 퍼레이드를 한다. 1925년부터 이 방식을 유지해 온 친환경 카니발이다. 이런 점이 마음에 들어 베니스를 포기하고, 해안가 도시의 카니발을 가는 것으로 결정했다.

비아레쬬 기차역에 도착해서 퍼레이드가 진행되는 바닷가 근처까지 가는 길에는 이미 버스킹 연주 같은 작은 행사들이 열리고 있었다. 많은 가게가 카니발 관람객을 위한 가면이나 복장 그리고 도구를 판매했다. "우리는 카니발 옷이 없으니까 재미있는 모자라도 사자." 이안 말에 가게에서 피에로 모자와 분위기를 띄우는 데 사용할 스프레이를 구입했다.

카니발이 시작됐다. 카니발에 출전하는 작품의 크기와 규모가 거대했다. 대형 모형이 음악에 맞춰 움직이는 모습은 그야말로 역동적이다. "와, 이 카니발 정말 대단하다!"라며 연신 감탄하는 이안은 자신의 기대 이상인 모양이다. 뿐만 아니라 퍼레이드 중간중간에 각 모형 주제와 어울리는 분장을 하고 의상을 입은 사

▶ 거대한 대형 카트 위에 움직이는 모형과 사람들의 공연이 어우러진다.

람들이 춤을 추며 지나간다. 그들은 관광객과 어울리며 흥을 돋웠다. 시간이 지나는 줄도 모를 정도로 신나는 분위기와 즐거움을 주는 카니발이다. 이 작은 해안가에서 개최되는 축제라고 하기엔 규모가 꽤 크다.

 이 카니발은 이탈리아 방송 채널 라이RAI에서 생방송으로 중계를 할 만큼 이탈리아와 유럽에서 관심을 받는 이벤트다. 퍼레이드에 등장하는 거대한 작품은 각각 주제를 담고 있다. 정치 풍자, 스포츠맨, 아이들의 동화 등 다양한 주제를 가진 작품이 등장한다. 게다가 우스꽝스러운 형상으로 표현하는 경우가 많다. 이러한 요소가 재미와 함께 각 작품의 의미를 생각해 보게 한다. 상상력과 창의력을 자극하는 축제다.

 당시 카니발에 온 사람 중에 동양인은 일본인 부부를 본 게 전부다. 대부분이 유럽 관광객이나 이탈리아인이었다. 그래서인지 몇몇 관광객은 동양인 꼬마인

▶ 카니발 복장을 한 관광객들.

콜린에게 관심을 보였다. 분장을 하고 유럽 귀족 의상을 입은 가족이 콜린과 사진을 찍고 싶어했다. 콜린이 어느 유럽 귀족 가족의 손님이 되어 사진 한 장을 찍었다. 카니발을 즐기던 여고생들도 "꼬마가 정말 귀엽네요! 같이 사진 한 장 찍어도 될까요?" 이에 내가 "물론이죠!"라고 답을 하기가 무섭게 콜린은 학생들 옆으로 가 기꺼이 모델이 돼 주었다. 몇몇 사람에겐 바가지 머리를 한 동양 꼬마가 색다른 인상을 줬던 모양이다. 카니발을 즐기면서 찍을 수 있는 만큼 틈틈이 동영상과 사진을 찍었다. 이때는 디지털 카메라로 찍으며 카메라 용량에 맞춰 촬영을 해야 했다. 지금 같으면 스마트폰으로 찍고 싶은 만큼 찍었을 텐데 말이다.

    바닷가에 노을이 질 때 즈음에야 카니발은 마무리되려 했다. 축제의 마무리는 불꽃놀이였다. 어두운 붉은빛 하늘에 사람들 함성소리와 함께 터지는 폭죽이 마지막 분위기를 한껏 고조시켰다. 어둠이 져서야 사람들도 기차역 방향으로 발걸음을 옮겼다. 시간이 거의 저녁 7시가 되어 배에서 꼬르륵 소리가 났다. 우리만 그런 건 아니었는지 길가의 식당들이 사람으로 가득했다. 먹을 수 있는 식당을 찾기가 쉽지 않았고, 겨우 피자 가게를 찾아 길거리 테이블에서 저녁 식사를 하고 기차에 올라탔다. 집으로 돌아가는 길에도 카니발에서 본 각종 모형이 눈앞에 아른거렸다. 신나는 분위기의 여운이 가시지 않은 채….

척박한 땅에서 이뤄낸 해상 공화국의 위상,
베네치아 Venezia

첫째 날: 베네치아 공화국 시대의 화려한 번영

어느새 아이들 학교의 3월 봄 방학이 다가왔다. 2월에 포기했던 베네치아행, 봄 방학에라도 여행 일정을 만들고 싶었다. "얘들아, 이번 봄 방학에는 카니발 때 못 갔던 베네치아에 갈까?"라는 제안에 이안은 "좋아요! 베네치아가 언제 가라앉을지 모른대, 엄마."라며 가라앉기 전에 가 봐야 한다는 극단적인 얘기를 하는 것이다. 우리가 사는 동안 그곳이 물밑으로 사라질 일은 없겠지만, 지반 약화로 조금씩 가라앉고 있다는 베네치아는 이탈리아에 머무는 동안 꼭 보고 싶었던 곳 중 하나다.

베네치아에서는 민박을 했다. 이유는 두 가지다. 이탈리아에서 민박을 한 번도 해본 적이 없어 호기심이 발동했다는 점과, 베네치아 구 시가지의 호텔 비용이 상당히 비싼 점이 이유였다. 3박 4일의 일정을 잡고 가는 여행이라 숙박료 부담을 줄여 보기로 한 것이다. 그래서 아침 식사와 저녁 식사까지 깔끔하게 나오는, 한국분이 운영하는 민박집을 예약했다.

화려한 산 마르코 광장, 곤돌라 그리고 베네치아 섬들을 이어주는 수많은 다리… 모든 전경을 상상하며 기대하게 되는 여행이었다. 부푼 마음을 안고 유로 스

▶ 운하를 가로지르는 바포레토와 곤돌라.

타 기차에 올랐다. 2시간 여를 달리니 벌써 베네치아 산타 루치아 역에 도착했다. 아이들도 물의 도시에 왔다며 설레는 모습이다. 선착장에서 베네치아의 수상 대중 교통 배인 '바포레토Vaporetto'를 타고 숙소가 있는 산 마르코 광장으로 향했다. 오늘은 산 마르코 광장과 그 주변을 돌아보는 일정으로 계획을 잡았다. 광장, 성당과 두칼레 궁전만 돌아보는 데 오후를 전부 할애해야 할 것 같았다.

　우리가 탄 바포레토는 베네치아 내부를 흐르는 대운하를 통과했다. 배 안에서 본 베네치아 전경은 신비로웠다. 가다 보니 왼쪽에 카도로Ca' d'Oro가 보였다. 비잔틴과 베네치아 고딕 건축 양식이 혼합된 정교하고 화려한 건물이다. 건물 명칭에 Oro금라는 단어가 들어가 있듯이, 처음에는 파사드 부분에 금박 장식을 마감재로 썼다. 베네치아 역사의 흥망성쇠에 따라 저택의 주인이 여러 번 바뀌고, 그에 따른 개조 작업에 의해 더 이상 금장식은 볼 수 없게 되었다. 그러던 중

1894년 미술품 후원가였던 조르지오 프란케티Giorgio Franchetti의 소유가 된 후, 현재는 'Galleria Giorgio Franchetti alla Ca'd'oro'라는 명칭의 미술관이 되었다. 배가 지나갈 때마다 운하의 물결이 카도로 건물의 1층 로지아 바닥 위로 출렁거렸다. 베네치아와 이 건물의 역사를 있는 그대로 보존한 베네치아인들의 의지를 보여주는 듯하다. '물결이 바닥 위로 조금 올라오더라도 역사는 그대로 갈 것이다'라고 말이다.

조금 더 가니 리알토 다리Ponte di Rialto가 보였다. 이곳 주변은 모레 오기로 했다. 운하를 지나며 베네치아의 화려한 수상 건물을 감상하던 차에 눈을 번쩍 뜨이게 하는 성당이 앞에 나타났다. 산타 마리아 델라 살루테 성당Basilica di Santa Maria della Salute이다. 성당의 돔을 밑에서 다각도로 감싸고 있는 장식이 모두 화려해서, 어디가 성당의 파사드인지를 한번에 알아보기 힘들었다. 17세기 유럽에 창궐했던 흑사병이 베네치아에도 전파되어 수많은 인명 피해를 입혔다. 성당 명칭에 'Salute건강'가 포함된 것에서 볼 수 있듯, 흑사병이 물러간 것에 대한 감사함을 기리기 위해 만들어진 성당이다. 성당을 지나 조금 후 목적지인 산 마르코 광장에 도착했다. 광장을 둘러싼 휘황찬란한 건물과 수많은 비둘기, 아드리아 해안과 산 조르지오 마조레 섬 위의 성당의 모습 등, 처음 경험해 보는 또 다른 로맨틱한 전경이다. 산 마르코 광장의 모습은 카리스마가 넘친다. 대단한 오페라가 열릴 듯한 대형 휘장막을 두른 무대 같다. 독특한 분위기를 뿜어내는 도시의 첫 인상이 이안에게도 인상적이었던 모양이다. "엄마, 베네치아 굉장히 재미있을 것 같아."라며 도착하자마자 적극적으로 호기심을 보인 곳이 베네치아가 처음이었기 때문이다. 하긴 로마나 토스카나의 도시와는 전혀 다른 모습을 하고 있으니 그럴만도 하다.

우선 짐을 풀어야 했기에 산 마르코 광장 옆 사보이아 호텔 근처에 위치한 한국인 민박집부터 갔다. 침대가 3개 딸린 방에 짐을 내려 놓고 주인과 잠시 담소를 나누었다. 주인 부부는 "저희는 중동 지역에서 일하면서 8년 정도 있었는데, 우연

▶ 산 마르코 광장의 종탑과 산 마르코 성당의 모습.

▶ 산 마르코 소광장의 두 개의 기둥 사이로 아드리아해가 보인다.

히 베네치아에 여행 왔다가 이곳에 반해 아예 숙박업을 하며 살고 있어요."라는 것이다. 그때 주인 부부를 돕는 청년이 한 사람 있었는데_{우리를 산 마르코 광장에서 민박집까지 안내해 준 청년이다}. 그 청년 또한 베네치아에 여행차 왔다가 이 도시에 반해 귀국 일정을 2주 정도 미루고, 무보수로 민박집 주인분을 도우며 머무르고 있다고 했다. 이야기를 들으니 베네치아라는 도시의 매력이 상당한가 보다라는 생각과 함께 기대가 커졌다.

설레는 마음으로 향한 산 마르코 광장. 3월이었지만 광장에는 관광객이 많았다. 광장을 둘러싼 수많은 기둥 장식과 로지아를 보니 순간 눈이 어지러웠다. 로지아가 받치고 있는 광장 주변의 건물 그리고 섬세한 조각 장식이 보석 같이 붙어있는 산 마르코 성당의 파사드에 압도당한 느낌이다. 광장에 있는 99m 높이의 종탑은 꼭대기에 얹혀진 황금빛 천사 가브리엘 상을 뽐내고 있다. 산 마르코 소광장_{Piazzetta}에는 두 개의 기둥이 있는데, 아드리아해에서 산 마르코 광장으로 들어가는 입구의 호위병 같은 모습을 한다. 기둥 위에는 각각 베네치아의 수호신인 날개 달린 사자 상과 성 테오도르 상이 올려져 있다. 주 광장의 종탑 그리고 광장을 둘러싼 건물의 화려함과 그 속에서 보이는 절제미의 조화가 돋보인다. 푸른 바다를 마주한 광장, 베네치아 방식으로 만든 비잔틴 양식과 고딕 양식 건물이 광장을 휘감듯 두르고 있다.

유명한 카페 플로리안_{Caffé Florian}의 야외 테이블이 있는 곳에서 서너 명의 연주가가 광장의 분위기를 고급스럽게 만든다. 1720년에 문을 연 이곳은 이탈리아에서 가장 오래된 카페다. 괴테, 찰스 디킨스, 카사노바 등 수많은 셀럽들이 드나들던 곳이다. "얘들아, 여기 앉아서 광장 분위기 한번 즐겨볼까?"라며 시도하려는 순간 커피값과 자리세에 살짝 놀라 멈칫했다. 그동안 우린 각 도시의 주요 광장에서 식사를 하거나 음료를 마시는 호사를 가끔씩 누렸다. 물가 높은 베네치아에서 음료수 값 비싸기로 유명한 플로리안 카페. 이곳의 2020년 현재 에스프레소 한

▶ 두칼레 궁전 2층에서 본 안마당의 첨탑.

잔 값이 6유로가 넘는다. 자리세도 6유로, 거기에 연주라도 들으면 추가 비용을 지불해야 한다. 연주 음악은 흘러나오고, 여러모로 부담스런 비용이라 깔끔히 포기했다.

광장을 구경한 후 산 마르코 성당 앞에 멈췄다. 성당 파사드 중앙에는 모자이크화인 '그리스도의 최후의 심판'이 자리하고 있다. 양측 네 곳은 산 마르코 성당이 지어진 경위를 스토리로 한 모자이크화로 꾸며 놓았다. 이집트 알렉산드리아에 있는 성 마르코의 유해를 모셔와 베네치아의 새로운 수호신으로 모시게 되는 이야기다. 비잔틴 정교회 양식인 여러 개의 돔도 인상적이다. 파사드에 있는 네 마리의 말 동상Quadriga 또한 고난의 역사를 갖고 있다. 원본은 성당 내부에 전시하고 있고 외관에 있는 것은 복제품이다. 원본은 동로마 제국의 수도였던 콘스탄티노플의 경마장에 있던 것으로 십자군 원정 때 베네치아 공화국에 의해 약탈된 후 이곳으로 옮겨졌다. 후일에 그것을 나폴레옹이 파리로 가져갔고, 19세기 초반에 베네치아로 다시 반납되었다.

성당 외관의 화려함에 감격한 여운이 가시기도 전에, 안으로 들어가자마자 내부 전체를 감싼 금장식과 그림에 압도되어 눈이 부실 지경이다. 산 마르코 성당의 백미 중 하나인 금장식 재단Pala d'Oro도 금, 은과 다양한 보석 장식으로 휘황찬란하다. 왜 베네치아의 보물인지를 눈으로 확인할 수 있다. 금장식의 가장 오래된 부분은 무려 970년대에 만들여졌다고 한다. 이후로 여러 번에 걸쳐 그 크기가 확장되어 현재의 모습을 하고 있다. 예수의 승천 및 오순절을 내용으로 담은 돔 천장의 모자이크 금장식 등을 돌아본 뒤, 오늘의 주요 목적지인 두칼레 궁전Palazzo Ducale으로 발길을 옮겼다.

    1100년 역사를 가진 베네치아 공화국의 최고 통치자는 도제Doge라는 직위였다. 도제의 거주지이자 집무실이 두칼레 궁전에 있었다. 이 외에도 평의원 회의실과 무기 창고 그리고 재판소까지, 그야말로 정부의 모든 집행이 이루어지는 중심지였다. 산 마르코 성당과 마찬가지로 두칼레 궁전은 동서양의 양식이 혼합된 비잔틴 건축 양식과 서양의 고딕 양식의 조화를 보여준다. 궁전 외관의 1층과 2층에 걸쳐 있는 수많은 기둥과 아치 장식은 바람이 불면 하늘하늘 흔들리는 섬세한 구슬 장식 커튼 같아 보인다. 궁전은 1309년에서 1424년까지, 120여 년에 걸쳐 완성되었다. 이때 피렌체는 메디치 가문의 경제적 초석을 만든 죠반니 디 비치 데 메디치 시대였다. 피렌체와 베네치아 공화국이 십자군 전쟁 이후 동방 무역을 통해 많은 경제적 부를 쌓기 시작한 때다.

    두칼레 궁전의 입구를 지나 궁전 안마당으로 들어갔다. 위에서 보면 궁전은 ㄷ자 모양이다. 1, 2층의 균형미를 보이는 로지아 기둥 장식, 조각상이 더해진 첨탑 그리고 '거인의 계단' 난간의 대리석 장식 등, 베네치아 예술의 진미를 보여준다. 2층에서 안마당을 보니, 비잔틴 양식인 산 마르코 성당의 돔과 안마당의 첨탑이 앞뒤로 겹쳐 있다. 동화 속 신비로운 나라에 온 듯한 모습이다. 3층으로 가기 위해 황금 계단Scala d'Oro을 올랐다. 계단 천장 부문의 금장식이 하얀 돌 장식과 어우러져 화려하지만 따뜻함이 느껴진다. 어딜 가든 금장식, 조각 작품과 그림으로 장식된 건축물을 접하니, 베네치아가 누리던 부귀 영화가 피부로 느껴진다. 그 절정은 '대평의회의 방Sala del Maggior Consiglio'에 들어섰을 때였다.

    회의실의 크기부터 남다르다. 방의 길이가 53m에 넓이가 25m다. 방의 측면과 천장을 두르고 있는 명화와 금 장식이 베네치아의 권력과 그들이 갖고 있던

▶ 사방을 금과 그림으로 장식한 대평의회의 방.

자부심을 고스란히 보여준다. 유명한 베네치아 화가 야코포 틴토레토Jacopo Tintoretto 의 '천국의 영광Gloria del Paradiso'이 제일 먼저 사람들의 시선을 끈다. 베네치아를 통치했던 도제들의 초상화와 역사적 사건을 다룬 다수의 회화 작품도 과거 베네치아의 위상을 보여준다. 이 방에 있던 많은 작품이 과거 화재로 유실된 관계로, 주로 15, 16세기 작품이 남아 있다.

　벽을 두른 긴 벤치에 앉아 넋을 놓고 작품을 보고 나면, 큰 창문 너머로 아름다운 베네치아 전경을 보게 된다. 아이들도 이 방을 통해 베네치아 공화국의 위세와 번영이 느껴졌는지 질문을 쏟아냈다. "엄마, 베네치아 공화국하고 피렌체 공화국 중 어느 곳이 더 힘이 셌을까?" 남자 아이라 그런 것이 궁금했던 모양이다. 솔직히 어디가 더 강했다고 얘기해 주기는 애매했다. 내가 해 줄 수 있는 답변은 "글쎄… 어디가 더 셌는지 보단 베네치아랑 피렌체의 통치자가 권력을 가지고 문화 발전에 힘썼던 게 중요하지 않을까? 뭐, 그런 점에서 두 공화국 모두 훌륭하고, 그래서 우리가 이렇게 눈으로 볼 수 있는 거겠지."라는 말뿐이었다. 권력과 부 자체보다는 그것을 어떻게 활용하느냐가 더 중요한 건 사실이니까 말이다.

회의실을 나와 궁전과 피옴비 감옥I Piombi을 잇는 탄식의 다리Ponte dei Sospiri로 갔다. 탄식의 다리에 있는 구멍 사이로, 노을이 지려 하는 베네치아의 바다와 산 조르지오 마조레 성당의 모습이 보였다. 우리는 현재 이곳을 지나면서 낭만을 즐길 수 있지만, 다리를 건너던 수많은 죄수와 풍기문란죄로 다리를 건너야 했던 카사노바에게는 처절한 후회와 절망이 밀려오는 곳이었을 것이다. 물론 카사노바는 이곳에서 탈옥한 유일한 죄수라는 설이 있다. 그러고 보니 오늘은 베네치아 출신 카사노바의 흔적이 있는 곳을 두 군데나 갔다. 그의 아지트였던 카페 플로리안과 탄식의 다리를 통해 가는 감옥이다. 카사노바라고 하면 흔히 바람둥이라는 이미지가 떠오르지만, 그는 교황이나 볼테르, 괴테 등의 인물과 교류가 있을 정도로 사교에 능통하며 모험을 좋아하는 작가였고, 스파이로 활동도 했다는 이야기도 있다. 참으로 다이내믹한 인생을 산 인물이다. 다리를 건너자마자 음산하고 혐학한 감옥의 분위기가 느껴졌다. 두꺼운 나무문과 철창이 달린 작은 개인 방 그리고 여러 명을 수용하는 큰 방까지, 하루하루 인간으로서는 견디기 힘든 곳 같다. 아이들에게는 자유가 얼마나 소중하고, 자유를 누리기 위해서는 정직하게 살아야 한다는 걸 제대로 깨닫게 해주는 곳이었다.

궁전의 두 개 출입문 중 산 마르코 성당 옆에 붙은 문서의 문Porta della Carta을 통해 밖으로 나왔다. 이 문이 공화국 시절 서기관이 문맹자들을 대신해 편지, 계약서 등을 써주거나 법경, 포고문을 붙이던 장소였다고 한다. 문을 나오는데, "엄마, 저게 뭐야?" 광장 한쪽에 쇠로 만든 다리에 나무 판을 고정시킨 테이블 같은 것이 쌓여 있었다. 겨울에 베네치아에 홍수가 나면 테이블들을 이어 사람들이 다니는 길을 만든다고 한다. 이런 자구책을 보며, 보석 같은 도시에서 잦은 홍수를 견뎌야 하는 베네치아인의 삶의 애환이 느껴졌다.

피곤한 몸을 이끌고 베네치아 바다 풍경을 즐기며 숙소로 향하려는데, 콜린이 갑자기 화장실이 급하다는 것이다. 할 수 없이 산 마르코 광장에서 레알리 공원Giardini Reali 방향에 있는 공중 화장실에서 해결을 했다. 베네치아의 높은 물가답게 우리는 화장실 이용에 많은 비용을 지불해야 했다. 베네치아에 있는 동안 어느 날은 하루에 콜린 화장실 비용으로만 한국 돈 1만 원 이상을 사용한 적이 있다. 역시 베네치아였다.

둘째 날: 그들은 전통을 지키고자 했다

창문 밖에서 들리는 비둘기들의 '구구구' 소리에 잠이 깼다. 우리만 가족 투숙객이었고 다른 손님은 젊은 학생과 직장인 여행자들이었다. 이탈리아에서 해 본 처음이자 마지막 민박 체험이지만 투숙객들과의 대화를 통해 정보를 얻을 수 있다는 장점이 있었다. 단지 여러 명이 함께 사용해야 하는 샤워실과 화장실 사용이 조금 불편해, 가족 단위보다는 개인 여행자에게 맞는 투숙 방법이 아닐까 싶다. 그래도 물가가 하늘 높은 줄 몰랐던 베네치아에서 점심만 외식으로 해결해도 된다는 점과, 아침, 저녁 식사를 깔끔하게 준비해 주시는 점이 만족스러웠다. 오늘은 숙소에서 멀지 않은 베네치아 해양 역사 박물관Museo Storico Navale과 무라노, 부라노 섬 투어를 하기로 한 날이다. 베네치아라고 하면 해상 강국으로써의 명성이 있었던 만큼 내용이 궁금한 박물관이었다.

박물관은 카스텔로Castello 지역 내의 베네치아 조선소 근처에 위치한다. 박물관의 외관은 평범했다. 두 개의 커다란 닻 모형만 설치되어 있을 뿐이다. 박물관 1층에는 베네치아 요새에서 사용했던 다양한 대포와, 16세기와 18세기 나폴레옹 시대의 베네치아 지도 그리고 조선소 그림 등이 전시되어 있었다. 전시실 한

▶ 해양 역사 박물관에 전시된 곤돌라.

편에는 베네치아 출신의 18세기 인물인 안젤로 에모Angelo Emo 해군 제독에 대한 기념비도 있었다. 18세기 후반 베네치아는 튀니지 만의 해적으로부터 괴롭힘을 당하는 상황이었다. 이때 베네치아가 최후로 사용한 군사 작전으로 문제를 해결하는데, 안젤로 에모의 함대가 결정적인 역할을 하면서 그는 이탈리아인들로부터 최고의 해군 영웅으로 존경받게 되었다.

이곳에는 시대별로 다양한 모형의 배가 전시되어 있어 아이들은 무척 흥미로워했다. 특히 금장식으로 만들어진 부친토로Bucintoro라는 배가 눈길을 끌었다.

"엄마, 이 금으로 된 배 봐! 멋있다, 근데 금장식이 무거워서 물에 가라앉을 것 같아."

"그러네, 무게가 있어 보인다. 근데 장식이 굉장히 정교한데?"

이안이 침수될까봐 걱정한 이 배는 도제Doge가 베네치아 공화국의 연례 행사

때 탔던 배다. 연례 행사란 '바다와의 결혼식Sposalizio del Mare이라는 상징적인 의식이 있는데, 결혼이라는 단어를 사용할 만큼 베네치아는 바다와 떼어놓을 수 없는 해상 패권 국가임을 천명한 것이다. 3층 전시실에는 주로 곤돌라를 비롯한, 비군사적으로 사용되었던 배가 마치 출항을 앞둔 듯 이곳 저곳에 놓여 있다. 구겐하임 미술관의 주인인 페기 구겐하임Peggy Guggenheim이 소유한 곤돌라도 전시되어 있었다. 베네치아를 사랑했던 그녀는 자신의 곤돌라를 타고 베네치아 운하를 다니곤 했다고 한다. 가다 보니 몇몇 동양의 배가 보였다.

"어? 여기 거북선이 있다!"

"여기에 왜 있지? 혹시 옛날에 무슨 교류라도 있었나?"

"근데, 거북신에 대해 별다른 설명이 없어."

한때 한국의 해군 참모 총장이 이곳에 증정했다는 설명이 있을 뿐, 서북선에 대한 설명이 없는 점이 아쉬웠다. 그래도 외관의 특징 하나는 확실한 거북선을 발견해 무척 반가웠다. 박물관에는 시대에 따라 발전한 다양한 배 유형이 총망라되어 있다. 동서양을 막론하고 바다를 정복하려던 인간의 끊임없는 노력과 능력에 감탄하며 박물관을 나섰다.

무라노 섬을 가기 위해 산 자카리아S. Zaccaria 역에서 바포레토 1일권을 구입한 후 배를 탔다. 바포레토는 베니스의 카스텔로 구역 주변과 산 미켈레 묘Cimitero di San Michele 섬을 거쳐 무라노 섬의 무라노 파로Murano Faro역에 도착했다. 이 섬을 가는 목적은 베네치아 유리 공예의 진수라는 무라노의 유리 공예 공정 과정과 작품을 보고 싶어서였다.

파로 역 근처에서 간단히 점심을 먹은 후 무라노의 원조 유리 공예 공장과 쇼룸이 있는 곳으로 갔다. 엘레지 글라스Ellegi Glass라는 명칭의 이곳에서는 소정의 관람료를 지불하면 장인이 유리 공예를 만드는 과정을 볼 수 있다. 공장 내부를 들어가자마자 장인들이 활짝 웃으며 반겨주었다. 웃음에는 자신의 꿈과 장인 정신으로 이 작은 섬에서 소박하게 살아가는 모습이 묻어났다. 끈적한 액체 상태로 녹아 있는 유리 재료를 쇠막대에 얹어, 마술을 하듯 각종 모양의 유리 작품을 만들어 낸다. 끈적한 액체로 조용한 예술 행위를 하는 모습을 아이들은 무척 신기하게 바라봤다. 관람을 한 후 옆의 쇼룸으로 들어섰다. 다양한 디자인과 색감으로 만들어진 유리 공예 작품을 보니 어질어질할 정도다. 그저 예쁘다는 느낌보다 베네치아의 색깔과 분위기를 담은 예술 작품으로 보인다.

13세기에 베네치아의 유리 공예 기술이 외부로 유출되지 않도록 공장을 모두 무라노 섬에 몰아넣다시피해, 그들만의 기술력과 전통의 맥을 지금까지 이어온 것이라 한다. 젊은 시절 장인들이라고 편리한 도시로 이주해 돈을 벌고 싶지 않았겠는가? 이날 엘레지 글라스에는 젊은 장인들이 꽤 있었다. 그들의 끈기와 자부심이 관광객을 무라노 섬으로 이끌고 있었다. 사고 싶은 공예품이 많았지만 생각보다 가격이 비쌌고, 아이들을 데리고 깨지기 쉬운 유리 물품을 피렌체와 후일 한국으로 무사히 갖고 갈 자신이 없었다. 작은 장신구 몇 개만 사는 것으로 만족해야 했다. 물건 구입을 못했다는 아쉬움보다는 유명한 베네치아 유리 공예의 진수를 봤다는 만족감이 컸다. 주변을 돌아본 후 무라노 파로 역에서 부라노 섬 행 바포레토를 탔다.

베네치아 섬에서 무라노 섬은 20분이 채 걸리지 않지만, 부라노 섬은 무라노 섬에서 40여 분이 걸리는 상당히 먼 거리에 있는 섬이다. 가는 길 중간에 마초르보Mazzorbo 섬의 전경을 감상하며 아드리아해의 바람을 흠뻑 맞는 여유를 부리다보니 어느덧 부라노 섬에 도착했다. 이 섬은 핸드메이드 레이스 공예가 유명한 곳이자 진정한 어부의 섬으로 알려져 있다. 가족의 생계를 위해 배를 타고 나갔던 어부들이 자욱한 안개 속에서 집을 쉽게 찾을 수 있도록, 각자 자신의 집을 다양하고 선명한 색깔로 칠해 놓았기 때문이다.

부라노 선착장에 내려 섬의 주요 운하 길을 걸었다. 운하 길 양옆으로 장난감처럼 진열된 집들은 오색찬란한 색감을 뽐낸다. 운하에 정박되어 있는 각양각색의 배가 양옆의 집과 경쟁하듯 색의 향연을 보여준다. 알록달록한 색감이 동화의 배경 같았다. 아기자기한 부라노 섬은 베네치아 공화국 시절에 상대적으로 극빈층 비율이 적었다고 한다. 어부와 농민의 생산 활동과 레이스 공예를 통해 충분한 경제력을 갖고 있었고, 언제부턴가는 공예품을 전 세계로 수출까지 하게 되었다고 한다.

　길을 가다 보니 레이스 가게가 줄지어 있었다. 다양한 무늬의 디자인이 고전적이다. 말 그대로 한땀 한땀 정성이 들어가 있다. 한국에 계신 할머니께 선물로 드리기 위해 레이스 양산을 하나 구입했다. 밝은 아이보리 색의 양산을 마음에 들

▶ 부라노 섬 운하에 나열된 선명한 색깔의 집들.

어하시던 할머니께서는 그 양산을 몇 년 쓰시고 세상을 떠나셨다. 나중에 할머니 유품을 챙기다가 부라노 섬의 그 레이스 양산을 보니 만감이 교차했다.

반나절을 바포레토에서 바닷 바람을 쐰 덕에 지친 몸으로 숙소로 돌아왔다. 저녁 식사를 마치고 에너지 충전을 한 후 산 마르코 광장의 야경을 보고 싶어 아이들과 산책을 나갔다. 깜깜한 밤 풍경 속에서 광장 주변의 건물은 조명 빛을 마음껏 발산하고 있었다. 광장의 밤 풍경을 보고 있는데, 한쪽에서 누군가가 "이안 엄마~"하고 부르는 것이다. 너무 놀라 옆을 보니 당시 영국에서 머물고 있던 남편 지인의 가족이었다.

"어머, 이게 웬일이에요? 여기서 만나다니!"

"우린 애들 방학이라 이탈리아에 여행왔다가 베네치아에도 들렸어요. 이안 네 이탈리아에 있다고 얘기 들었어요. 잘 지내시죠?"

"시행착오하면서, 그래도 잘 지내고 있어요. 근데 아니, 이 넓은 세상에서, 그것도 베네치아 산 마르코 광장에서 우리가 같은 시간에 이곳의 야경을 보고 있었다니, 놀랍네요."

"그러게 말이에요, 그리고 역시 이탈리아예요. 여기 너무 멋있네요. 우리 큰 아이도 광장 주변 건물을 한참 넋을 잃고 보고 있었어요."

한낮의 복잡한 광장과는 또 다른 분위기와 감성을 불러 일으키니 중학생인 그 집 큰 아이가 숙소에 가지 말고 광장에 계속 있자고 했다는 말에 백 번 공감이 되었다. 그 엄마와 이야기를 나누고 헤어진 후 각자 남편에게 이 소식을 이메일로 전했다. 참 세상 좁다는 생각이 들게 한 저녁이었다.

셋째 날: 베네치아의 위대한 화가 틴토레토의 작품을 만난 이안

베네치아에서의 3일째, 오전에는 리도 섬Isola Lido 바닷가에서 시간을 보내고, 오후에는 베네치아 본섬의 산 폴로San Polo와 산 마르코San Marco 지역을 골목 골목 다녀 보기로 했다. 역시 바포레토를 타고 리도 섬에 도착했다. 리도 섬 선착장 근처의 버스 정류장, 길 위를 다니는 버스와 자동차는 오랜만에 보는 광경이었다. 베네치아에 와서 고작 이틀 동안 못 본 것인데 마치 몇 달 만에 네 바퀴 달린 차를 본 것 같은 기분이었다. 베네치아라는 다른 세계에서 현실로 돌아온 듯했다. 리도 섬의 가장 큰 도로인 산타 마리아 엘리자베타 길Granviale Santa Maria Elisabetta을 걷기로 했다. 베니스 영화제가 열리는 휴양지답게 길가에는 호텔과 식당이 즐비하다. 길이 끝나는 로타리에 다다르니 해변이 나왔다. 바닷물에 우선 발부터 담궈 보고, 모래밭에 멍하니 앉아 햇볕을 받았다. 해변을 둘러보니 수영복을 입고 선탠을 즐기는 사람들이 있었다. 아직은 쌀쌀한 기운이 도는 3월인데 모래 사장에 내리쬐는 햇빛을 온몸에 받고 싶었던 모양이다. 리도 해변의 모습을 보며 바Bar에서 목을 축인 후 버스를 타고 선착장으로 돌아왔다.

오늘 오후는 산 폴로San Polo지역과 산 마르코San Marco지역을 돌아보기 위해 바포레토를 타고 리알토 다리 근처 지역으로 갔다. 다음 목적지는 스쿠올라 그란데 디 산 로코Scuola Grande di San Rocco였다. 명칭에는 Scuola, 즉 학교 또는 학회라는 의미의 단어가 들어간다. 하지만 15세기 흑사병이 창궐하던 시기에 병든 이들을 위해 헌신하고 많은 사람을 치유했다고 알려진 산 로코의 이름을 딴 자선 단체의 모임 장소로 만들어졌다. 베네치아에 온 첫날, 두칼레 궁전의 '대평의회의 방'에서 틴토레토의 작품을 만났었다. 틴토레토가 이 학회 건물의 내부 장식을 맡았던 연유로 그의 다수의 작품을 이곳에서 볼 수 있다. 그런데 입장표를 사려는 순간, 갑자기 콜린이 힘들다며 밖에 있겠단다. 할 수 없이 이안만 입장을 시키고, 나와 콜린은 밖에서 기다리기로 했다. 바로 옆에 위치한 산 로코 성당Chiesa di San Rocco 앞에서 마침 빨간 구두를 신은 이탈리아 아저씨의 기타 연주가 시작되었다. 연주를 하다가 갑자기 주변에 앉아 있는 사람들에게 말을 거는 아저씨의 천연덕스런 모습에 웃음이 났다. 대중과 친화력을 발휘하다가도 갑자기 분위기를 바꿔 연주를 마무리

▶ 기타 연주를 하는 빨간 구두 아저씨.

하는 그들의 낭만적인 모습이 왠지 좋았다.

"엄마, 형아 언제 나와?"

"좀 있으면 나올 거야. 이안 얘가 혼자 잘 다니고 있는지 모르겠네."

살짝 걱정이 되었다. 한참이 지난 후 이안이 나오며 하는 말이, "엄마도 박물관에 들어갔어야 했어."였다. 틴토레토의 작품과 특히 사제회의 방La Sala Capitolare의 화려함은 역대급이었단다. 얼마나 대단하길래 아이가 그리 감동을 했던 건지 궁금했다. 그나마 아이라도 봤으니 다행이라는 생각이 들면서, 베네치아를 다시 오게 되면 반드시 들어가 보리라 다짐한 곳이다. 아쉬움을 달래며 다음 목적지인 리알토 다리Ponte di Rialto로 가기 위해 바포레토에 올랐다.

다리 주변은 역시나 사람으로 가득하다. 리알토 다리는 16세기에 만들어진 것으로, 20세기 초반 아카데미아 다리가 놓일 때까지 베네치아 대운하의 유일한

▶ 금빛과 은빛 가면으로 가득한 가게 진열대.

다리였다. 리알토 다리 주변의 골목은 활기가 넘친다. 오색찬란한 색의 향연을 보여주는 각종 보석, 가면과 모자 등으로 가게 진열대는 눈이 부실 지경이다. 가게를 가득 채운 다양한 가면과 베네치아 장인들의 수공예품을 보니 야외 박물관을 돌아다니는 듯하다. 구경하는 사람들의 설레는 표정도 골목에 활기를 불어넣는다. 미로 같은 베네치아 골목길은 확실히 독특한 분위기를 풍기며 흥미로움을 자아낸다.

베네치아 건물 사이의 운하 곳곳에는 관광객을 태운 곤돌라가 있고 흑백 스트라이프 티셔츠에 챙이 넓은 보터 햇Boater Hat을 쓴 곤돌리에레Gondoliere가 여유로이 노를 젓는다. 어떤 곤돌리에레는 풍경에 어울리는 칸초네Canzone: 이탈리아 가곡를 멋들어지게 부른다. 이런 매력적인 모습 뒤에는 곤돌라 뱃사공인 곤돌리에레가 되기 위한 엄청난 노력이 있다. 곤돌리에레가 되기 위해서는 곤돌라를 조타하는 실력과 노래 실력, 그리고 베네치아의 역사 지식도 갖추어야 한다. 곤돌리에레가 되기 위한 과정과 시험을 거쳐 자격을 갖추고 난 후, 곤돌리에레로서 어느 정도 자리를 잡게 되면 많은 수입으로 안정적인 생활을 누릴 수 있다고 한다. 이런 이유로 뱃사공이 되기 위한 경쟁이 치열하고, 뱃사공들 사이 또는 뱃사공과 베네치아 투어 가이드 사이의 알력도 있다는 이야기를 들었다. 게다가 곤돌라를 제작할 수 있는 장인은 20명이 채 되지 않아 그 가치가 대단할 수밖에 없다. 곤돌리에레 세계만의 문화 그리고 곤돌라 제작에 대한 자부심, 이 모든 것이 공존하면서 베네치아만의 색깔을 만들어 왔다. 다른 어느 곳에서는 볼 수 없는 그들만의 전통이 소멸되지 않았으면 하는 바람을 갖게 된다.

걸어서 숙소 방향으로 가면서 베네치아에서의 마지막 저녁 식사는 식당에서 하기로 했다. 오후에 늦은 점심으로 맥도날드에서 햄버거 세트를 샀었다. 이탈리

▶ 16세기에 만들어진 리알토 다리.

아 다른 지역에 비해 2유로 정도는 비싼 가격이었다. 그래도 학생 관광객 중에는 베네치아의 높은 물가 때문에 레스토랑을 가지 못하고 맥도날드 햄버거로 끼니를 떼우는 경우가 많다고 들었다. 그래서인지 매장 안은 앉을 자리를 기다려서 찾아야 할 정도로 북적였다.

"얘들아, 오늘 저녁은 푸짐하게 먹자. 베네치아에서 먹는 마지막 저녁이잖아?."

차라리 다른 곳에서 비용을 아끼자 싶어 눈 딱 감고 레스토랑에서 식사를 하기로 했다. 우린 세콘도 피아또Secondo Piatto: 고기나 생선류가 포함된 요리까지 주문해 제대로 식사를 했다. 베네치아에서의 마지막 저녁이라는 아쉬움에 산 마르코 광장의 야경과 바닷가 풍경을 한 번 더 눈에 담고 숙소로 갔다.

넷째 날: 전력 질주로 마무리한 베네치아 여행

베네치아에서의 마지막 날, 기차는 오후 출발 예정이었다. 아침 식사 후 숙소 뒷골목 투어를 잠깐 할 수 있었다. 골목 투어의 매력은 장을 보거나 오손도손 모여 이야기 꽃을 피우는 현지인의 모습을 볼 수 있다는 것이다. 베네치아에 온 첫날 관광을 하고 숙소로 들어 가는 길에 슈퍼마켓의 위치를 물어물어 작은 운하에 있는 작은 다리를 몇 개씩 건너 생수를 사 왔었다. 그때 관광지로서의 베네치아가 아닌 이곳 사람들의 생활 모습을 볼 수 있었다. '아름다운 물의 도시에 사는데 이 정도쯤이야.'라고 생각하는 듯, 꿋꿋이 무거운 짐을 들고 터벅터벅 걸어가는 베네치아인들이다. 물 사오기조차 쉽지 않은 도시지만, 이런 불편함을 감수할 만큼 베네치아를 사랑하는 민박 주인 부부와 아쉬운 작별을 하고 짐을 챙겨 바포레토 선착장으로 갔다.

기차 시간에 맞춰 바포레토를 타려 했지만, 예상치 못하게 기차역 근처 행 탑승자 줄이 너무나 길었다. 조바심이 나기 시작했다. 그래서 라인을 바꿔 다른 번

호의 바포레토를 겨우 타고 가는데, 가는 길에 있는 탑승장마다 타고 내리는 승객이 어찌나 많은지 기차 출발 시간까지 역에 도착할 수 있을지 걱정이 되었다. 거의 다 도착해 가는데 도착하기 두 정거장 전에 노인분들이 타고 내리게 되었다. 그 순간 기차를 못 탈 것이라는 직감이 바로 들었다. 드디어 기차 출발 3분 전에 산타 루치아 역 앞 바포레토 승강장인 페로비아 역에 도착했다.

"얘들아, 기차 탈 수 있을지 모르겠지만, 일단 뛰어보자."

"너 가방 잘 메야 돼. 안 그러면 뛰기 힘들어."

무슨 군사 작전이라도 하듯 이안은 콜린을 챙기기 시작했다. 내리자마자 아이들과 난 짐을 들고 돌진하기 시작했다. 정말 초인적인 힘으로 달렸다. 그러다 보니 베네치아에서 구입한 가면이 가방에서 떨어져 성급히 집어 들고 기차를 향해 날듯이 달렸다. 다행히도 기차는 그 자리에 있었고 탑승 후 숨을 돌렸다. 탑승하고 1분이 되지 않아 기차가 출발했다. 우리는 스스로 인간 승리라 자축했다. 하지만 아까 떨어뜨린 가면은 깃털이 분리되는 희생을 치러야 했다. 이 가면은 지금도 집에 있지만 여러 번의 시도에도 깃털이 고정되지 않아 억지로 받쳐 놓고 있다.

베네치아에 얼마나 많은 관광객이 있는지를 잠시 잊고, 바포레토를 타고 가면 기차를 탈 수 있으리라 여유를 부린 결과였다. 다른 변수를 전혀 생각하지 않고 말이다. 이 이야기를 피렌체로 돌아온 후 화상 통화로 남편에게 털어 놓으니 "그렇게 힘들게 하지 말고 그냥 숙소를 잡아 하루 더 있지 그랬어."라고 말하는 것이다. 듣고 보니 예약된 기차를 향해 앞만 보고 달렸던 것 같다. 아마도 남편이 같이 있었으면 하루를 더 있었으리라. 하지만 유로화 환율이 2월의 1900원대에서 조금 내려온 1800원대의 고공행진 중이었기 때문에 숙소를 하루 더 잡는 여유를 부릴 생각은 못했다. 전력 질주로 베네치아 여행을 마무리했지만, 베네치아 공화국 시대의 화려한 번영을 눈으로 봤고, 무라노, 부라노 섬에서는 소박하고 여유로운 베네치아인의 모습을 본 낭만적인 여행이었다. 이 소감을 어학교 같은 반의 터키 친구에게 말하니, "아이들과의 여행이 낭만적이었다고?"라며 농담 섞인 반응을 보였다. 좀 이상하게 들렸을지 모르지만 나에게는 아이들과의 여행도 충분히 낭만적이었다.

리구리아의 보물 친퀘테레 Cinque Terre

아이들 학교가 여름 방학을 시작한 6월 초, 첫 번째로 정한 여행 목적지는 리구리아 해안에 위치한 친퀘테레Cinque Terre다. 이곳은 어학교 선생님들도 "이탈리아를 떠나기 전에 아이들을 데리고 꼭 가보세요."라며 추천했던 휴양지다. 이름이 말해주듯 다섯 개의 마을로 구성되어 있으며, 유네스코 문화재로 지정된 곳이나. 마을들은 예전의 모습을 유지하며 전 세계에서 온 관광객들을 맞이한다. 친퀘테레에서 민박을 하려고 했지만 성수기 시즌 시작이어서 그런지 방을 잡기가 쉽지 않았고, 하루 민박비가 웬만한 고급 호텔 숙박비보다 비싼 금액이었다. 할 수 없이 친퀘테레로의 접근이 쉬운 라 스페치아La Spezia 기차역 바로 앞에 있는 콘티넨탈 호텔을 숙소로 정했다. 라 스페치아 북쪽에 위치한 친퀘테레는 리구리아 해변을 따라 남북 방향으로 길게 위치해 있다. 2박 3일 일정인 친퀘테레 여정을 이틀로 나눴다. 도착한 당일은 가장 북쪽에 있는 몬테로쏘 알 마레와 바로 그 밑에 있는 베르나차를 보는 일정이었다. 다음 날은 코르닐리아, 마나롤라 그리고 리오마죠레를 보고 다음 날 피렌체로 돌아오는 여정이었다.

기차를 타고 리구리아 지역으로 향하는데, 기차 창밖에 펼쳐지는 놀라운 광경을 보았다.

"엄마, 여름인데 저 산 위에 눈이 쌓여 있어!"

"어머, 어떻게 된 일이지?" 6월에 눈으로 뒤덮인 산이 보이는 것이다.

"음… 근데 보니까 여기가 카라라Carrara 지역이네. 저기 산 위에 있는 게 눈이 아니라 대리석이야. 엄마도 순간 눈인 줄 알았네."

"대리석이라구?"

기차에서 본 광경은 루카 여행 부분에서도 언급되었던, 아푸안 알프스 산맥에 속하는 산이다. 고대 로마 시대부터 로마의 많은 건물과 내부 장식 그리고 르네상스 시대 피렌체에서 만들어진 많은 조각품을 카라라의 대리석으로 만들었다. 카라라 산을 보니 어학교에서 2개월 동안 같은 반에서 수업을 들었던 남학생이 생각났다. 어학교에서 1년 동안 공부하면서 유일하게 본 한국 학생이다. 그 학생은 피렌체에서 먼저 언어 공부를 하고 조각 공부를 하기 위해 카라라로 떠났다. 수업 시간 내내 워낙 쑥스러움을 탔던지라, 카라라에 가서 공부를 잘 하고 있을까 궁금했던 학생이다.

피렌체에서 출발해 2시간 30여 분의 여정이 지나 드디어 라 스페치아 역에 도착했다. 역 바로 앞에 있는 호텔은 완행 기차를 타고 친퀘테레를 오고 가기에 완벽한 장소였다.

"엄마, 그럼 오늘 바다에서 노는 거야?"

"응, 날씨 좋을 때 바닷가에 가자. 언제 날씨가 흐려질지 모르니까."

"신난다!"

짐을 풀고 아이들과 함께 바로 친퀘테레행 기차를 탔다

몬테로쏘 알 마레Monterosso al Mare와 베르나차Vernazza

낡고 오래된 기차였고 완행이라 리구리아 해안을 감상하다 보니 몬테로쏘 역에 도착했다. 몬테로쏘는 기차역 앞의 해변을 기준으로, 새로 형성된 마을과 옛 마을로 나뉜다. 각 마을에 해변이 있고, 해변은 유료와 무료 구간으로 나뉘어져 있다. 기차역에서 나오면 바로 앞에 있는 해변가는 무료다. 몬테로쏘와 베르나차

▶ 베르나차의 로마 길은 많은 사람으로 북적였다.

에서는 아이들이 해변가에서 시간을 보낼 계획이었기 때문에 호텔에서부터 트렁크 수영복을 몸에 장착하고 왔다. 오랜만에 보는 시원한 파도와 푸른 바다를 보자마자 아이들은 바로 윗옷을 벗고 뛰어들어갔다. 신나서 놀다 보니 날씨가 조금 흐려져 서늘해지기 시작했다. 할 수 없이 위에 옷을 걸치고, 해변 위 일반 도로인 페지나 길 Via Fegina을 걸어 남쪽으로 가보기로 했다.

길을 가다 보니 왼쪽에 사람만 다니는 짧은 터널이 있었다. 터널을 지나니 몬테로쏘의 옛 마을과 또 다른 해변가가 나온다. 점심 식사를 하고 한가로이 주변을 걷다 보니, 가게와 길거리에서 이야기를 나누는 지역 주민의 모습 그리고 그들의 소박한 삶의 모습이 보였다. 지도가 필요없이 여유롭게 다닐 수 있는 이곳의 모습은 낡으면 낡은 대로 오랫동안 마을의 모습을 지켜온 주민들의 삶을 그대로 보여준다. 이곳에서 아이들을 위한 기념품과 친퀘테레의 휴양지 분위기를 풍기는 3유로짜리 주름 치마 하나를 구입했다. 비록 3유로지만 10년이 지나서까지 잘 입을 정도로 내구성이 좋다.

지나왔던 터널을 다시 거슬러 가고 있는데, 아름다운 라이브 기타 연주가 들려왔다. 터널 밖에서 환하게 비추는 햇빛과 터널에서 보이는 바다 풍경 그리고 부드러운 기타 연주 소리. 잔잔한 영화의 한 장면 같았다. "어! 저 음악 뭐지?" 음악 소리에 콜린은 나한테서 카메라를 가지고 가더니 동영상을 찍기 시작했다. 음악에 이끌려 터널 밖을 나오니 한 남성이 홀로 기타로 스코틀랜드 민요인 '푸른 옷소매 Greensleeves'를 연주하고 있었다. 왔던 길을 천천히 돌아가 몬테로쏘 역에서 기차를 타고 다음 마을인 베르나차Vernazza에 도착했다.

▶ 동네 아이들이 떠난 후 배 안에서 한 컷 찍겠다는 콜린.

다섯 마을 중 베르나차는 해산물 요리가 맛있다고 알려져 있다. 이곳에서 저녁을 먹고 숙소로 가기로 했다. 나에게는 다섯 마을 중 가장 아기자기하면서 매력적인 마을로 기억되는 곳이다. 작은 해변가 옆에 있는 성당의 시계탑, 총천연색의 오래된 건물, 그리고 카스텔로 도리아라는 탑의 모습, 이곳에 오기 전 사진으로 본 베르나차의 전경은 그림 그 자체였다. 기차역에서 나와 주요 도로인 로마 길Via Roma을 걸어 해변가로 갔다. "어? 여기에도 로마 길이 있네? 피렌체하고 시에나에도 있는데." 이안의 말대로 '모든 길은 로마로 통한다'라는 말 때문인지, 이탈리아 많은 도시의 큰 주요 도로가 주로 로마 길이라는 이름을 갖고 있다. 그래서 도시 안에서 목적지를 찾을 때는 로마 길을 기준으로 찾아가면 용이한 경우가 많았다.

하지만 오늘 갔던 몬테로쏘나 베르나차 같은 작은 어촌의 주요 도로명에까지 로마 길이 있을 줄은 몰랐다.

길 주변 가게에서 구입한 조각 피자와 젤라또를 간식으로 먹으며 길을 걷다 보니, 몬테로쏘 해변가에 있을 때보다 날씨가 맑아졌다. 길 끝에 보이는 작은 해변과 그 옆에 하늘을 향해 솟아 있는 성당 시계탑의 조화가 아름답다. 해변가 앞의 작은 광장에는 관광객과 마을 주민이 뒤섞여 즐거운 대화가 오가고, 해변가에서는 몇몇 관광객이 책을 읽으며 여유로운 시간을 보내고 있었다. 작은 배 하나가 해변가 모래 사장 가운데에 우두커니 고정되어 있었다. 마을 아이들이 그 배에 올라가 자기들만의 이야기를 만들며 배 놀이를 하고 있다. 콜린은 자기 형과 해변가에서 모래 놀이를 하다가도, 마을 아이들이 하는 놀이에 자꾸 눈을 돌리며 호기심을 보였다.

"엄마, 나 쟤네들이랑 놀아도 돼?"

"그럼! 가서 같이 놀자고 말 걸어봐."

결국엔 마을 아이들과 함께 배 노까지 들고 신나게 놀았다. 콜린은 어딜 가나 또래 이탈리아 친구가 보이면 말이 잘 안 통하더라도 쪼르륵 달려 가서 함께 노는 경우가 많았다. 굳이 대화가 통할 필요가 없어 보였다.

웬만큼 시간이 지나고, 아이들과 함께 베르나차와 리구리아의 바다 전망을 볼 수 있는 곳 중 하나인 카스텔로 도리아Castello Doria에 올랐다. 해가 뉘엿뉘엿한 시간에 오르니 마을의 모습이 마음에 평온함을 선사한다. 이 성은 2차 세계대전 때에는 독일 군의 대공 사격 요지로 사용되었던 곳으로, 11세기부터 나름의 역사를 간직해 온 오래된 건축물이다.

시원하고 아름다운 풍경을 뒤로 하고, 로마 길에 있는 산드로 식당Trattoria da Sandro의 야외 테이블에서 저녁 식사를 했다. 친퀘테레에 오면 먹어봐야 한다는 음식이 몇 가지 있다. 그 중 우리가 선택한 것은 페스토 소스 파스타와 밤noci 소스

▶ 성당과 카스텔로 도리아가 보이는 베르나차 해변

파스타 그리고 해산물 요리인 테가메 디 베르나차Tegame di Vernazza, 프리미 피아띠 Primi Piatti와 세콘도 피아또Secondo Piatto로, 이 세 가지를 주문했다. 듣던 대로 신선하고 맛있다. 페스토 소스는 많이 먹으면 약간 느끼할 수 있는 맛이라 밤 소스 파스타와 번갈아 가며 맛을 보았다. 당연히 피렌체에서 먹던 페스토 소스보다 더 신선한 맛이었다. 지나가는 사람들로 에너지가 넘치는 거리를 보며 식사를 마치고 숙소로 가는 기차에 올랐다. 친퀘테레에서 타고 다니던 기차의 노선은 19세기에 스페치아에서 제노바행으로 건설된 완행 열차로, 쇠퇴해가던 친퀘테레에게 재기할 기회를 주었다고 한다.

코르닐리아Corniglia, 마나롤라Manarola와 리오마쬬레Riomaggiore

화창한 날씨에 어제 탔던 완행 열차를 타고 코르닐리아에 도착했다. 코르닐리아에서 시작해 남쪽으로 내려오는 일정이다. 다섯 마을 중 다니는 코스가 가장 힘든 곳이 코르닐리아였다. 친퀘테레의 다른 마을은 해안가에 마을이 형성되어 있는 반면, 코르닐리아는 마을 자체가 높은 절벽 위에 있고 해변이 없다. 해안선 가까이에 있는 기차역에서 내리면 일단 버스를 타고 마을로 올라가야 한다.

버스 정류소가 있는 마을 광장에 도착하니 작은 동네 슈퍼마켓이 하나 있었다. 정겨운 모습이다. 광장에 있는 나무 앞에서 야채 몇 가지를 파는 아주머니가 마을 손님에게 환하게 웃으며 주키니 호박 2개와 파프리카 2개를 팔고 있었다. 그 옆에는 배낭을 어깨에 두른 관광객들이 물을 마시며 쉬고 있다. 유네스코 세계 문화 유산을 보고자 전 세계에서 온 이들의 상기된 모습과 야채 몇 가지를 팔며 생계를 유지하는 아주머니의 소박한 모습이 공존하는 곳이다.

마을은 계단과 좁은 골목길로 이어지는 구조다. 가장 힘든 코스의 마을이라는 걸 실감케 했다. 미로 같은 골목을 다니다 보면 마을 할머니 할아버지들이 계단에 앉아 주거니 받거니 끊임없이 이야기를 나누는 것을 볼 수 있다. '이 작고 고요한 마을에 무슨 이야깃거리가 저리 많을까?'라는 생각과 함께 '하긴 사람 사는 곳이면 어디든 재밌는 일, 슬픈 일, 화나는 일 등 말도 많고 탈도 많은 법이지.'라는 생각이 들었다. 북쪽 방향으로 걷다 보니 코르닐리아의 전망대 같은 곳에 도착했다. 구비구비 절벽 아래에 있는 망망대해와 푸른 하늘. 거기서 보는 리구리아해와 하늘은 감탄사를 연발케 한다. 그곳에서 리구리아해의 진면모를 보았다.

한참을 넋을 잃고 바다를 감상한 후 "엄마, 저 밑에 뭐가 있는지 한번 내려가 보자."라는 이안 말에, 돌계단으로 마을 절벽 밑에 있는 해안가까지 내려가 보기로 했다. 경사가 심해 약간 겁이 났지만, 나와 아이들에게 무서움보다는 모험심이 발동했다. 돌계단을 내려가며 바다와 구름의 모습을 보니 가슴이 뻥 뚫리는 기분이다. 내려갈 수 있는 만큼 계단 끝까지 내려오니 발 밑에서는 하얀 파도가 절벽을 뚫을 기세로 내리치고 있었다. 발 밑을 내리꽂는 파도와 하늘의 멋진 풍경을 보며, 아이들은 자신이 대단한 모험이라도 하는 것처럼 기분을 낸다. 내려왔던 계단을 다시 올라가니, 마을을 감싸며 산 비탈길에 자리잡고 있는 포도 경작지가 보였다. '이런 경사진 비탈길에서 농작물을 키우다니, 대단하다.'라는 생각에 인간의 위대함까지 느껴진다.

다시 기차를 타고 마나롤라로 갔다. 마나롤라도 해변가는 없다. 마을의 광장이 바다를 앞에 둔 절벽 위에 있지만, 절벽이 코르닐리아만큼 높지 않다. 광장 밑으로 내려가면 평평한 바위에 사람들이 앉아 선탠을 즐기거나 바다에 뛰어 들어 수영을 한다. 친퀘테레 중 코르닐리아 다음 두 번째로 작은 마을이어서인지 마나롤라의 주요 광장은 규모가 작다. 마을 북쪽에 있는 마나롤라 전망대로 가는 길에 바다 전경을 보며 식사를 할 수 있는 마리나 삐꼴라 식당Ristorante Marina Piccola에서 점심을 먹었다. 바다 풍경을 보며 먹는 신선한 해산물 요리와 파스타는 먹는 것만으로 보약이나 마찬가지다. 식사를 마치고 전망대로 갔다. 깎아내린 듯한 절벽에 빼곡히 들어선 형형색색의 건물, 집들 위로 보이는 포도 농장, 전망대에서 본 마나롤라는 경이로움이다,

마나롤라의 주요 도로인 안토니오 디스코볼로 길Via Antonio Discovolo을 거닐다가 우연히 샤케트라 박물관Museo dello Sciacchetra이란 이름을 발견했다. 겉에서 보기에는 입구가 작아 박물관이라는 생각이 들지 않는다. 하지만 전시품이 알찬 곳이었다. 샤케트라Sciacchetra는 친퀘테레의 고유 생산 방식으로 만든 와인이다. 이곳에서는 와인 생산의 역사를 비디오와 사진으로 볼 수 있고, 예전에 사용하던 생산 도구를 전시하고 있다. 옛날에 경사진 산 비탈길에 있는 포도 농장에서 일일이 포도를 바구니에 담아 나르던 사진과 포도 농장 유지를 위해 산 비탈 중간중간에 돌을 쌓는 작업 그리고 기술이 발전하면서 레일을 만들어 포도를 나르는 영상까지, 마을

▶ 절벽에 있는 사랑의 길.

농민의 땀과 수고가 그대로 느껴진다. 샤케트라 와인은 다소 달고 반드시 치즈나 다른 안주와 같이 마신다고 한다. 사고 싶었지만 환율로 한 병에 10만 원이 넘어서, 그냥 마나롤라에서 생산된 레몬주Limoncino 한 병을 샀다. 박물관의 내용을 통해 주민들이 대대로 아름다운 자연을 존중하며 살아 온 모습을 볼 수 있었다. 친퀘테레의 마지막 여정지인 리오마죠레로 발길을 옮겼다.

    리오마죠레 역을 가운데 두고 어촌 마을과 그 유명한 사랑의 길Via dell'Amore 방향으로 길이 나뉘어진다. 사랑의 길은 리오마죠레와 마나롤라를 이어주는 해안 절벽에 있는 길이다. 마을로 가기 전 먼저 사랑의 길을 보고 싶었다. 바다가 탁 트인 전경을 보며 걸어가는 길에는 한국에서는 본 적이 없는, 낯설지만 예쁜 식물들이 사람들을 반긴다. 걷다 보니 터널이 나오고 바다를 볼 수 있게끔 터널 중간 곳곳이 뚫려 있다. 사람들이 적어 놓은 사랑의 문구와 그림이 터널 벽을 빼곡히 채우고 있다. 터널에서 마나롤라까지 가지는 않고 다시 리오마죠레로 돌아왔다. 리오마죠레를 둘러 볼 시간이 필요했기 때문이다. 리오마죠레는 친퀘테레에서 마을의 크기가 가장 크다. 리오마죠레 역과 그 옆의 터널을 통하면 마을의 주요 도로인 콜롬보 길Via Colombo이 나온다. 이 길에는 온갖 상점과 레스토랑이 자리하고 있다. 이곳 저곳에 있는 작은 터널과 그 안에 있는 계단을 올라가거나 내려가면 새로운 골목이 나온다.

"엄마, 우리 어디로 가는 건지 모르겠어."

"여기로 한번 가보자!"

아이들이 재미있어할 만큼 길이 흥미로운 구조다. 아무 생각 없이 작은 골목을 들어가다 보니 시원한 바다 풍경이 나온다. 아기자기하고 흥미를 끄는 요소가 충분한 마을이다.

콜롬보 길에서 간식을 먹으며 골목 투어를 하다 보니 산 죠반니 바티스타 성당Chiesa di San Giovanni Battista이 앞에 나타났다. 안내판을 보니 14세기 중반부터 이 언덕에서 온갖 풍파를 견뎌 온 작지만 강한 성당이었다. 마을의 자연과 어울리는 소박하면서 기품이 느껴지는 마을의 랜드마크. 다시 콜롬보 거리로 들어서니 저녁 시간이 다 되었다. 항구 근처 식당의 야외 테이블에서 먹는 해산물 요리. 페인트가 벗겨진 건물과 집 테라스마다 걸려진 빨래, 항구 위에 정박된 작은 배들, 그리고 항구 저편에 보이는 석양을 보며 친퀘테레에서의 마지막 저녁 식사를 했다. 친퀘테레 투어는 소박한 바닷가 해안 마을에서 신선한 해산물 요리를 실컷 먹어 본 여행이었다.

마지막 여행지 라벤나Ravenna, 페사로Pesaro와 우르비노Urbino

이탈리아에서 나와 아이들의 마지막 여행지는 동부 도시였다. 에밀리아 로마냐Emiglia Romagna주에 있는 라벤나와 마르케Marche주의 페사로와 우르비노, 이렇게 세 도시가 목적지였다. 라벤나는 비잔틴 모자이크의 도시이자 단테가 실제로 묻힌 곳이라서 선택하게 되었다. 날씨도 꽤 더워지고 해서, 아이들을 위해 해변 도시를 가고 싶어 어학교 선생님에게 문의를 해 보았다. 이탈리아 젊은이들에게 잘 알려진 곳은 에밀리아 로마냐 주의 리미니Rimini지만 성수기에 가면 사람에 치어 좋지 않다며, 차라리 페사로를 가라고 추천해 주었다. 더 깨끗하고 쾌적하다는 평이다. 그리고 어학교의 쟌니Gianni 선생님이 이탈리아를 떠나기 전에 꼭 가보라고 추천해 준 곳이 우르비노였다. 도시의 풍경이 멋있고, 르네상스에서 빼놓을 수 없는 곳이라는 이유였다. 그리고 화가 라파엘로가 태어난 곳이다.

이렇게 세 군데를 정하긴 했지만 베로나Verona를 못 간 점은 아쉬웠다. 6월은 이탈리아 여름 음악 페스티벌 시즌이고, 특히 베로나의 아레나 원형 극장에서 열리는 6월 오페라 공연은 세계적으로 유명하다. 전 세계에서 보러 오기 때문에 몇 달 전부터 티켓을 알아보았지만 가격이 만만치 않았고, 오페라 시즌인 6월부터는 호텔 가격도 최고가를 보인다. 이런 점보다는 아이들이 볼 수 있을지가 문제였다. 일단 공연이 저녁 시간이고, 로마 시대에 지어진 야외 극장의 돌로 만들어진 좌석에서 평균 3시간의 공연을 봐야 하기 때문이다. 아레나 공연은 아이들이 성인이 되었을 때 네 가족이 함께 보는 것으로 다음을 기약해야 했다.

초기 기독교 예술의 진수, 라벤나

피렌체에서 라벤나를 가기 위해서는 산타 마리아 노벨라 역이 아닌, 피렌체 동쪽에 위치한 캄포 디 마르테Firenze Campo di Marte역에서 출발해서 볼로냐에서 기차를 갈아타야 한다. 남북으로 뻗은 아펜니노 중부 산맥을 바로 뚫고 가는 기차 노선이 없기 때문이다. 부지런히 여행을 다녔지만, 또 다른 여행을 준비하고 출발할 때마다 처음 출발하는 것처럼 설레었다. 여행과 일상이 겸해진 이 곳 생활의 장점이었다. 2시간의 여정 끝에 서로마 제국과 비잔틴 제국의 수도였던 라벤나에 도착했다. 기차역에서 가까운 마멜리 광장Piazza G. Mameli에 있는 호텔에 짐을 풀고 역사 지구를 가기 위해 거리로 나왔다.

라벤나는 여느 이탈리아 도시와는 분위기가 사뭇 달랐다. 생각보다 사람으로 붐비지 않는 라벤나의 거리가 조금 어색했지만, 한가한 도시는 오히려 편안함을 주었다. 로마, 피렌체, 베네치아 같은 도시에 비해 관광객 수가 적은 라벤나는 알고 보면 역사적으로 중요한 도시다. 로마 제국이 동과 서로 나뉜 뒤 80여 년 동안 서로마 제국의 수도였던 곳이 라벤나다. 5세기 말에 게르만 족에 의해 서로마 제국이 멸망하면서 라벤나도 점령된다. 하지만 동로마 제국이 야만족으로 간주되었던 게르만족에게 라벤나를 내어줄 수 없다며 라벤나를 탈환하면서, 동로마 제국의 비잔틴 문화가 이곳에서 꽃을 피우게 된다. 덕분에 역사적으로 서로마 제국 → 게르만 동고트족 → 동로마 제국의 도시가 되면서 라벤나는 동서양 문화로부터 골고루 영향을 받는다. 라벤나는 초기 기독교 시대 미술의 진수를 볼 수 있는 도시로 잘 알려져 있다.

첫 번째 방문지는 비잔틴 모자이크 장식의 대표적 건축물인 산 비탈레 성당 Basilica di San Vitale이었다. 성당은 팔각형 본체 위에 작은 팔각형 돔을 얹은 색다른 비잔틴 양식을 보인다. 이와 더불어 성당의 몸체를 지탱하는 듯한 사선 형태의 건축물은 로마 건축 양식을 연상케 한다. 성당은 두 양식이 합쳐진 독특한 모양과 분위기를 자아낸다.

인상 깊은 성당의 외부 양식이 뇌리에 박힌 채 안으로 들어섰다. 내부의 모자이크 장식을 보니 입이 다물어지지 않았다. 규모가 크지는 않지만 성당 내부에 많은 공을 들였음을 알 수 있다. 여러 기둥과 둥근 천장에 있는 모자이크의 조화가

지금까지 봐 온 르네상스나 바로크 양식과는 많이 다르다. 성당에서 느껴지는 경건함은 어느 양식을 막론하고 존재하지만, 초기 기독교 양식은 동서양의 문화가 결합되어 신비로움과 긴장감이 동시에 느껴졌다.

성당의 내부는 모자이크와 직접 그린 그림으로 빈틈없이 장식되어 있다. 모자이크는 당시 금보다 비쌌다는 자주빛 물감과 황금색으로 장식해 놓았다. 중앙 제단 위의 예수 상을 중심으로, 좌우에는 황제 유스티니아누스 1세와 부인인 테오도라 황후의 역사적인 여망을 모자이크의 내용으로 풀어내고 있다. 동로마^{비잔틴} 제국의 전성기를 이룬 황제 유스티니아누스 1세는 게르만 동고트 족으로부터 라벤나를 탈환한다. 그 후 이스탄불에 있는 소피아 성당과 같이 모자이크의 진수를 보일 곳으로 건립한 것이 이 성당이다. 이스탄불의 소피아 성당은 후일 이슬람 문화의 영향을 받아 모자이크가 많이 손상되었다. 하지만 산 비탈레 성당의 내부 모

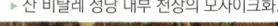
▶ 산 비탈레 성당 내부 천장의 모자이크화.

자이크 장식은 그대로 보존되어 있기 때문에 초기 기독교 예술 작품을 볼 수 있다는 점에서 가치가 높다. 르네상스 시대의 내부 장식인 프레스코화는 보존을 위해 재생 작업에 많은 노력을 들여야 하지만, 모자이크 장식은 그 자체만으로 보존성이 매우 높다고 한다. 라벤나에서 본 동로마 시대 성당을 보면 외부보다 내부에 더 많은 공을 들인 듯하다. 한참 동안 성당 천장 장식을 보느라 목이 아픈 줄도 모르며 내부 장식에 취해 있었다.

정신을 차리고 밖으로 나와 성당 정원에 있는 갈라 플라치디아 영묘Mausoleo di Galla Placidia로 향했다. "어? 엄마, 사람들이 저 창고로 들어가." 밖에서 본 모습은 그저 초라한 건축물이었다. 그런데 이곳이 유럽에서 가장 아름다운 묘지로 인정받는 곳이라니 좀 의아했다. 하지만 내부에 들어간 순간 십자 모양의 천장 공간이 사방에서 빛나고 있었다. 섬세하고 화려한 내부 장식은 우리를 다시 한 번 놀라게 했다. 외부와 내부 모습 간의 차이에 눈속임을 당한 느낌이다. 영묘가 기원후 430년경에 지어졌으므로 거의 1600년이 되어가는 건물이다. 내부 장식의 보존이 잘 된 것을 보니 모자이크 장식의 강한 생명력을 알 수 있었다. 공간이 좁아 계속 들어오려는 관광객을 위해 우리는 밖으로 나와야 했다.

다음 목적지로 가기 위해 카두티 광장Piazza Caduti per la liberta으로 갔다. 그곳에서 버스를 타고 20여 분을 달려, 라벤나 남쪽 외곽에 있는 성 아폴리나레 인 클라쎄 성당Basilica di Sant'Apollinare in Classe에 도착했다. 성 아폴리나레 성당은 라벤나 시에 위치한 누오보 성당과 라벤나 외곽 클라쎄 지역에 위치한 인 클라쎄 성당, 이렇게 두 군데가 있다. 오늘은 클라쎄에 있는 성당을 먼저 보고 내일 시내에 있는 누오보 성당을 보기로 했다.

버스에서 내리니 시야가 확 트인 푸른 들판이 눈 앞에 펼쳐졌다. 갈색톤의 성당과 종루의 외관은 소박하다. 이곳 역시 제단 위의 모자이크 장식이 눈에 띄었다. 황금빛과 잔잔한 초록빛 색감을 사용하여 성경을 서정적인 느낌으로 표현했

▶ 인 클라쎄 성당 앞의 언덕 하나 보이지 않는 너른 들판.

다. 그리고 성당 천장이 한옥의 대들보나 서까래와 비슷한 구조로 되어 있고 나무를 재료로 한 점이 인상적이다. 내부 측랑의 장식은 기독교 교리를 내용으로 조각한 대리석 관을 배열한 것이 전부다. 르네상스 시대 성당에 비해 소박한 초기 기독교 시대 성당의 모습이다.

성당 내의 모자이크 장식이 말해주는 성경 이야기를 둘러 본 후 기념품 가게로 갔다. 이안은

"엄마, 나 영어로 된 이 성경책 사고 싶은데."

"그래, 그림도 좋고 읽기에 괜찮을 것 같은데?"

아이는 성경책을 한 권 구입했다. 성경책이지만 청소년 연령대에 적합한 삽화까지 가미한 책이다. 이안은 책을 사자마자 성당 밖 너른 들판이 보이는 벤치에 앉아 바로 읽기 시작했다. 콜린은 벤치 뒤에 있는 로마 제국 초대 황제 아우구스

투스 동상을 가리키며 "엄마, 이 사람은 누구야?" 잠깐의 호기심으로 질문을 하고는 마냥 즐거운 듯 들판 여기저기를 돌아다니기 시작했다.

한적한 성당 밖에서 뛰어 놀며 자연을 만끽하는 콜린과 삽화가 들어간 성경책에 몰두한 이안의 모습을 보며 '그래, 이탈리아에 오길 잘 한 것 같아'라는 생각이 들었다. 둘의 모습이 천진난만하면서 행복해 보였기 때문이다. 나무가 드문드문 서 있는 넓은 들판은 마음을 시원하면서도 따뜻하게 해준다. 내가 한번쯤은 상상했던 아름다운 곳에 와 있는 듯했다. 풍경과 바람을 즐기며 한참 여유로운 시간을 보낸 후 다시 버스를 타고 라벤나 시내의 포폴로 광장Piazza del Popolo으로 향했다.

어느덧 초저녁이 된 라벤나 길거리에는 많은 식당의 야외 테이블이 놓여 있고, 사람들은 식사를 하며 대화를 나누고 있었다. 라벤나의 조용했던 낮보다 활기찬 모습이다. 포폴로 광장은 규모는 작지만 라벤나의 중심지이자 시청사가 위치한 곳이다. 광장에 있는 두 개의 기둥 위에는 오늘 방문했던 두 성당이 각각 이름을 땄던 아폴리나레 성인과 비탈레 성인의 동상이 있다. 콜린은 "어? 오늘 우리가 갔던 성당 이름이랑 똑같아!"라며 동상을 보고 어찌나 반가워하던지.

"광장에 동상을 세워 기념하는 걸 보니, 라벤나한테 중요한 인물인가 보다."

"맞아, 베네치아 산 마르코 광장 기둥에도 사자 상하고 성인… 누구더라? 하여튼 동상을 세워놨잖아."

"오, 이안이 기억하네? 베네치아를 지키는 수호성인이었잖아. 콜린, 근데 같은 이름 다시 본 게 그렇게 재밌니?"

"성당이랑 똑같은 이름 나오니까 신기해."

"그게 뭐 그렇게 신기하냐?" 이안은 어린 콜린의 반응이 우스웠던 모양이다.

"그래도 콜린이 갔던 성당 이름 기억하니까, 엄마는 그게 신기한데?"

콜린이 성당 이름을 기억할 만큼, 언제부턴가 아이들도 이탈리아 성당 문화에 익숙해졌구나 싶었다.

다음 날은 천천히 라벤나 시내를 다니며 성 아폴리나레 누오보 성당Basilica di Sant' Apollinare Nuovo과 단테의 무덤을 가기로 했다. 우선 호텔에서 가까운 누오보 성당부터 갔다. 어제 갔던 인 클라쎄 성당과 겉모습 및 내부의 구조가 거의 같다. 두 성당 모두 5~6세기에 건축된 것으로 현존하는 가장 오래된 중세 시대의 성당이다. 누오보 성당은 인 클라쎄 성당과 구조는 비슷하지만 성당 내부에 쓰인 재료나 제단의 모양 등이 다르다.

천장의 금장식은 물론이고 성당 내부 양측의 2단으로 장식된 모자이크가

▶ 금색 장식을 두른 누오보 성당 내부의 예배당.

화려함을 더한다. 그리고 모자이크 장식이 표현하는 성도들의 행렬이나 예수와 성모마리아에 관한 내용이 더 구체적이다. 로마와 베네치아 그리고 토스카나 지방에서 본 여느 성당과 달리, 중세 시대의 절제미와 그 안에서 섬세하게 빛나는 화려함을 동시에 보여준다. 각 시대와 역사의 영향을 받아 각기 다른 모습과 분위기를 보이는 이탈리아 성당은 인간이 표현할 수 있는 예술성의 무한함을 보여준다.

성당을 나와 고대하던 단테의 무덤Tomba di Dante으로 갔다. 정치적인 이유로 단테를 추방했던 피렌체의 역사로 인해, 현재까지 피렌체는 라벤나로부터 단테의 시신을 옮겨오지 못하고 있다. 피렌체를 떠난 단테는 20여 년을 이탈리아의 여러 도시를 떠돌며 망명생활을 했다. 결국 라벤나에서 귀도 노벨로Guido Novello 공의 보살핌을 받으며 여생을 보내던 중 이곳에서 생을 마감한다.

단테의 무덤은 단테 알리기에리 길Via Dante Alighieri에 위치해 있다. 단테가 피렌체 출신임에도 불구하고 라벤나에 단테 이름의 길이 있는 것, 그리고 단테 무덤 옆에 단테 박물관까지 있는 것을 보고 라벤나가 단테를 얼마나 소중히 생각하는지 알 수 있었다. 뿐만 아니라 제2차 세계대전 때는, 전쟁 시 유실될 수 있는 단테의 시신을 보호하기 위해 임시로 땅밑에 옮겨 놓았다고 한다.

"얘들아, 로미오와 줄리엣의 도시, 베로나 알지? 그곳에도 단테 동상이 있대."
"왜요? 단테가 거기서도 살았었나?" 이안의 추측이었다.

나중에 집으로 돌아와 찾아보니 단테가 망명 생활 중 베로나에도 머물렀다고 한다. 자신의 고향에서 추방된 것을 연유로 오히려 이탈리아 곳곳에서 사랑받게 된 단테. 그의 무덤이 고향이 아닌 망명지 한편의 작은 무덤에 묻혀 있다는 것이 한편으로는 서글프게 느껴졌다. 물론 단테의 시신을 옮겨올 수 있으리라 생각하고, 피렌체는 산타 크로체 성당에 그의 가묘를 만들어 놓았다. 하지만 피렌체는 그의 시신을 옮겨오지 못하고, 라벤나의 단테 무덤을 밝히는 등불 기름을 지원하는 것으로나마 후회되는 역사를 달래고 있다. 라벤나는 피렌체로 돌아가지 않겠다던 단테의 말을 그대로 실천하고 있다. 하지만 단테에게 내렸던 사형선고까지 철회한, 피렌체 시의 단테에 대한 애절한 마음도 짠하게 느껴졌다.

"엄마, 단테는 피렌체한테 단단히 화가 났었나봐.'
"그러게 말이야. 단테는 교황하고 황

▶ 길에서 우연히 만난 조형물.

제가 각자 위치에서 잘 해보자고 한 건데, 화합을 하자고 했던 단테한테 왜 그렇게 가혹하게 했을까?"

아이와 얘기를 하면서도 안타까운 마음과 아쉬움이 남았다. 하지만 어느 시대든 사회가 어지러운 상황에서, 소신을 갖고 이야기하면 희생을 감수해야 하는 경우가 많았다. 단테를 사이에 둔 두 도시의 모습을 보면서 '자식은 다른 곳에 가 있는데, 과거를 후회해 봐도 자식을 조금도 품에 안아 볼 수 없는 부모가 있다면, 피렌체와 비슷한 상황이 아닐까?'라는 생각이 들었다.

다음 날 아침, 페사로행 기차가 오후에 출발해, 오전에는 호텔 주변을 돌아보기로 했다. 걷다 보니 로마 길Via di Roma에 화려한 성당이 나타났다. 산타 마리아 인 포르토 성당Basilica di Santa Maria in Porto으로, 파사드는 바로크 양식이지만 뒷부분은 팔각형 돔이 이중으로 올려져 있는 독특한 외양을 가졌다. 바로크 양식과 산 비탈레 성당에서 본 초기 기독교 양식이 혼합된 성당의 외관이 인상적이다. 피렌체 산타 마리아 노벨라 성당의 파사드와 같이, 이전에 만들어진 양식에 새로운 양식을 덧붙인 신구의 조화다.

이탈리아 여행에서는 흔히 로마 제국이나 르네상스 시대가 주요 테마가 되는데, 이때 빠지면 안 될 곳이 라벤나임을 알았다. 로마 제국의 고대 시대가 중세 시대로 넘어갈 때 만들어진 문화적 자산이 고이 간직되어 있는 곳이기 때문이다. 또한 중세에서 르네상스 시대로 넘어가는 혼란기에, 단테가 마음의 안식처로 삼으며 불후의 명작 '신곡'을 창작한 곳인 동시에 그의 무덤이 있는 곳이기 때문이다. 호텔 프론트에 맡겨 놓은 짐을 들고 페사로Pesaro 행 기차에 올랐다.

리버티Liberty 양식의 건물을 만났던 해변 도시 페사로

아드리아 해안가를 달리는 기차 밖의 모습은 보기만 해도 시원함이 느껴졌다. 페사로로 내려가는 길, 도시 리미니를 지나면서 보니 어학교 선생님의 말대로 이 곳은 젊은 세대가 많이 가는 해변가인 듯했다. 사람이 많고 꽤 복잡해보였다. '역시 선생님의 말씀 듣길 잘한 것 같아.'라는 생각을 하던 중, 라벤나에서 출발한 지 2시간이 좀 못 돼서 페사로에 도착했다. 역에서 버스를 타고 해변가에 있는 호텔에 도착해 휴식을 취한 후 해변가로 나갔다.

리미니에 비해 쾌적하며 조용하고 깔끔한 해변이 기다리고 있었다. 무엇보다 해변가 모래색이 옅은 초코 카스테라처럼 연갈색인 점이 특이했다. 우리의 계획은 내일 페사로에서 해수욕을 한 후 해변가 주변으로 자전거 투어를 하고 다음날 우르비노에 다녀오는 것이었다.

다음날, 해수욕을 해야 하는데 오전에 날씨가 흐리고 비가 조금씩 내리다 말다를 반복했다. "엄마, 비가 와도 좋으니까 그냥 바닷가 나가자~" 모래 사장에 나가고 싶어 하는 아이들의 성화에 일단 해변가로 나갔다. 연갈색 모래 사장에는 깔끔히 정돈된 파라솔과 벤치가 간격 맞춰 줄지어 사람들을 기다리고 있었다. 하지만 날씨 때문에 사람이 드문드문 보이고 한적했다. 언제 비가 올지 몰라 굳이 비용을 내고 파라솔을 빌리진 않았다. 한참을 바닷가에서 보낸 후 근처에서 점심을 먹고 자전거를 빌려 페사로 투어를 하기로 했다. 바닷가와 페사로 시 한가운데 자리한 방어 요새인 로카 코스탄차Rocca Costanza 사이의 지역만 돌아보기로.

오후가 되니 날씨가 맑아져 아이들과 자전거로 해변가부터 달리기 시작했다. 상쾌한 바닷 바람에 바다와 페사로의 경쾌한 분위기를 즐기며 달리는 아이들의 표정이 무척 즐거워 보였다. 페사로의 긴 해안가 가운데에 위치한 리베르타 광장Piazzale della Liberta에는 아르날도 포모도로라는 조각가의 작품Sfera Grande di Arnaldo Pomodoro이 해변가의 상징처럼 자리하고 있다. 분수대 안에 있는 이 원형 구는 양갈래로 갈라져, 안에는 기하학적인 기계로 보이는 무늬가 모습을 드러내고 있다. 첫인상부터 '작품이 의미하는 게 뭘까?'라는 궁금증을 일으키는 조형물이다. 반면, 보는 사람에 따라 여러 가지 해석을 할 수 있는 작품이다. 형이상학적인 의미를 담

▶ 페사로 해변가에서 모래 놀이를 하는 아이들.

▶ 아르날도 포모도로의 조각 작품.

▶ 빌라 루제리의 화려한 모습. 출처: www.italianways.com

은 듯하면서도, 둥근 모형이 지구라면 인간에게 환경에 대한 경고를 주는 작품이 아닐까라는 생각을 해 보았다. 아이들에게도 뭐가 생각나는지 물어보니 역시 보이는 대로 말한다. "음… 모닝빵 샌드위치? 아니면 터진 토마토 같아." 그러고 보니 요즘 같으면 마카롱같다는 생각도 들 법한 모습이다. 무엇이 되든 바다와 잘 어울리는 작품이다. 온갖 상상력을 동원시키는 둥근 모형에 대한 감상을 뒤로 하고 바닷가 안쪽 동네로 들어갔다.

골목 골목이 일방통행이고 길 양쪽에는 주차 공간을 깔끔히 마련해 두었다. '편안한 해변 동네구나'라고 생각하는 순간, 동화에 나올 법한 작은 빌라가 보였다. 화려하면서 아기자기한 이 건물은 20세기 초에 유행했던 리버티 스타일 Liberty style로 지어진 빌라 루제리 Villa Ruggeri다. 리버티 스타일은 프랑스의 아르누보 Art Nouveau 사조가 이탈리아에 유입되어 변형된 방식이다. 아르누보는 기존 예술계 방식에서 탈피하고자 탄생한 사조로, 19세기 말에서 20세기 초까지 파급력은 상당했지만 길게 가지는 못했다. 빌라의 외관을 보니 특히 여성들에게 큰 호응이 있었겠다 싶은 섬세한 디자인이 눈길을 끈다. 빌라의 정면은 정교한 하얀 장식이 좌우 대칭을 이루며, 담쟁이 넝쿨이 외벽을 휘감은 듯 감싸고 있다.

들어가보고 싶은 생각이 절로 나는 건물이었다. 하지만 이런 생각도 잠시, 해변 도시의 기운을 머금고 신나게 바람을 만끽하던 아이들은 계속 달리고 싶어했다. 이곳에도 종교, 역사 및 사회적인 유적지가 있었지만, 휴양의 목적으로 방문한 곳이라 일단은 도시를 현재 있는 그대로 즐기고 싶었다. 저녁에 해변가에서 노을을 보고, 다음 날 우르비노행을 위해 일찍 잠에 들었다.

라파엘로 생가가 있는 또 다른 르네상스 도시 우르비노

페사로 기차 역 근처에 있는 버스 터미널에서 우르비노행 버스를 탔다. 어학교 선생님이 추천해 준 곳으로, 레오나르도 다 빈치, 미켈란젤로와 함께 르네상스 시대의 3대 화가에 이름을 올린 라파엘로의 생가가 있다. 사진에서 본 우르비노 두칼레 궁전의 모습에 바로 마음을 빼앗겼던 터라, 단숨에 가 보고 싶었던 곳이다. 버스가 페사로를 벗어나면서 보이는 마르케의 야외 풍경은, 토스카나와는 또 다른 감성을 자극한다. 토스카나에 비해 높은 언덕과 곳곳에 산이 펼쳐진 풍경이지만, 분위기의 흐름을 방해하는 피사체 하나 없는 이탈리아스럽고 자연스러운 모습이다. 한 시간 즈음 달리니 산으로 둘러싸인 높은 언덕에 자리잡은 우르비노의 모습이 나타났다. 16세기에 레오나르도 다 빈치의 설계에 의해 재건축했다는 높은 성벽과 우르비노의 상징적인 건축물인 두칼레 궁전의 모습이 보인다. 우르비노가 관광객에게 잘 알려져 있는 도시가 아니었기 때문에, 상대적으로 조용하고 도시 자체를 제대로 즐길 수 있을 것 같았다.

버스 정류장이 있는 메르카탈레 광장 Piazza Mercatale 에서 성벽 문을 통해 들어

▶ 푸른 하늘과 우르비노 건물의 모습.

갔다. 길을 올라가니 레푸블리카 광장Piazza della Repubblica이 나온다. 이곳을 중심으로 두칼레 궁전 방향과 라파엘로 생가 방향으로 나누어 보기로 했다. 우선 우르비노의 중심축이라 할 수 있는 두오모 성당과 두칼레 궁전 주변을 둘러 보고 라파엘로 생가에 가기로 했다. 두오모 성당과 궁전 앞의 파스콜리 광장Piazza Pascoli에 도착하니, 광장을 한 번에 내리쬐는 햇빛을 받은 우르비노의 수호성인, 산 크레티노 동상과 성당 모습에 눈이 부셨다. 원래 이탈리아 햇빛이 강하지만 그 빛이 주변의 백색 대리석 그리고 상아빛 돌로 된 건물들과 조화를 이루며 온 세상이 하얗게 보였다.

우선 두오모 성당으로 갔다. 현재 두오모 성당은 지진으로 파괴되었던 옛 성당을 18세기 말에 신고전주의 양식으로 재건축한 것이다. 성당의 외관뿐 아니라 내부도 신고전주의 양식답게 절제미와 균형미로 아름다움을 표현했지만 지루함은 전혀 없다.

성당 바로 옆에 있는 두칼레 궁전은 우르비노 역사의 중심이다. 이 궁전은 15세기 중반, 몬테펠트로Montefeltro 가문을 위해 만들어졌다. 우르비노 공국은 12세기부터 이 가문의 통치하에, 문화와 학문이 번영하면서 여러 학자들 및 브라만테와 라파엘로 같은 예술가들을 배출했다. 용병 대장 출신이었지만 예술에 대한 사랑이 남달랐던 페데리코 다 몬테펠트로Federico da Montefeltro 덕분에 우르비노 공국의 문화는 르네상스 시대에 유럽 전반에까지 전파될 정도로 상당한 영향력이 있었다. 페데리코 다 몬테펠트로 공작 부부가 서로를 쳐다보는 유명한 초상화는 피렌체 우피치 미술관에 걸려 있다. 그의 이러한 모습은 피렌체 공화국의 로렌초 데 메디치를 연상케 한다.

궁전에 들어가니 관광객을 반기는 안뜰 회랑부터 우아하다. 현재는 마르케 국립 미술관으로 사용하는 이곳은, 80여 개의 방이 있을 만큼 크기가 남다르다. 궁전은 3명의 건축가의 손을 거치며 지금의 모습으로 완성되었다. 피렌체 출신의 마소 디 바르톨로메오Maso di Bartolomeo, 달마티아 출신의 루치아노 라우라나Luciano

▶ 페데리코 다 몬테펠트로 공작 부부의 초상화. 피렌체 우피치 미술관에 전시되어 있다.

Laurana 그리고 시에나 출신의 프란체스코 디 조르지오 마르티니Francesco di Giorgio Martini, 이렇듯 다양한 지역 출신의 쟁쟁한 건축가가 순차적으로 책임을 맡았다. 궁전 안에는 14세기에서 17세기에 탄생한 회화, 조각, 가구 및 테피스트리 등의 작품으로 채워져, 궁전의 역사와 예술품을 동시에 감상할 수 있다. 이안이 말했듯 가도가도 방이 끝도 없이 나오고, 각 공간의 분위기와 장식이 색달라 공간의 패션쇼를 보는 듯했다.

이곳에서 본 여러 예술품 중 '이상 도시Città Ideale'라는 작품이 기억에 남는다. 전 세계에 '이상 도시'라는 작품이 총 세 개가 있다. 그 중 하나가 이곳 두칼레 궁전에, 그리고 미국 볼티모어와 독일 베를린에 각각 전시되어 있다. 세 그림에 대한 자료가 부족해 정확하지는 않지만, 우르비노와 볼티모어에 있는 '이상 도시'는 우르비노 군주 페테리코를 위해 그려졌다고 한다. 작품의 작가에 대해서는 여러 가지 설이 있었다. 현재에는 페데리코 다 몬테펠트로에게 신임을 받았던 인물 중 한 사람일 것이라는 추측이 존재할 뿐이다.

▶ 두칼레 궁전에 있는 작자 미상의 '이상 도시'.

"만화에 나오는 장면 같아. 사람 없는 텅텅 빈 거리."

"그러네. 만화에도 나올 법한 모습인데? 15세기에 상상했던 도시 모습치고는 굉장히 미래 지향적이다."

"근데 엄마, 이 도시가 왜 이상적이야?"

"글쎄, 가운데 둥근 건물하고 양쪽에 나열된 건물이 정돈돼 보이긴 하는데. 계획적으로 이렇게 깔끔하게 도시를 만들고 싶었나 보다."

인간이 주체가 된 창작과 학문이 중요시되었던 르네상스 시대. 이 시기에 꿈꿨던 도시의 모습은 인간의 계획 하에 질서있고 깔끔하며 통제 가능한 환경이 아니었을까 싶다. '이상 도시'는 르네상스 회화의 특징 중 하나인 원근법을 사용했다는 점에서도 의미가 있다. 그러고 보면 이성적이고 사실에 입각해 사물을 보고자 했던 시대의 전형적인 그림이다. 우린 몇 개의 방만 골라 지상층을 본 후 지하

▶ 두칼레 궁전의 파사드.

로 내려갔다.

우르비노 공국 시절 지하는 얼음 창고, 부엌, 욕실, 마구간, 급수실 등이 있는 실용적인 공간이었다. 돌벽으로 이루어진 마구간에는 은은한 조명으로 라파엘로의 얼굴 그림을 프로젝터로 천장과 벽에 비추는 이벤트를 하고 있었다. 르네상스 시대의 대표적 문인 중 한 사람인 카스틸리오네 발다싸레Castiglione Baldassarre가 두칼레 궁전을 자신의 작품 '궁정인Cortigiano'의 배경으로 삼을 만큼 사랑했다. 그는 이곳을 '하나의 궁전이라기보다 많은 기능이 가능한 궁전 형태의 도시'라는 표현까지 썼다. 궁전의 규모나 내용이 르네상스 시대의 다른 궁전보다 효율적이었다.

▶ 산치오 극장 로지아에서.

두칼레 궁전의 파사드를 보기 위해 궁전 옆의 좁은 내리막길을 따라 도시 성벽 방향으로 갔다. 성벽 방향에서 본 파사드는 정갈하고 여성스럽지만, 동시에 강한 인상을 주는 매혹적인 모습이다.

갈증을 해결하기 위해 성벽 근처 산치오 극장Teatro Sanzio 옆 야외 카페에 앉으니, 우르비노의 탁 트인 외곽과 두칼레 궁전의 파사드가 눈 앞에 펼쳐진다. 산치오 극장이라는 명칭은 라파엘로 산치오 다 우르비노Raffaello Sanzio da Urbino라는 화가 라파엘로의 본명 중 일부를 사용한 것이며 우르비노의 대표적인 극장이다. 휴식 후 이 극장의 로지아에서 아이들이 사진을 찍었는데, 로지아 천장의 디자인이 선명한 명암으로 입체감을 보이며 사진에서 빛을 발휘했다. 이탈리아에서는 어디서 우연히 찍던 사진이 하나의 작품이 될 수 있다는 걸 보여줬던 예다.

▶ 레지스탄자 공원에서 바라본 우르비노의 모습.

    극장과 궁전 사이의 쥬세페 가리발디 길Corso Giuseppe Garibaldi을 걸어 라파엘로 생가로 향했다. 별생각 없이 가다 보니 여행의 즐거움 중 하나인 골목 투어가 시작되었다. 주민들이 사는 좁은 골목이나 명소 주변 앞, 어디를 다니든 이탈리아 감성에 빠지게 된다. 소도시에 가면 언제부턴가 골목 투어를 더 즐기게 되었다.

    어느새 오전에 지나왔던 레푸블리카 광장을 끼고 왼쪽 골목인 라파엘로 길Via Raffaello을 올라갔다. 라파엘로 생가에 도착하기 바로 전 골목이 눈에 띄었다. 표지판에 '레지스탄자 공원Parco della Resistenza'이라는 명칭이 우리를 그쪽으로 안내했다. 우르비노의 기가 막힌 전망을 볼 수 있다는 곳이기 때문이다. 골목길의 막다른 곳에 있는 문을 지나 가니 "우와, 여기 뭐야? 되게 멋있다!" 아이들 입에서 감탄사가 나오는 우르비노의 풍경이 펼쳐졌다. 대성당의 돔과 두칼레 궁전이 가운데 자리한 우르비노의 모습과 드넓게 펼쳐진 자연의 조화는 하나의 작품이었다. 탁 트인 공원에서 보는 두칼레 궁전의 규모와 외관만 봐도 몬테펠트로 가문의 위세와 영향력이 얼마나 컸는지 가늠할 수 있다.

공원 잔디에 한참을 앉아 멋진 풍경을 바라보았다. 콜린은 어느새 공원에 있는 작은 놀이터에서 이탈리아 꼬마와 친구가 되어 놀고 있다. 젊은 층의 관광객들은 우르비노가 펼쳐진 광경 앞에서 공원 잔디에 누워 책을 읽거나 이야기를 나눈다. 생각에 잠긴 일부 젊은이들의 모습은 한 폭의 그림 같다. 공원을 돌아보다가 마침 알보르노즈 성채Fortezza Albornoz의 문이 열려 있어 내부에 들어가 보았다. 우르비노의 알보르노즈 주교가 권력을 가지고 있었을 때만 사용되었던 곳이라고 한다. 현재 내용물은 없고 성채 외곽만 남아 있을 뿐이다. 공원을 둘러본 후 왔던 좁은 골목길로 내려가 라파엘로 생가 앞에 멈춰 섰다.

예상보다 생가의 입구는 단출하고, 벽에 붙인 현수막이 유일하게 라파엘로 생가임을 말해 주었다. 내부를 들어가 보니 작은 안뜰까지 있는 2층 빌라다. 안뜰에는 우물이 갖춰져 있어 부유한 집안의 빌라였음을 알 수 있다. 라파엘로가 태어난 방에는 그의 초기작인 '아기 예수와 성모 마리아'가 있다. 이 작품은 그가 10대 초반에 부모님을 여의고 피렌체로 이주하고 나서 그렸다. 라파엘로가 그의 아버지만큼 훌륭한 화가가 될 수 있는지를 보여준 작품이라 할 수 있다. 이 화가는 결국엔 바티칸 성당의 명작 '아테네 학당Scuola di Atene'의 창작자이자, 르네상스 최고의 화가 중 한 명으로 이름을 남겼다.

그의 아버지 지오반니 산티Giovanni Santi는 우르비노 궁중에 소속된 화가이자 문인이었고, 라파엘로의 롤 모델이었다고 한다. 안타까운 일이지만 라파엘로가 11살이 되던 해에 세상을 떠난다. 하지만 생전에 어린 라파엘로가 항상 볼 수 있도록 안뜰에 자신의 색감 작업실을 만들어 놓았다. 후일 아들 라파엘로가 위대한 화가가 되는데 영향을 준 아버지의 모습이다. 생가를 나와 라파엘로의 동상이 있는 곳으로 갔다. 아이들이 이 위대한 화가와 사진을 찍고 싶어해 소원을 풀어주고, 숙소가 있는 페사로행 버스를 탔다. 오늘은 피렌체의 메디치 가문과 비슷한 성향의 몬테펠트로 가문의 역사와 르네상스 화가 라파엘로를 만난 하루였다.

화나고 기가 찼지만 맛있었던 라자냐 볼로녜제 Lasagna Bolognese

피렌체로 돌아가는 날 아침은 페사로 해변에서 시간을 보냈다. 페사로에서 오후 기차를 타고 볼로냐에서 갈아타야 했다. 별문제 없이 볼로냐에 도착했다. 피렌체행 기차를 기다리는데, 기차 도착이 지연된다는 방송이 나왔다. "아무래도 조금 기다려야겠다. 너희들 저기 식당에서 뭐 좀 먹을래?" 캐주얼한 식당에 사람들이 꽤 많았다.

"비록 기차역이지만 그래도 볼로냐에 왔으니까, 볼로녜제 소스로 만든 음식을 먹어 봐야겠지?"

"나는 라자냐 먹을래."

콜린이 이탈리아식 만두인 토르텔리니 Tortellini 다음으로 좋아하는 메뉴였다.

"와, 여기 볼로녜제 소스 맛있다!" 아이들은 만족해했다. 고기와 소스의 깊은 맛을 보니 왜 볼로녜제 소스가 유명한지 이해가 되었다. 내가 먹어 봐도 기차역 음식 치고는 훌륭했다.

"엄마, 집에서 이거 만들어줘."

"뭐, 한번 해볼게. 근데 여기 볼로녜제 라구소스 맛은 엄마가 흉내낼 수 있을지 모르겠다."

집에서 하도 여러 가지 메뉴를 시험삼아 하다 보니 아이들은 자신이 주문하면 다 되는 줄 아는 모양이다. 맛있게 라자냐를 먹고 있었지만 문제는 기차였다.

예전에 한국에는 '코리안 타임 Korean Time'이라는 불명예스런 말이 있었지만, 자평 타평 요즘 한국의 공공 교통 수단의 출도착 시간은 거의 정확하다. 이런 환경에 익숙한 우리에게, 기차역에서 3시간을 기다리는 어처구니없는 상황이 벌어졌다. '우린 지금 대체 어디에 있는 거지?'라는 멍한 상태가 되었다. 방송과 기차역 전광판에서는 기차가 계속 늦어진다는 안내만 이어졌다. 역 식당에서 음식을 먹으며 기운을 차리던 아이들도 지쳐갔다.

그런데 신기한 건 역에서 불만을 토로하거나 붉으락푸르락하며 화내는 사람이 없다는 거였다. '어떻게 사람들이 이럴 수가 있지? 익숙한 건가? 포기한 건가?' 참는 데 한계에 다다르려던 차에 드디어 우리가 탈 피렌체행 기차가 온다는 안내가 나왔다. 피렌체 역에 저녁 7시 30분에 도착했어야 할 기차가 밤 11시가 다 돼서 도착했다. 녹초가 되어 집에 왔다. 이탈리아에서 수없이 기차를 타 봤지만, 이런 경우는 처음이었다. '그래 이탈리아니까.'라고 이해하기엔 지나친, 황당한 경험이었다.

제 5 장

소소한 경험과 이야기들

이탈리아 음식과 친해지기

일주일을 학교 생활, 집안 일, 장보기, 생활에 필요한 물품을 준비하려니 할 일이 많았다. 앞에서 잠깐 말했지만, 에쎄룽가Esselunga라는 큰 체인의 슈퍼를 제외하곤, 한국과 달리 슈퍼마켓의 배달 서비스가 없었다. 집 근처에는 쿱Coop, 코나드Conad라는 슈퍼가 있었지만 배달 서비스는 전무했다. 다른 것은 몰라도 생수 묶음을 엘리베이터 없는 3층 집으로 나르는 일이 곤욕이었다. 아이들을 동원해 나르거나 한 번에 생수통 한두 개씩만 사는 식이었다. 이 일도 생활에 익숙해짐에 따라 적응하게 되었고, 나의 이런 앓는 소리를 무색하게 만드는 장면이 있었다. 늦은 오후 생수 6개 묶음 1팩을 자전거 바구니에 넣고, 장바구니를 손잡이에 건 상태로 자전거로 퇴근하는 여성들의 모습을 가끔씩 보곤 했다. '와, 생활력 강하다.'라는 인상을 받았다. 이곳 생활에서 장 보는 일은 일상에서 큰 부분을 차지했다. 남자 아이 둘을 데리고 있으니 장을 매일 보아도 모자랄 지경이었다. 다행인 점도 있었다. 음식 재료가 한국 음식을 해 먹는 데 큰 무리가 없었다는 점이다. 심지어 된장국 끓일 때 넣는 근대도 있었다.

그러나 이탈리아에 있을 때는 이탈리아 음식을 먹어야 하는 법. 한국에서는 먹어 보기 힘든 온갖 종류의 살라미Salami, 신선한 프로슈토Prosciutto Crudo, 판체타Pancetta 등의 살루미Salumi와 각종 치즈는 한국 음식을 잠시 잊게 하기에 충분했다. 특히 소고기가 맛이 좋고 합리적인 가격이다. 원래 소고기 스테이크 덩어리를 소금 양념만 해서 숯불에 구워먹는 비스테까Bistecca라는 요리가 피렌체의 대표적인 음식 중 하나다. 피렌체를 방문하는 관광객이 꼭 먹어봐야 할 음식이다. 부카 마리오Buca Mario와 일 라티니Il Latini 등의 식당에서 몇 번 먹어 보았는데, 고기의 순수한 맛과 달콤한 맛을 겸비한 요리다. 비록 숯불에 구울 순 없었지만, 집에서 비스테까 구이를 해 먹었다. 이곳에 있는 동안 소고기와 치즈는 원없이 먹었다. 그러다 보니 예상치 못한 일이 있었다. 한국에 돌아오자마자 콜린이 학교 입학 절차

▶ 피렌체 중앙 시장 채소, 과일 가게 가판대.

▶ 피렌체의 어느 야채 가게.

에 필요한 신체 검사를 받았는데, 콜레스테롤이 높다는 것이다. 다행히 음식 조절을 하니 어린 아이라 수치는 금방 내려갔지만, 아이가 이탈리아에서 고기와 치즈를 과다 섭취했던 모양이다.

비스테까 외에 집에서 해 보았던 도미 요리도 나름 일품이었다. 내장을 모두 손질한 도미 배 안에 깐 마늘, 파슬리 가루, 로즈마리 등 향신료를 넣고 올리브 오일을 도미 몸통에 발라 준 후 뚜껑을 덮어 프라이팬에 굽거나 오븐에 굽는 요리로, 이탈리아 음식의 풍미를 느낄 수 있다. 우리 집 안주인으로부터 배운 요리법인데, 만들기도 간단하고 아이들이 좋아하던 음식이다. 생선값은 한국에 비해 조금 비쌌지만, 도미와 고등어는 상대적으로 저렴했다. 조개나 새우 같은 갑각류와 야채에 올리브 오일만 곁들여도 요리가 된다. 햇빛을 흠뻑 머금은 짙은 빨간색의 이탈리아 토마토는 색감부터 식욕을 자극한다. 부팔라 치즈, 토마토, 발사믹 식초와 올리브 오일을 재료로 한 카프레제 샐러드Insalata Caprese, 구운 바게트 위에 토마토와 향신재료를 얹어 먹는 브루스케타Bruschetta, 까넬리니 콩과 각종 야채를 재료로 한 샐러드Insalata di Fagioli Cannellini 등은 만들기 어렵지 않은 집밥 음식이

225

었다. 새로운 음식을 하나 하나 접하는 재미가 쏠쏠했다.

하루는 학교 수업 후, 레푸블리카 광장에 있던 에디슨Edison이라는 대형서점에서 파스타, 리조또 요리책을 15유로에 구입했다. 매일 다른 파스타와 리조또를 시도해 보았다. 이탈리아에 와서 처음 본 카르치오피Carciofi와 호박꽃Fiori di Zucca으로 파스타를 만들어 보았다.

"엄마, 이게 뭐야?"

"응, 오늘 파스타는 카르치오피하고 버섯, 판체타Pancetta: 이탈리아식 베이컨를 넣은 거야."

몇 입 먹더니 콜린과 이안 모두 "엄마, 카르치오피 빼고 먹을래."

"음… 식당에서 먹었을 땐 맛있었는데, 내가 뭘 잘못했나?"

물론 아이들이 집에서 한 요리를 모두 좋아한 건 아니었다. 그래도 아이들을 음식 평가단 삼아 최대한 여러 가지 요리를 해 보았다. 한국에서는 구입할 수 없는 재료로 요리를 시도해 보는 재미가 쏠쏠했다. 맛을 떠나 일단 재미있었다. 집 근처에는 한국으로 치면 반찬 가게 비슷한 곳이 있었는데, 각종 살라미와 간단히 일차 조리가 된 집밥 음식을 파는 곳이었다. 올리브나 생소한 야채로 만든 요리들이었는데, 사서 먹어보고 집에서 흉내내어 만들어 보기도 했다. 물론 똑같은 맛이 나오지는 않았다.

리조또와 한국식 밥을 번갈아 해 보며 알게 된 사실이 있었다. 이곳 슈퍼에 가면 쌀 종류가 매우 다양하다. 처음엔 어떤 쌀을 골라야 할지 난감했다. 몇 번 시도를 해 보고 내린 결론은 리조또를 하기 위해선 가격이 비싼 쌀을, 한국식 밥을 하는 데에는 저렴한 쌀이 찰지고 맛있는 밥을 하기에 적합하다는 것이었다. 리조또는 쌀을 계속 휘저어야 하는 노동을 필요로 하기 때문에, 결국엔 한국식 밥을 더 자주 해 먹었다. 그리고 월요일부터 일요일까지 식단을 짜 놓고 장보기를 했다. 그렇지 않으면 비용도 많이 들고 슈퍼를 더 자주 드나들어야 했기 때문이다.

어학교 선생님을 발끈하게 한 2002 축구 월드컵 이야기

　매주 월요일은 '새로운 한 주는 또 어떤 모습일까?'라는 기대감으로 시작되었다. 아이들은 학교에 적응해가며 자신들의 학교로 만들어 갔다. 엄마인 나도 어학교에서 다양한 국적의 새로운 친구들을 만나 어수룩했던 이탈리아어 실력을 조금씩 늘려가며 한 주를 보냈다. 어학교는 코스의 레벨이 총 6단계로 나뉘어져 있고, 각 단계는 4단계로 세분화되어 있다. 최소 수강 기간이 2주이기 때문에 2주마다 새로 들어오거나 학교를 마치고 떠나는 학생이 생기는 경우가 있다. 학생 연령대도 20대 초반의 어린 친구들부터 60대까지 다양했다. 이 학교에서 한국인 친구는 찾아보기 힘들었다. 한국 학생들은 주로 피렌체 기차역 근처의 링구아 비바 Lingua Viva라는 학교에서 공부한다고 들었다. 나는 학교의 위치가 두오모 근처인 점이 좋았고, 한국말을 쓸 수 없는 환경이 어학 공부에는 도움이 되지 않을까 싶어 이 학교를 선택했다. 하지만 학교를 다닌 지 6개월이 지나, 드디어 처음이자 마지막으로 조각 공부를 한다는 한국 학생 한 명을 만났을 때 어찌나 반가웠는지.

　어느 두 주 동안에는 사라Sara 선생님이 우리 클래스의 회화 수업을 맡았다. 미모의 멋쟁이 이탈리아 여성이었다. 유머 감각까지 갖추었고 활력이 넘쳐 그분 수업은 지루하다고 생각해 본 적이 없었다. 회화 수업의 경우, 매일 매일 선생님이 제시하는 주제로 토론 수업을 이어 나갔다. 그러던 어느 날 수업 중 사라 선생님과 작은 불편한 일이 벌어졌다. 그날의 주제는 현재 각 나라에서 가장 활발하게 이루어지고 있는 스포츠 비즈니스였다. 다른 학생이 발표를 하는 동안 아이디어와 단어를 떠올리며 머리를 쥐어짜기 시작했다. 한국은 2002년 월드컵 4강 신화의 영향으로 줄곧 축구의 인기가 상당했고, 그에 따라 축구에 관련된 비지니스가 활발한 편이었다. 내 차례가 되어, 있는 그대로 이야기를 시작했다. 축구 비즈니스가 활발하게 된 원인부터 이야기를 하는데 순간 '아차!' 싶었다. 2002년 월드컵 16강전에서 이탈리아가 한국에 패배한 것이 갑자기 생각났기 때문이다. 축구에 예민한 이탈리아인들에게 패배의 역사는 그다지 상기하고 싶지 않은 기억이다. 하지만 나의 이야기는 이미 시작되어 마무리를 하려는데, 선생님의 눈빛이 그리 편해 보이지 않았다. 그리고 선생님의 한 마디, "많은 이탈리아인들은 2002년 그 게임은 공정치 못했다고 생각한답니다." 순간 당황한 나는 선생님의 말에 직접적인 반응을 피하면서 이 분위기를 잘 마무리하려고 했다. 자칫하면 수업 분위기가 이상해질 수 있기 때문이다. 발표 끝에는 "한국에게는 기적과도 같은 월드컵 역사였어요. 그렇기 때문에 현재 한국에서는 축구와 관련된 비즈니스가 활발해질 수밖에 없구요."라는 말로 결론을 지었다. 그게 주어진 주제에 대해 내가 하고 싶은 말이었다.

회화 수업이 끝나고, 가깝게 지내던 같은 반 학생 몇 명과 30분의 커피 타임을 가졌다. 네덜란드, 멕시코, 미국에서 온 친구들이었다. 네덜란드와 멕시코 친구는 대뜸 "우리나라도 축구라면 열정이 다른 나라에게 절대 뒤지지 않는데, 이탈리아인들에게 축구는 열정 그 이상인 것 같아."라는 말로 커피 타임을 시작했다. 아까 선생님과 나의 대화가 살짝 불안했던 모양이다. 친구들은 웃으며 "어쨌든 잘 마무리가 되어 다행이야."라는 말과 함께 너무 신경 쓰지 말라며 나를 위로해 주었다.

다행히 사라 선생님과의 인연은 이렇게 불편한 채로 끝나지는 않았다. 한국으로 돌아오기 전 봄, 사라 선생님과 문법 수업에서 다시 만나게 되었다. 하루는 쉬는 시간에 선생님의 표정이 어두워 보여 선생님에게 다가가 말을 걸었다. 선생님은 자신의 고민을 털어 놓았다. 동거 중인 남자 친구의 어머니와의 관계에서 생긴 고민이었다. 나는 30대 후반의 주부였고 선생님은 30대 중반이었기 때문에 자신의 고민을 털어 놓기에 불편함이 없는 학생이라 생각한 모양이다. 이탈리아는 고부간의 관계가 한국과 얼추 비슷하다는 이야기를 들은 적이 있다. 그래서 "한국의 많은 시어머니와 며느리도 이탈리아 여성들과 같은 고민을 하며 극복하려 노력 중이에요."라는 말과 함께, 자연스레 고민 상담을 해 주게 되었다. 축구 사건 때 생겼던 선생님과의 불편한 감정을 털어 버릴 좋은 기회라는 생각도 들었다.

서로 이야기를 마친 후 선생님은 다시 환한 웃음을 지으며 "이거 같이 나눠 먹을래요?"라며 자신의 커피와 샌드위치를 내게 나눠 주었다. 이후에는 훈훈한 분위기가 이어졌다. 어학교에서의 마지막 수업이 있던 날, 복도에서 만난 선생님은 나에게 진한 바쵸Bacio: 두 사람이 볼과 볼을 맞대며 키스하는 인사법를 하며 훈훈한 덕담까지 남겨 주었다. 축구라는 예민한 주제로 살짝 불편했던 감정이 두 나라 여성들 사이에 공감할 수 있는 이야기로 훈훈하게 마무리되었다.

한국을 소개하는 프레젠테이션

어학교 수업은 문법과 회화, 발표 수업으로 이루어졌다. 문법 수업도 쉽지 않았지만, 대화 수업은 주어진 주제에 대해 개인의 의견을 말해야 수업 참여에 의미가 있기 때문에 더 많은 집중력과 적극성을 요했다. 회화 수업에서 서양과 동양 학생의 특징이 나타나곤 했다. 동양 학생의 대부분을 차지하던 일본 학생들은 필기 시험에서 항상 100점에 가까운 좋은 성적을 보였다. 하지만 대화 수업에만 들어가면 입을 잘 열지 않았다. 같은 아시아 학생이지만 대만 출신 호주 교포였던 한 여학생은 대화 수업에 열정적으로 참여했다. 문법 수업에 비해 회화 수업에 소극적이었던 나도 크게 다를 바는 없었다. 회화 수업에서 '문법이 틀리지는 않을까, 내 말이 이상한 건 아닐까?'라는 두려움으로 말하기를 망설인 적이 많았다.

시간이 갈수록 이런 자세를 버리고 자신있게 말을 뱉을 방법을 택했다. 같이 수업하던 미국, 영국, 네덜란드, 독일 등 서양권 학생들은 문법이 틀려도 자신의 생각을 손짓 발짓까지 섞어가며 말했다. 그런 당당함이 부러웠고 배워야 한다고 생각했다. 스페인어나 포르투갈어를 사용하는 남미 학생이나 스페인에서 온 학생 중 몇몇은 자신의 언어와 이탈리아어를 섞어서 말하는 대범함까지 보였다. 사실 좋은 방법은 아니다. 하지만 스페인어, 포르투갈어와 이탈리아어가 같은 로망스어계의 언어인 까닭에, 회화 수업에서 모국어가 스페인어나 포르투갈어인 학생들이 자신의 모국어를 하듯 이탈리아어를 구사하는 경우를 종종 봤다. 자신감 충만한 학생들과 회화 수업을 하다 보니 부족하지만 어느새 나도 그런 자세로 수업에 임하게 되었다. 실력만큼 용기가 필요한 것이 언어 공부다.

그러던 중 학생들에게 자신의 나라에 대해 소개하는 프레젠테이션 과제가 주어졌다. 발표 순서가 정해지면서 나에게는 5일이라는 준비 시간이 있었다. 길거리를 다니면 항상 나에게 묻는 말이 "일본인인가요? 아니면 중국인인가요?"라는 질문이었을 정도로 한국을 잘 몰랐다. 상황이 이러니, 나에게 주어진 프레젠테이션 시간이 한국을 조금이라도 알리는 데 좋은 기회가 되었으면 하는 바람이 생겼다. 파워 포인트에 한국의 역사와 문화재, 한복, 서울의 모습 그리고 경제 발전 등과 관련된 사진을 담고 그에 따른 내용을 준비했다.

드디어 프레젠테이션 시간. 이탈리아의 로마 시대, 중세 시대 그리고 르네상스 시대를 기준으로 해서, 그에 해당되는 한국의 역사 연대기를 짧게 소개하기 시작했다. 문화재를 소개하는 중에는 국보 1호인 남대문 이야기를 빼놓을 수가 없었다. 더군다나 2008년 2월에 남대문 방화 사건이 일어났기 때문에, 남대문의 역사를 간략히 소개하고 방화 사건에 대한 안타까움과 문화재의 소중함으로 이야기를 이어나갔다. 프레젠테이션에서 신경 썼던 작은 주제 중 하나가 한복이었다. 준비하면서 가장 아름다운 한복 사진을 파워 포인트에 담았다. 가끔씩은 외국인에게 보여지는 한복의 모습이 아쉬울 때가 있었기 때문이다. 특히 한복 섹션에서 선생님의 관심이 커졌다. 가능하다면 한복을 직접 보여주고 싶을 정도였다. 서울과 한강의 모습 그리고 단기적인 경제 발전의 모습과 그 뒷이야기로 마무리를 했다.

발표가 끝나고, 프레젠테이션 내용에 대한 학생들의 질문이 생각보다 많았다. 어떻게 대답하려 해도 나의 이탈리아어 능력 안에서 하려니 쉽지 않았다. 프레젠테이션을 하는 동안 선생님은 내가 한 발표에서 문법이나 부자연스러운 표현과 문장이 무엇인지 꼼꼼히 체크했다. 발표한 일부 문장은 이탈리아 사람이 표현하는 방식으로 접근한 것이 아니라, 한국어와 영어 표현 방식에서 벗어나지 못한 것이었다. 같은 뜻의 말이라도 나라마다 문화와 생각하는 방식에 따라 다르게 표현된다는 걸 알 수 있었다. 한 예로, 이탈리아인들이 추구하는 '아름다움'의 형용사 형태인 'bello/bella'를 여러 상황에서 긍정적인 의미로 사용한다. / Ex) Era una bella gita! 정말 즐거운 여행이었어! 문화에 스며들 준비가 되어야 언어 학습이 용이해진다는 걸 다시 한번 깨닫게 된 수업이었다.

발표 수업은 회화 수업보다 많은 어휘력과 표현력을 요하기 때문에, 나의 어학 실력이 민낯으로 드러나는 동시에 한 발짝 더 나아갈 수 있는 기회였다. 회화 수업과는 또 다른 학습 효과를 주는 시간이다. 비록 많이 부족한 실력이었지만 선생님과 여러 나라 학생들에게 이탈리아어로 한국에 대해 알릴 수 있다는 기대감에 발표를 준비하는 과정도 즐거웠고, 나 자신도 의욕적이었다. 외국에 나가면 애국자가 된다는 말이 맞다.

어학교에서 보여 준 영화 '이오 논 오 파우라 Io Non Ho Paura'

어학교 수업에서는 가끔씩 이탈리아 문화와 관련된 영상을 보면서 언어를 익히는 수업을 했다. 하루는 회화 수업 대신 영화를 보는 시간이 주어졌다. 우리 반뿐만 아니라 비슷한 레벨 학급의 학생들이 같이 보는 것이기 때문에, 학교 안의 큰 홀Sala에서 영화 관람이 이루어졌다. '이오 논 오 파우라Io Non Ho Paura', 즉 '난 두렵지 않아'라는 제목의 영화였다. 어린 소년이 보게 되는 세상의 추악한 모습과 그 아이가 처해진 상황을 극복하고자 하는 과정을 보여준다. 영화의 결말은 다소 충

▶ 영화 '이오 논 오 파우라'의 포스터.

격적이고 슬퍼서, 영화가 끝나고 한참을 자리에 앉아 있거나 가슴이 먹먹해 하는 학생도 있었다. 나 또한 옆에서 같이 보았던 미국 친구와 영화가 남긴 여운에 대해 카페에서 한참 대화를 나눈 후 헤어졌다.

소년들의 순수하고 인간적인 모습과 영화 속 남부 이탈리아의 평화롭고 고즈넉한 들판의 모습이 눈앞에 아른거렸다. 이탈리아의 감성과 영상미로 표현한 슬픈 영화다. 추악한 현실에 물든 어른들의 세계에서 서로 의지해가는 영화 속 소년들의 모습이 가슴을 시리게 했고, 어른인 나 자신도 되돌아보게 하는 영화였다. 영화 화면에 이탈리아어 자막이 나와서 내용을 이해하는 데 도움이 되었지만, 자막이 없더라도 이해하는 데 큰 어려움이 없었다. 대사가 비교적 어렵지 않았고, 화면 전개와 어린 배우들의 표정만으로 아련함을 느끼게 해주는 영화였다. 잔잔하면서 강한 여운을 남기는 스토리와 아름다운 배경 그리고 배우들의 표정에서 느낄 수 있는 애잔함. 이탈리아 영화의 정서와 매력을 느낀 영화였다. 한국에 돌아오면 지인들에게 이 영화를 추천하리라 다짐했다.

누구에게나 열려 있는 병원 응급실

이탈리아에서 응급실에 갈 일이 딱 두 번 있었다. 첫 번째는 피렌체에 온 지 3개월째 되던 11월 어느 날이었다. 아이들과 함께 주말까지 바쁜 생활을 하며 보내던 중, 샤워를 한 콜린의 고환이 붉은색을 띠며 많이 부어 있는 것을 발견했다. "엄마, 아프고 좀 불편해." 아이는 약간의 통증을 호소했다. 겁이 났지만 일단 인터넷에서 병원을 검색해 보았다. 시뇨리아 광장에 위치한 가정의학과 개인 병원에서 늦은 밤까지 진료를 본다는 영국인 의사에게 전화를 했다. 아이의 증상을 말하니, 그분은 "증상을 들어선 고환에 염증이 생긴 것 같은데, 저희 병원을 오는 것보다 내일 아침 바로 종합 병원 응급실로 가는 게 나을 겁니다."라며 응급실을 추천해 주었다.

다음 날 아침 이안만 학교를 보내고 교회의 장 집사님 댁에 전화를 했다. 사정을 말씀드렸더니 피렌체 북서쪽에 위치한 메예르 어린이 병원Azienda ospedaliero-universitaria Meyer을 가는 게 좋겠다고 하시며 직접 동행까지 해 주셨다. 응급실은 조용하고 쾌적했다. 상상했던 급박한 분위기의 응급실이 아니었다 무엇보다 비용이 무료라는 것이 놀라웠다. 아이 여권만 제출하고 기다렸다. 진료 결과는 영국인 의사의 말대로 고환에 염증이 생겨 휴식을 취하며 항생제를 며칠 복용하라는 것이었다. 일단 안도의 한숨을 쉬고 집사님께 점심을 대접하려 했으나, 집사님의 일 스케줄이 있어 다음 기회로 미루고 다시 차로 집 근처까지 데려다주셨다. 집사님에게 신세를 지고 동네 약국에 들러 집으로 돌아왔다. '마냥 신나서 다니던 모습과는 다르게 학교 생활하면서 나와 이안을 쫓아다닌 게 콜린에게는 좀 무리였나보다.'라는 생각에 미안함이 밀려왔다. 콜린은 당일과 다음날 학교를 쉬며 약을 먹으니 다행히 염증이 가라앉았다. 하지만 한 번 더 응급실로 내원하라는 의사 선생님의 말에 며칠 후 버스를 타고 다시 방문하여 염증이 완전히 가라앉았음을 확인했다.

두 번째는 나의 응급실 행이었다. 이곳 생활이 어느 정도 무르익은 3월 어느 날, 아랫배에 불편한 증세가 느껴졌다. 콜린 일로 응급실을 경험했던 터라 편한 마음으로 어학교 수업이 끝나고, 학교 앞에 위치한 산타 마리아 누오바 종합 병원

Ospedale Santa Maria Nuova 응급실로 갔다. 역시 여권 제출로 진료 접수가 가능했다. 진료 결과 방광염 진단이 나오고, 바로 옆에 위치한 약국에서 탄 약을 3일 복용한 후 염증이 가라 앉았다. 병원비는 무료고 약값만 지불한 셈이다. 아이들과 학교 다니며 부지런히 이곳 저곳을 다니다 보니 몸에 무리가 온 것이다. 몸에서 신호가 오면 그 주는 바로 몸을 쉬게 했다.

우스갯 소리로 이탈리아에서는 땡전 한 푼 없는 노숙자나 불법 체류자조차 응급실의 혜택을 볼 수 있다는 말이 있을 정도였다. 반면 개인 병원은 예약하기가 쉽지 않고 비용이 상당히 비싸다고 한다. 어쨌든 한국에서 출발할 때 가족 개인별 상해, 의료보험을 들어서 왔지만, 무료 진료를 해 주는 응급실 덕분에 보험을 사용할 기회는 없었다.

이안은 아예 병원에 갈 일이 없었지만, 평소 한국에서 환절기에 비염 증상이 있었기 때문에 이탈리아에 올 때 약을 한꺼번에 타 왔다. 그런데 약을 쓸 일이 없었다. 아이가 언덕 중턱에 있는 학교에서 상쾌한 공기를 마시며 학교 생활을 해서인지 비염 증상이 없었다. 피렌체도 좁은 길에 버스와 오토바이가 다니는 터라 공기가 좋지 않을 거라 생각했는데, 그래도 대도시에 비하면 나은 편이었던 모양이다.

북한 김정일에 대해 열변을 토한 이탈리아 남성

어학교 수업을 마치고 시내에서 볼 일을 본 후 두오모 성당 앞 정류장에서 집으로 가는 버스를 기다리고 있었다. 그런데 한 이탈리아 남성이 다가와 "혹시 일본인이세요? 아니면 중국인?" 한국인이라 대답을 했더니 이번엔 "그럼 북한 사람? 아니면 남한 사람이세요?"라고 묻는 것이다. 한국 사람인 나에겐 다소 낯설고 당황스런 질문이었다. 그에게 당연히 남한 사람이라고 하니, 대뜸 자신이 우연히 김정일과 북한 체제에 관한 책을 정독한 적이 있다며 열변을 토하기 시작했다. 우연히 만난 한국 사람에게 자신의 의견을 피력하고 싶었던 모양이다. 나의 이탈리아어 수준이 어떤지는 전혀 고려하지 않은 채, LTE급으로 말을 빨리 하는 데다가 이탈리아어 듣기 실력도 속도를 모두 따라잡기에는 무리였다. 남성이 열변을 토한 내용 중 내가 이해한 내용을 요약하면, 북한이라는 나라는 전 세계 어디에서도 보기 힘든 사상과 체제를 갖추었고 가족이 대를 이어가며 체제를 유지하고 있는데, 국민들이 그것을 따르고 있는 것에 대해 놀라움과 경악을 금치 못한다는 것이었다.

지금 생각해 보면, 자신이 갖고 있는 정치 지식과 곁들여 가며 이야기하고 싶어했던 것 같다. 내가 타야 할 버스가 먼저 오는 바람에 남자와 인사를 하고 버스를 탔지만, 집에 오는 길에 여러 가지 생각이 들었다. 버스 정류장에서 본 그 남성의 열변 속에는 나름의 자부심이 들어 있었다. 우연히 만난 한국인에게 자신이 얼마 전 책을 읽고 얻은 북한에 대한 지식과 생각을 조리있게 펼쳐 보려는 노력이 눈에 보였기 때문이다. 그는 분단의 당사자인 한국인이 북한이라는 나라에 대해 어떤 생각을 갖고 있을까 궁금했는지 모른다. 내가 정치나 사회 체제에 대한 얘기를 할 정도의 이탈리아어 실력을 갖추었다면 버스를 기다리는 동안 간략하게라도, 체제가 전혀 다른 두 나라가 국경을 맞대고 있는 한반도 상황에 대해 생동감 있게 전달해 줄 수 있지 않았을까라는 아쉬움이 남았다.

장인 작품 박람회 Mostra Internazionale dell'Artigianato

관광객들이 피렌체에 오면 찾는 아울렛이 몇 군데 있다. 그 중 우리도 피렌체 남동쪽에 위치한 더 몰The Mall과 피렌체 북쪽에 있는 바르베리노 아울렛TNF outlet Barberino에서 쇼핑을 한 적이 있다. 이탈리아 아울렛은 미국의 아울렛처럼 저렴하게 물건을 살 수 있는 곳은 아니다. 단, 세일 기간인 12월 말부터 2월, 그리고 7, 8월에 가면 더 착한 가격에 구입할 수 있다. 하지만 나에게는 피렌체에서 시간 나는 대로 지역 브랜드 상품을 눈여겨보았다가 세일 기간에 쇼핑하는 것이 더 재밌고 매력적이었다. 지역 브랜드의 디자인이나 제품에 사용되는 재료와 색감이 오히려 이탈리아 밖에서는 보기 힘든 경우가 많기 때문이다.

봄 기운이 만연한 4월 말, 피렌체 기차역 근처에 위치한 포르테차 다 바쏘 Fortezza da Basso에서 박람회가 열린다는 소식을 들었다. 이탈리아와 각국의 장인들이 직접 만든 다양한 종류의 물품을 전시하며 판매하는 박람회4월~5월에 개최다.

박람회 규모가 커서 하루 만에 모두 관람하는 건 불가능할 정도였다. 사흘에 나눠 가고 박람회 마지막 날에는 일요일 교회 예배가 끝나고 아이들도 함께 갔다. 전시하는 물품은 가구, 거울이나 조명 기구 같은 크고 작은 소품, 그릇, 보석, 가죽

▶ 박람회에서 전시 중인 침대.

제품, 미술 작품 등등 종류가 상당히 많았다. 뿐만 아니라 제품의 수준이 높아 눈이 즐거운 박람회였다.

박람회는 1931년에 처음 개최되었지만 2차 세계대전으로 잠시 중단되었다가 이탈리아 경제 붐으로 다시 재개한 오랜 역사를 갖고 있다. 전 지역 장인들의 정성이 들어간 작품을 구입까지 할 수 있어 때맞춰 여행 올 수 있다면, 피렌체에 방문하는 이에게 추천하고 싶은 박람회다.

"엄마, 나 이 중세 기사 검 사고 싶어. 이거 한국엔 없을 것 같아." 박람회에서 흥미를 보이던 이안은 장식용 검을 구입했다. 남편에게 선

▶ 시칠리아에서 온 도자기.

물할 피렌체산 가죽 지갑도 샀다. 그런데 이안이 사 온 검은 한국에 입국할 때 문제가 되었다. 검, 말하자면 칼이다. 검은 국내 반입이 불가하다. 장식용 검이라는 생각만 하고 들고 온 게 잘못이었다. 그래도 소장을 원한다면 국가에서 반입 불가 물건을 경매하는 시장이 열릴 때 구입하라는 것이 인천 공항 직원분의 말이었다. 경매가가 약 40만 원 정도가 될 거라는 것이다. 박람회에서 이 검을 검 커버(칼집)와 합쳐 5만 원에 구입했는데, 그것을 40만 원에 사야 한다는 사실이 황당했고, 굳이 그럴 필요까지 없다는 생각이었다. 그래서 현재 검의 커버만 있다.

박람회에서 며칠 간의 노력 끝에 구입한 물건도 있다. 시칠리아산 장식용 베이스(화병)다. 3일 동안 꾸준히 방문하며 시칠리아에서 온 판매자에게 눈도장을 찍었다. 박람회 마지막 날엔 결국 가격을 내고해 30% 할인을 받아 구입했다. 베이스는 한국에 올 때도 귀하게 모셔왔다. 현재는 "혹시라도 베이스를 손상시키는

사람은 직접 시칠리아에 가서 베이스를 구해 와야 함."이라는, 벌칙인지 포상인지 모를 농담 섞인 규율이 적용되는 우리 집 보물이다.

아이들 학교의 크리스마스 공연

　12월 중순은 학교 행사인 크리스마스 공연이 열리는 시기다. 초등학교부터 고등학교까지의 전체 학생, 선생님과 학교 직원 그리고 학부모를 모두 수용할 수 있는 피렌체 외곽의 성당에서 저녁에 공연이 열렸다. 오후 4시쯤 하교한 아이들에게 간식을 먹인 후 크리스마스 공연이 끝나고 밖에서 먹일 저녁으로 김밥을 준비해 택시를 타고 공연 장소로 갔다. 그동안 이탈리아에서 본 성당 중 한국에 있는 교회와 분위기가 가장 비슷했다. 내부가 현대적인 양식의 성당이 왠지 낯설었다.

　콜린 친구 부모들과 인사를 나눈 후 같은 반의 스웨덴 여자 친구인 그리Grey의 부모와 함께 관람했다. 그리의 엄마, 아빠는 특히 기억에 남는 분들이다. 같은 반 친구 알레그라Allegra의 생일 파티에서 만난 우리를 한인 교회까지 태워주고, 콜린을 때때로 집에 초대해 주었다. 한번은 그리의 아빠가 대형 마켓에 가는데 자신의 딸과 콜린을 함께 데려가 장난감을 사주는 등, 무척 예뻐해 주었다.

　공연이 시작되기 전 아이들 학교에서 만난 유일한 한국인 엄마가 남편과 함께 내 옆자리에 왔다. 2학년인 케빈Kevin은 홍콩인 아빠와 한국인 엄마를 둔 학생이었다.

　"어머, 이 학교에서 한국 엄마는 처음 봐요!"

　"저도 한국 분이 계실 거라고는 생각 못했는데, 정말 반갑고 천군만마를 얻은 기분이네요."

　학기 초 학교에서 케빈 엄마와 나는 처음 서로를 보고 무척 반가워했다. 서로에게 보기 드문 한국인 학부모였기에 두세 번 정도 함께 점심을 했다. 부모들과 얘기를 나누던 중 공연이 시작되었다.

어린 학생부터 시작해서 고등학생의 퍼포먼스로 순서가 이어졌다. 학년별 학생들의 합창이나 연주로 진행되었다. 아이들 학년의 합창을 보니 만감이 교차했다. 이곳에 온 지 이제 4개월째인데, 아이들이 잘 적응하여 저 무대에서 한껏 웃으며 친구들과 노래 부르는 모습을 보니 감사한 마음이 들었다. 미숙하면 미숙한 대로 개의치 않고 그 자체를 즐기는 아이들의 천진난만함이 공연하는 모습에서 그대로 보였다. 나이에 맞는 모습이 드러난다는 건 아이들이 행복하다는 게 아닐까 싶다. 1년이라는 장기 여행 중 이루어지는 학교 교육, 아이들이 마음껏 누리길 바랐다.

시에나 여름 별장에서 열린 이별 파티

이안은 다행히도 middle school 1학년을 별문제 없이 잘 보냈다. middle school 1학년 친구 중 학교에 새로 들어온 친구가 많았기 때문에 기존 친구들 틈에서 적응을 해야 하는 어려움이 별로 없었다. 이안은 친구 5명과 서로 집을 오가며 추억을 만들었다. 여러 문화의 친구들로부터 다양성을 배우고 한국에서 해 볼 수 없었던 경험도 하게 되었다.

하루는 친구 에릭 집에 초대를 받았다. 그 집에서 시간을 보내고 돌아온 이안의 말이 흥미로웠다. 친구 방의 벽과 천장에 프레스코화가 그려져 있다는 것이다. 아이는 상기된 어투로, "어떤 큰 방Sala에 들어갔는데, 벽 사방에 엄청나게 많은 그림들이 장식돼 있었어. 조각품들까지 있는데, 피티 궁전 방 같았어."라며 살짝 놀랐다는 말을 했다. 게다가 "엄마, 나 오늘 영국 전 총리 요리사 음식 먹어 봤다."라는 것이다. 농담을 하는 줄 알았는데, 알고 보니 그 집의 요리사가 영국 블레어 전

총리의 요리사였다.

    middle school 1학년 한 해 과정이 끝나고 여름 방학을 하자마자 에릭은 친한 친구들을 자기 가족의 여름 별장으로 초대했다. 토스카나 시에나 근처 끼얀티에 위치한 별장에서 하룻밤을 함께 보낸다는 것이었다. 피렌체를 떠나게 된 이안과 영국 친구 벤을 위한 이별 파티 겸 학년 말 파티였다. 12시면 하교하는 학교 수업 마지막 날, 초대한 친구 가족이 학교에서 큰 밴으로 아이들을 데리고 별장으로 갔다. 다음날 오후에 부모들은 각자 아이들을 데리러 미켈란젤로 광장에서 만났다. 조금 있으면 떠나야 하는 이안은 친구들과 헤어져야 한다는 아쉬움에 발이 떨어지지 않는 듯했다. 부모들과 인사를 나누었다. 이들에 대한 고마운 마음과 함께 곧 피렌체를 떠나야 한다는 현실이 피부로 느껴졌다. 집에 돌아와 저녁 식사를 하며, 아이는 시에나 별장에서 있었던 이야기 보따리를 한껏 풀어 놓았다.

    "별장 주변에 아무 건물도 없었어. 들판에 별장하고 수영장만 있는데, 정말 멋있더라."

    "엄마는 상상만 해보는데도 멋있을 것 같다. 어제는 뭐 했니?"

    "별장에 도착해서 오후에 야외 수영장에서 놀았어. 그리고 밖에서 저녁 먹을 때 해지는 것도 보고. 재밌었는데, 친구들이랑 헤어져야 하니까 좀 섭섭했어."

    아이가 시에나 별장에서 친구들과 보낸 이야기를 들으면서, 머리로 그림을 상상해 보았다.

    기억에 남을 친구들과의 하룻밤이었다며,

    "엄마, 우리 1년 더 있으면 안돼?"

    "엄마도 그러고 싶다. 근데 가야지. 아쉬울 때 떠나는 게 좋아."

    하루 하루 다가오는 출국 날짜에 아쉬움이 컸지만 '아이들이 이곳 학교가 즐거웠나 보다.'라는 생각이 아쉬움을 달래 주었다.

마냥 즐거웠던 꼬마 콜린

　새로운 환경에 적응할 때는 시간이 필요하지만, 콜린은 일단 적응하면 환경을 200% 즐기는 아이다. 피렌체 학교에서의 시작도 그랬다. 콜린에게는 학교에서 열리는 할로윈 파티, 추수 감사절 행사, 크리스마스 공연, 야외 체육 대회 등이 인생의 중요한 이벤트였다. 10월 말 두오모 성당 근처에 있는 디즈니 숍에서 콜린이 할로윈 때 입을 옷을 샀다. 기필코 영화 '나니아 연대기The Chronicles of Narnia'의 기사 옷을 입겠다며 매장에 하나 남은 사이즈가 조금 작은 옷을 사 입었다. 추수 감사절에는 학교에서 아이들의 연극과 합창 공연이 열릴 예정이었다. 근데 전날 갑자기 보라색 옷을 입고 가야 한단다. 할 수 없이 급하게 내 보라색 목폴라를 입고는 아이들과 신나게 노래 부르던 모습이 생생하다.

　4월 말에 있었던 야외 체육 대회는 학교 선생님, 친구들과 함께 할 수 있었던

▶ 학교 체육 대회 모습.

마지막 행사였다. 함께 아이들을 지켜보던 케빈 엄마는

"케빈 데리러 학교에 가서 보면, 콜린 정말 행복해 보이던데, 한국에 간다니 좀 아쉽네요."

"저희도 그래요. 여기서 보냈던 시간이 선물같아요. 이제는 선물 갖고 한국으로 가야죠. 근데 다음에 꼭 다시 오고 싶어요."

"그래요, 꼭 다시 오세요. 근데, 콜린 정말 신나 보이네요."

"거의 모든 종목을 다 하고 있어요. 여기 와서 체력이 더 좋아진 것 같아요."

콜린은 학교 친구나 심지어 형 친구들이라도 함께 할 수 있다면 바랄 게 없었다. 집 근처 유소년 축구장에 있는 체육시설에 가면 또래 아이들이 있어 즐거운 아이였다. 교회 친구는 물론이고 피렌체 밖으로 여행을 가면 그곳에서 만난 또래 이탈리아 아이들과 금방 친구가 되었다. 그다지 많은 대화가 필요없는 나이라 가능했는지 모른다. 콜린은 다행히 어딜 가나 또래가 있어 지루함 없이 1년을 보냈다.

항상 즐거운 아이였지만 가끔씩 형에게 혼나는 일은 있었다. 버스나 기차를 탔을 때 기분이 좋아 목소리를 높여 얘기한다든지, 사부작거리는 낌새가 보이면 이안은 가차 없었다.

"콜린, 목소리 작게 해. 사람 많은 데서 떠들면 안돼."

"그래, 형 말이 맞아. 목소리 조금만 낮추자."

이렇게 말하면서도 어떤 때는 한소리 듣는 콜린이 좀 안쓰러웠다.

"이안, 그래도 콜린 잘 따라다니니까, 너무 나무라지 마라. 콜린도 형 말 잘 듣고. 알았지?"

"네. 근데, 형아도 1학년 때 기분 좋을 때 큰 소리로 얘기했을 걸?"

"너 같이 목소리 크진 않았어. 그리고 그땐 너 완전 애기였는데, 니가 어떻게 아니?"

아이들 대화에 웃음이 났다. 사실 이탈리아에서 아이들이 크게 아프지 않은 것만 해도 감사했다. 한국으로 돌아오는 비행기 안에서 자는 콜린을 보며 혼잣말을 했다 '우리 꼬마가 꿋꿋이 엄마, 형 잘 따라 다녀줘서 고마워.'라고.

따뜻했던 과일 가게 할머니

집에서 가끔씩 한국 음식을 먹을 경우를 대비해 항상 중앙 시장Mercato Centrale에서 무를 사서 깍두기를 담궜다. 중앙 시장 가는 날에는 장 볼 것을 대비해 큰 배낭을 메고 어학교에 갔다. 적어도 한 달에 한 번은 시장에 가다 보니 단골 가게가 생기고, 시장 상인들과 인사도 하게 되었다. 항상 가던 단골 야채 가게의 주인은 동남 아시아 출신이지만 이탈리아어를 현지인처럼 하는 사람이었다. 단골이 되니 가격을 잘 깎아주곤 했다. 야채 가게 바로 앞에서는 이탈리아 할머니가 과일을 파셨다. 할머니 연세가 꽤 높아서 가끔씩 했던 말을 반복하는 증상을 보이셨지만, 항상 밝게 웃으며 반겨주셨다. 갈 때마다 "오늘 딸기가 좋으니 한 번 사서 먹어봐."라는 말씀을 하셨다. 할머니 눈가에 새겨진 주름에는 그분의 고단했던 인생이 묻어 있었다. 뵐 때마다 환하게 웃으시는 할머니의 모습이 타지에서 온 나에게는 마음의 고향처럼 편안함을 주었다.

그분을 뵙고 나면 우리 할머니가 계신 피렌체에 와 있는 듯했다. 가끔씩은 나를 붙잡고 한참 동안 과일 얘기를 하셨다. 할머니의 흐린 이탈리아어 발음이 어학 공부 중인 나에게는 이해하기 어려운 고급 이탈리아어였다. 이런 나에게 야채 가게 주인은 "할머니의 그 이야기를 다 들어드리다니 대단하네요. 할머니 말이 너무 길어지면 집에서 아이들이 기다린다고 말하고 그냥 자리를 뜨세요."라고 말하곤 했다. 신기하게도, 외로워 보이는 할머니 말씀을 그냥 듣게 되었고, 가끔씩 일부러 딸기도 사며 할머니와 정을 쌓았다.

그러던 중 5월 초에 무를 사러 단골 야채 가게에 갔는데, 할머니 가게 가판대에 과일이 하나도 없이 텅 비어 있었다. "무슨 일이지?" 하고 있는데, 야채 가게 주인이 뛰어 오더니, 슬픈 얼굴을 하며 "과일 가게 할머니가 어제 새벽에 돌아가셨어요."라는 것이다. 그 말을 듣는 순간 가슴이 먹먹해졌다. 거의 8개월 동안 시장을 드나들며 정들었던 분인데. 그 환한 눈웃음을 더 이상 볼 수 없다는 얘기에 '딸기를 더 많이 사드릴 걸.' 하는 슬픔과 후회가 밀려왔다. 한국으로 돌아가기 전에 "저 이제 한국에 가요. 할머니, 오래오래 건강하세요."라며 인사를 드리려 했는데…, 할머니가 먼저 떠나셨다. 과일 가게 할머니의 인자하면서 따뜻한 모습은 이 글을 쓰는 현재까지 눈에 생생하고 무척 그립다.

·········· **피렌체 중앙 시장** Mercato Centrale di Firenze**과 산 로렌초 시장** Mercato di San Lorenzo ··········

1861년에 이탈리아 반도가 이탈리아 왕국으로 통일되면서 1865년에 수도가 피렌체로 지정된다. 도시의 인구 증가에 따라 이 시기에 있었던 피렌체 도시 개발 계획과 맞물려 피렌체 중앙 시장이 세워졌다. 피렌체의 중앙 시장 역할을 했던 베키오 시장 Mercato Vecchio은 현재의 레푸블리카 광장을 만들기 위해 허물어지고, 대

▶ 시장 안의 식당.

신 지금의 피렌체 중앙 시장과 산암브로지오 시장 Mercato di Sant'Ambrogio이 만들어졌다. 중앙 시장은 건물의 천장이 높아 실내 공간이 넓어 보여 쾌적함을 느낄 수 있다. 이곳에서는 파스타, 신선한 프로슈토, 살라미는 물론이고 트러플의 진수도 맛볼 수 있다.

중앙 시장에 가는 이유는 김치를 담그기 위해 야채를 사러 가는 것이었다. 가끔은 허기를 달래기 위해 시장 건물 밖에 있는 파니니 가게에서 람프레도또 Lampredotto: 곱창 버거를 사 먹거나, 중앙 시장 주변의 산 로렌초 시장에서 한국에 가지고 갈 가죽 가방을 보러 다니곤 했다. 시장의 물건을 여러 번 보다 보면 제품의 질에 비해 가격이 저렴하면서 피렌체 분위기를 잘 살린 디자인의 제품을 고를 수 있다. 가죽의 질이 좋다 보니 가격이 합리적인 상품을 고를 수 있는 곳 중 하나다.

▶ 이탈리아의 풍미를 맛볼 수 있는 프로슈토.

▶ 다양한 종류의 살라미.

아마추어 소매치기에게 당할 뻔한 초보 피오렌티나 Fiorentina

하루는 어학교 선생님이 그러셨다 "소매치기를 당하지 않는 방법 중 하나는 거리에 다닐 때 피렌체에 사는 주민인 것처럼 행동하는 거예요. 그러니까 다니면서 사진을 찍는다거나 고개를 들고 두리번 두리번 건물을 보는 행동을 하면 바로 관광객으로 보이기 때문에 그들의 타깃이 될 수 있어요." 상당히 공감되는 조언이었다. 그 다음부터는 나도 최대한 피렌체 주민Fiorentina인 것처럼 시선에 여유를 가지며 걸었다. 물론 가방은 신경 써야 했다.

피렌체에서 생활한 지 6개월이 지나니 가끔씩 관광객들이 나에게 길을 물어보거나 버스 노선을 물어보곤 했다. 어학교 선생님의 조언대로 피렌체 사람인 척하고 다닌 결과였던 걸까? 하지만 소매치기는 언제 당할지 모르니 마냥 넋놓고 다닐 수는 없었다. 특히 소매치기 중에는 집시들도 있었는데, 많은 경우 그들이

245

집시 의상을 입지 않고 일반인과 같은 모습을 하고 있어 구분하기가 어려웠다. 누군가가 가까이 다가와 말을 걸 때도 일단 가방부터 사수했다.

다행히도 이탈리아에 있는 동안 한 번도 소매치기를 당하지 않았다. 다만 당할 뻔한 적이 있다. 어학교 수업 과정이 끝나가던 때였다. 수업이 끝나고 두오모 성당 근처에서 볼 일을 본 후 버스를 타고 집으로 오던 길이었다. 버스 안에는 사람이 꽤 많았다. 그런데 남자 두 명이 서 있는 나에게 슬쩍 기대는 것 같았다. 순간 내 가방을 보니 파란색 셔츠로 덮여 있었다. 너무 놀라던 순간 버스는 정류장에 섰고 그 남자 두 명은 자신들의 파란색 셔츠를 빼가며 나에게 이탈리아어로 "우리 아무것도 안 가져 갔어요."라는 말을 남기고 버스에서 내렸다. 너무 경황이 없던 나에게 앞에 앉아 있던 아주머니는 놀라서 말했다 "얼른 가방 안을 살펴봐요. 없어진 거 없나." 가방 안을 보니 가방 가장 윗부분에 있던 500ml 빈 생수통만 없어졌다. 그 밑에 있던 지갑은 못 가지고 간 것이다. 성급히 버스를 내리고 창밖에서 나에게 웃음까지 지으며 셔츠를 다시 입던 두 남자는 자신들의 실패가 어이없었던 모양이다. 다행히 아마추어 소매치기를 만난 순간이었다. 하마터면 피렌체에 의도치 않은 기부를 하고 올 뻔했다.

피오렌티나팀 축구 경기 관람

운이 좋게도 피렌체에 있는 동안 피렌체가 연고지인 축구팀 '피오렌티나Fiorentina'가 이탈리아 축구 상위 리그인 세리에 A Serie A에서 선전 중이었다. 한국에 돌아가기 전에 아이들을 위해 기필코 이탈리아 축구를 보고 가겠다는 생각이었다. 마침 5월 31일에 피오렌티나팀과 AC밀란팀의 경기가 피렌체 축구 경기장Stadio Artemio Franchi에서 열릴 예정이었다. 아이들은 몇 달 전에 집 근처 피오렌티나 전문 매장에서 기념품으로 사 놓은 축구팀 저지 셔츠부터 꺼냈다. "엄마, 표 사게 되면 이거 입고 가면 되겠다!" 응원복은 준비가 되었다.

다음 날 어학교 쟌니 선생님으로부터 티켓 구매 방법에 관한 정보를 얻어, 여권을 갖고 레푸블리카 광장에 위치한 티켓 박스로 갔다. 이탈리아는 축구 경기장에서 경기 결과에 따라 가끔 훌리건 사고가 있기 때문에 보안 차원에서 티켓 구매자의 간단한 신상 정보를 등록해야 했다. 티켓 박스 직원이 한국 여권 소유자인 나의 국적을 입력하려는데 쉽게 되지 않는 모양새였다. Sud del Corea코리아의 남쪽, Corea del Sud남쪽의 코리아, 그냥 Corea코리아 등, 모든 표현을 입력해도 Corea가 포함된 국적명의 예가 나오지 않는다는 것이다. 지금까지 대한민국이라는 국적이 이곳 티켓 박스에서 이탈리아어로 입력된 적이 없었다는 거다. 믿어지지 않

▶ 피렌체 레푸블리카 광장.

▶ 피오렌티나 축구팀 셔츠를 입고.

았지만, 결국엔 피렌체 축구 경기 티켓 박스에 'Corea del Sud'라는 국적을 기록으로 남기고 티켓 3장을 구입했다.

경기가 있는 일요일 당일, 흥분된 마음으로 경기장에 도착했다. 날씨도 좋았고 경기장에 들어서자마자 피오렌티나 응원가가 들려왔다. '아, 이 노래가 피렌체 축구팀 응원가였구나!' 할 정도로 관중의 응원가는 어디선가 들어본 노래였다.

아이들과 함께 자리를 찾아 앉아 흥분한 관중의 계속되는 응원가를 들으며, 어느 순간부터 우리도 따라 했다. 드디어 각 팀의 선수들이 몸을 풀러 경기장에 나오는데, AC밀란팀에는 데이비드 베컴과 카카 선수가 있었다. '와, 내가 그들의 경기 모습을 직접 보다니!'라는 감동이 밀려왔다. "엄마, 베컴하고 카카에 집중하지 말고 피오렌티나팀 응원해야지!" 이안이 나의 계속된 두 선수에 대한 이야기를 듣더니 한 말이었다. 시작은 그렇지 않았지만 시간이 갈수록 내가 이곳에 온 목적이 퇴색되어간 건 사실이었다. 마음을 다시 잡고 피오렌티나 응원가를 열심히 따라 불렀다.

비록 피오렌티나가 AC밀란에 0:2로 패했지만, 사람들의 열띤 응원과 응원가 떼창이 어우러진 경기를 보고나니 에너지를 받고 나오는 기분이었다. 재미있는 점도 하나 있었다. 두 팀의 응원하는 관중이 서로 충돌하는 것을 막기 위해 AC밀란 응원단의 좌석을 따로 지정하고, 주변에는 높은 울타리까지 설치해 놓았다. 경기가 끝나고 피렌체 응원 관중이 모두 나간 다음에 AC밀란 응원팀이 울타리 밖으로 나오는 장면이 연출되었다. 이탈리아 축구를 직접 본 아이들은 흥분을 가라앉히지 못하며 축구팀 응원가를 흥얼거렸다.

　몇 주 후 드디어 아빠가 피렌체에 도착했다.

　"아빠도 피오렌티나 경기 같이 봤으면 좋았을 텐데."

　"오늘 피오렌티나 매장 가서 아빠 옷 사자!"

　'모름지기 남자 아이들은 축구만은 아빠와 같이 가야 더 재미있었을 텐데'라는 생각이 들었다. 아쉬움도 달랠 겸 축구 경기를 보지 못한 아빠를 위해 피오렌티나 매장부터 갔다.

에필로그

마음의 고향이 된 피렌체

떠나기 전 날 우리 네 식구는 마지막으로 미켈란젤로 광장에서 커피와 음료를 마시며 피렌체 노을을 바라봤다. 아름답고 역사적인 꽃의 도시에서 엄마와 아이들이 학교와 교회를 다니고 장을 보며 음식을 해 먹고 피렌체 사람Fiorentini처럼 생활해 보았다. 주말이나 방학 때는 피렌체와 그 외 도시들을 다녔다. 꿈만 같은 시간을 보내고 이제 떠나야 한다는 생각에 가슴이 먹먹해졌다. 처음으로 이 광장에 올라 피렌체를 보았을 땐 그저 붉은 지붕을 머금은 아름다운 도시였지만, 1년여의 생활을 하고 나니 지붕 하나하나가 예사롭게 보이지 않았다. 산 미니아토 알 몬테 성당이나 산 죠반니 세례당처럼 역사가 길게는 천 년이 된 곳부터, 보통 몇 백 년 동안 웅장함과 아름다움을 지키며 서 있는 건축물을 매일 보며 지나 다녔다. 이 도시는 역사적 유물이 박물관에 가득 차 있는 것도 모자라, 건물과 조각상이 거리를 지나가는 이들과 호흡한다. 로마나 밀라노처럼 대도시가 아니라서 유물들이 더 가깝고 친근하게 느껴진다.

우리에게 피렌체의 의미는 르네상스 발상지라는 사실에 그치지 않는다. 사람들과 함께 부대끼며 적응해야 했고, 그러면서 재미와 행복을 느끼고 때론 어려움도 있었다. 그래서 피렌체 사람들, 공기, 거리, 건물, 음식 등은 도시의 역사적 위대함과 함께 우리의 머리와 가슴에 남아 있다. 르네상스가 인류 역사에 어떤 의미를 부여했고, 그것을 계기로 근대 역사가 어떤 흐름으로 어떠한 인물들에 의해 이루어져 왔는지도 조금이나마 알게 되었다. 피렌체는 도시의 외적인 아름다움에 그치지 않고, 도시의 역사가 증명해주는 내적인 아름다움이 풍부한 곳이다. 메디치와 르네상스 시대의 여러 가문이 만든 정치, 종교, 문화적인 요소를 섞어 그들만의 색깔로 완성한 도시였다.

피렌체에 있다 보면 달리는 오토바이가 만들어내는 매연과 극심한 소음이 정신을 빼놓곤 한다. 가끔씩 길거리에서 맡게 되는 하수구 오물 냄새에 미간을 찌푸리게 되는 경우도 있다. 하지만 이런 불편함은 피렌체의 매력을 가리기에 역부족이다. 도시의 평범한 건물이 박물관이 되는 곳, 아니 어딜 가나 박물관의 전시품을 보는 듯한 착각을 일으키는 곳이니 말이다. 미술가이자 작가인 리사 맥개리 Lisa McGarry는 '피렌체는 볼 것이 너무 많아 골치 아픈 곳'이라 말했을 정도다.

피렌체에서 만났던 사람들도 이탈리아를 제대로 느끼고 알게 해 준 분들이다. 어학교에서 만난 선생님들은 물론이고, 90년대 말에 대우 기업에서 일하느라 2년 동안 서울에서 살아 봤다며, 한국에서 온 우리에게 친절하게 대해 주었던 스포츠용품 가게 직원분, 피렌체에 대한 자부심이 강했지만 동양 문화에 관심이 많았던 동네 카페 주인, 이탈리아인 특유의 여유가 얼굴에 가득했던 친절한 동네 야채 가게 아저씨, 그리고 잘 모르는 우리에게 간혹 미소를 지으면서 "챠오!Ciao!"라며 인사를 건네던 동네 이탈리아인들 등, 많은 사람으로부터 따뜻한 정을 느낄 수 있었다. 그저 예의상 보이는 친절함이 아니라 이탈리아인만이 느끼게 해주는, 마음 아련하게 만드는 정이다.

일단 친해지면 자신들의 정을 베푸는 성향이 한국인과 비슷하다. 비슷한 듯 다른 이탈리아인의 성향을 직접 접하는 것도 나에겐 호기심을 동반한 즐거움이었다. 무엇보다 자신들의 가족사, 넓게는 사소한 것부터 위대한 것까지 자신들의

▶ 피렌체 골목길.

역사 하나하나를 소중히 여기며 기록하고 보존하는 모습에서 문화인의 면모를 엿볼 수 있었다. 이 나라의 역사적 유적지를 통해 얻은 이야기뿐 아니라 작은 것에도 가치를 부여하는 그들의 모습을 보는 건 우리에겐 중요한 배움이었다.

비록 1년여라는 짧은 기간 동안 머물렀지만, 아이들과 나는 서로의 여행 가이드가 되어 많은 것을 보고 들으며 다양한 추억을 만들고 돌아왔다. 남편의 뜬금없는 제안으로 시작한 모험이었지만, 역사에 관심이 많던 이안에게는 생생한 경험이었고 처음엔 뭣도 모르고 쫓아다니던 콜린에게는 사진 찍기, 그림 그리기에 취미를 붙이며 이탈리아 감성을 느끼게 해 준 시간이었다. 특히 이안은 사춘기가 시작되는 시기를 피렌체에서 보낸지라, 아이나 나에게 힘든 경우도 종종 있었다. 하지만 소위 말하는 질풍노도의 시기에 이탈리아 문화 탐방이 더해져 아이에겐 상당한 변화가 있는 생활이었다. 나에게는 헤르만 헤세의 글처럼 껍질을 깨고 넓은 세상을 보게 해 준 시간이었고, 아이들에게는 자기들만의 이야기를 만든 기회가 되었다.

무엇과도 바꿀 수 없는 소중한 시간과 경험을 선사해 준 남편에게는 항상 감사한 마음을 갖게 된다. 그리고 남편에게 이탈리아 장기 여행의 아이디어를 준 저서 '그랜드 투어'를 선물해 주신 송동훈 작가님과 피렌체를 추천해 주신 남편 친구분 조 준래 사장님도 감사한 분들이다. 우리의 이탈리아 여행에 일부 함께 하셨던 친정 아버지께서 직접 찍은 많은 사진과 동영상을 기록으로 남겨 주셨다. 소중한 선물을 주신 아버지와 피렌체에서 공부하며 찍은 사진 일부를 제공해 준 조현진 군에게 감사의 마음을 전하고 싶다. 마지막으로, 많은 조언을 주신 빈첸초 프라테리고 교수님께도 감사함을 전해 드리고 싶다.

글을 써 놓은 지 2년이 지나 안나푸르나 출판사 대표님을 만나는 행운을 갖게 되었다. '이 글이 아이들을 키우는 가족들에게 공감이 될까? 나의 어설픈 글쓰기와 짧은 지식으로 엮어 본 글이 세상에 나와도 되는 것인가?' 이런 고민 끝에 전에 써 놓은 글을 손보면서, 피렌체에 대한 향수가 더욱 짙어졌다. 글 작업은 힘들었지만 참으로 행복하고, 다시 한번 아련함과 낭만을 되새긴 시간이었다.

피렌체에 있을 때 그토록 가 보고 싶었던 시칠리아Sicilia를 우리 부부는 2016년이나 되어서 갔다. 콜린만 데리고 간 크리스마스 여행이었다. 그곳에서 오랜만에 이탈리아 감흥에 흠뻑 빠지는 시간을 보냈다. 우리 부부는 은혼식의 해를 앞두고 소망하며 다짐해 본다. 성인이 된 두 아들과 함께 마음의 고향이 된 피렌체에 다시 갈 수 있기를….

Un Anno a Firenze
두 아이와 피렌체에서의 1년
ⓒ이경아

초판 1쇄 발행 2020년 12월 23일
초판 2쇄 발행 2022년 4월 4일

지은이 이경아
펴낸이 김영훈
편집 및 디자인 편집회사 새라새

펴낸곳 안나푸르나
출판신고 2012년 5월 11일
주소 서울시 마포구 월드컵북로 4길 44-7 한솔빌딩 101호
전화 02-3144-4872
팩스 0504-849-5150
전자우편 idealism@naver.com

ISBN 979-11-86559-58-1(03920)
가격 16,500원

* 저자와의 협의로 인지는 붙이지 않습니다.
* 이 책은 저작권법에 따라 보호받는 저작물이므로 무단 전재와 복제를 금합니다.
* 이 책의 내용 전부 또는 일부를 이용하려면 반드시 저작권자와 안나푸르나의 서면 동의를 받아야 합니다.
* 유통 중에 파손된 책은 구입하신 서점에서 바꾸어 드립니다.
* 이 도서의 국립중앙도서관 출판도서목록(CIP)은 서지정보유통지원시스템 홈페이지(http://seoji.nl.go.kr)와 국가 자료공동목록시스템(http://www.nl.go.kr/kolisner)에서 이용하실 수 있습니다.
  (CIP제어번호: CIP2020053335)